スズメバチを食べる

昆虫食文化を訪ねて

松浦 誠 著

北海道大学図書刊行会

はじめに

昆虫食は東南アジアを中心に世界各地で見られるが、食材としての昆虫は主に野外からの採集品に依存しているうえ、発生の時期や供給量に制約がある。したがって古くから昆虫を食べる習慣のある国や地域でも、動物性蛋白源としての昆虫食はもともと副次的な食材として位置づけられていた。最近は畜産業の発展により大型家畜や家禽などの肉類の供給が安定化し、また魚肉なども輸送手段や保冷技術の発達により海から遠く離れた地方でも入手が容易になった。そのうえ、肉や魚などの各種の加工食品が豊富に出回るようになって、蛋白源としての昆虫食は衰退または消滅しつつある地域が多い。

日本では、代表的な昆虫食とされる稲の害虫のイナゴは、江戸時代から多くの食用記録があり、第二次大戦中および戦後の食料難の時代には栄養食品として全国的に流通し、一般家庭でも食用とされた。しかし、その後は食生活の変化に加えて、水田への合成殺虫剤の散布によって姿を消したり、昆虫食への偏見などから、最近では嗜好食品として一部の地域で流通しているに過ぎない。その一方で、イナゴとともに日本人の主要な昆虫食であったスズメバチなどのハチの子は、全国的には食用習慣は少なくなったが、中部地方を中心とする伝統的な郷土食として、現在でも家庭料理に用いられているばかりでなく、高価な食材としても評価されるようになり、地方によっては料理旅館や料理コンテストなどで多彩なメニューが創案されている。また、地域は限られるが、巣の採集者、仲買人、卸小売市場などの全国的な組織もあって、流通機構は整備されている。さらに、野外で少なくなったクロスズメバチ類の巣の飼育が盛んとなり、巣の大きさや重量などの成果を競うコンテストが、中部地方の各地で地域おこしのイベントや村祭りに組み入れられている。それとともに愛好者の組織化も進み、全国的な規模のスズメバチサミットなども毎年開催されている。

本書では日本におけるスズメバチ食の歴史と現状を中心に、食文化の視点からながめたものであるが、食材としてのスズメバチをハチ学の立場からも評価し、あわせて中部地方で盛んになっているハチの巣コンテストやスズメバチ料理を利用した地域おこしについても触れた。

また、日本ではほとんど知られていない外国のスズメバチ食の現状についても、最近の私自身による現地調査を中心に紹介した。東南アジアはクロスズメバチ類よりも遙かに大型のスズメバチ属の宝庫であるが、この仲間の発祥地とされる中国雲南省からタイにまたがる山岳地帯では、スズメバチのハチの子が昆虫食の一環として古くから利用されてきた。とくに中国の雲南省一帯は、現在も日本を遙かに凌ぐスズメバチのハチの子の消費地であることが明らかとなり、日本のスズメバチ食文化と比較しても興味深い点が少なくない。

スズメバチ食は古代中国では帝王食のメニューであったという。現代の日本では、全国的には衰退、消滅をたどりながら、中部地方ではハチの子飯や押しずしなど最高級の郷土食としての評価は高まりこそすれ衰えは見られず、外国産のハチの子も流通している。

スズメバチの子を食べるというとゲテ物食いのように聞こえるが、けっしてそうではないことを、本書によって理解していただけると思う。

松浦　誠

目次

凡　例

●本文中の引用部分の出典は、慣例により、（松浦、一九九五）のように記して、巻末の「文献」で検索できるようにした。

●本文中の「著者注」は、〔　〕で括り、本文と区別できるようにした。

●昆虫の名前は和名または一般名で示した。スズメバチ類については、外国産の種で和名のない場合、仮の和名を用いた。

●スズメバチ類についてのみ、本書に登場した日本産および外国産の全種について、巻末に、和名（仮和名を含む）と学名との対照表を付した。

I

食用としての昆虫

現在の未開民族の昆虫食に関する研究や、
現存する東南アジア各地の多彩な昆虫料理などから、
私たちの祖先が、身近に得られる蛋白源として、
昆虫を食料の一部としていたことが推測される。
しかし、日本人の昆虫食が文献などに登場するようになるのは江戸期になってからで、
残念ながらそれ以前についての記録は、今のところ知られていない。
ここでは、江戸期以来の文献に食用昆虫として登場する主要な昆虫について紹介するが、
ハチ食については別に詳しく述べる。

1 江戸期の昆虫食

イナゴ

イナゴ（図1）は幼虫も成虫も、日本人の主食である稲の葉を食べる害虫として知られているが、一方で誰しもが身近に容易に入手できる食用昆虫でもあった。

江戸時代の代表的な食物本草書である『本朝食鑑』（人見必大、一六九七）には、「野人・農児はこれを炙《い》って食べる。味は香ばしくて美いという」とあり、『大和本草』（貝原益軒、一七〇九）では「田家ノ小児ヤキテ食フ」と記している。『和漢三才圖繪』（寺島良安、一七一三）には「之ヲ取リテ炙《い》リ食フ、味甘美ニシテ小蝦《こえび》ノ如シ」と述べられ、『中陵漫録』（佐藤成裕、一八二六）には「（出羽）米澤にてはイナゴを喰ふ。秋に至れば、イナゴを生にて売来る。家々にて三升五升求めて年中の用とす。好んで食するものは、数十升買得て土器にて炙り乾して貯え置く。此國の人として食せざる者なし」とある。

当時の市井の風俗として『守貞漫稿』（喜田川守貞、一八五三）は「螽蒲焼《いなごかばやき》売」の商売があり、「いなごを串にし醤をつけてやきて之を売る。旬の物也。又、童子の買《かいて》多し。提手桶に納れ携ふ」と述べている。これは、江戸期の子供のおやつとして、イナゴが都会でも流通し食用にされていたことを示している。

当時は殺虫剤など散布されなかったから、イナゴは各地の水田に豊産したと思われる。日本の農業の中心である稲作のもたらす副産物でもあり、炙《い》ったり焼いてその味を楽しんだうえ、貯蔵食としても利用したのであろう。

なお、イナゴには「蝗」の字があてられており、会津藩士向井吉重（一六七三）が著したわが国でもっとも古い稲の虫害の記録として知られている『会津四家合考』には「夏蝗食稲、天下飢饉」と記されている。

図1　日本の代表的な食用昆虫のイナゴ（コバネイナゴ）

また、餓死者九七万人に及んだとされる享保の大飢饉（一七三二）も、西日本一帯で多発した「蝗害」とされている。これらの「蝗」はコバネイナゴなどのイナゴではなく、稲の大害虫であるウンカ（この場合、トビイロウンカが主といわれる）を指している。「蝗」は古くは稲の害虫の総称として用いられたが、時代が下ると稲作害虫の中でも最重要なウンカを指すようになったといわれる。イナゴそのものは、日本で大発生をして飢饉となるほど稲が不作になったという記録は知られていない。

ゲンゴロウ・ガムシ

ゲンゴロウはゲンゴロウ科の甲虫で、幼虫も成虫も水中に生活して、いずれもさまざまな小動物を捕食する。この仲間は、日本には約一二〇種が見られ、体長一・二ミリ程度の微小種から、四〇ミリを越える大型種まであるが、食用とされるのは最大型種のゲンゴロウである。また、ガムシはゲンゴロウに似ているが、分類上はガムシ科に属し、ゲンゴロウの仲間ではない。食用とするのはやはり大型種のガムシ一種のみとみなされ、幼虫はゲンゴロウ同様に水中の小動物を食べるが、成虫になると水草を食べる点で、成虫も肉食のゲンゴロウとは異なる。

これらの大型甲虫は、幼虫・成虫ともに溜池、沼、湿地などに生息し、水生昆虫と呼ばれる。現在では土地開発などによって全国的に発生地の多くが消滅したため、ほとんど姿を消したが、ごく最近まで各地でゲンゴロウやガムシの食習慣が見られた。

江戸期の食用記録では、昆虫図譜として有名な『千蟲譜』（栗本丹洲、一八一一）には、ガムシについて、「羽洲米澤産也。水中ニ生ズ。是又ゲンゴロウノ類ナリ。里人醤油ニテ煮付喰フ、味美ナリ」とある。丹洲は医師で、しかも当時の最高位の法印に叙されているが、『千蟲譜』の完成には一八年の歳月をかけている。この画譜には各種の昆虫をはじめ、カニ、コウモリなど七〇〇種余の「ムシ」の精緻な写生画が、自らの観察記録とともに描かれ、当時の自然誌を伝える貴重な資料となっている。また『三省録』（志賀理斎、一八四三）にも、「先年奥州米澤の人に會せしに、イナゴと金ガムシとを、醤をもて煮たるを食しぬ。其味美なり。米澤の人上味とす」とある。この米沢産のガムシについては『水谷蟲譜』（水谷豊文、一八三〇年代）に、キンガムシとして「彼地ニテハ至ッテ尊キ品ト見エ、君候並歴々ナラデワ不食《くわざる》ヨシ」とあり、『石川虫譜』（石川八太、天保年間？）にも「上杉家ニテ是ヲ喰フ」と記されている。いずれも山形県米沢盆地の特産として記され、君候などにも珍重されたようである。ゲンゴロウやガムシは、稲作文化に必須の水田や池沼などを生息場所としていたから、当時はその数も多かったと思われ、全国的に広く食用とされていたのであろう。

日本の昆虫学の泰斗である故江崎悌三博士は、ゲンゴロウの食用と採集法に関して「水生昆虫で諸地方で食用にされるのはゲンゴロウであろう。信州では昔は犬や猫の死体を池の中に投げ込んでおき、十日位してそれを引き上げ、その中に一杯潜り込んでいるゲンゴロウを集めたということを、信州人である祖父から聞いたことがある」と述べている（江崎、一九四二）。博士は一八九九年生まれであるから、その祖父の時代といえば幕末の頃といえよう。肉食のゲンゴロウについて、当時の大量採集法を伝える記述として興味深い。

最近の日本では、これらの大型の水生昆虫はすっかり姿を消してしまい、その味を試すこともできない。しかし、中国南部やタイの北部では、現在でも主要な食用昆虫となっている（図2）。その味について、中国の昆虫学者の周堯は「中国の華南でよく食べられているゲンゴロウを自ら食べたが、ハムにも勝るその風味は今でも忘れられない」と述べている（周、一九八八）。時代や国が違っても、この虫に対する味の評価は変わらないのであろう。

カミキリムシ

前出の『千蟲譜』には、柳の樹幹に潜む虫として「柳木蠹《と》、小児炙《あぶり》食フ、味、嬰奥《えびづる》の蟲ニ同ジ」とある。柳の虫というのは、甲虫の仲間の大型種であるカミキリムシ類の幼虫で、当時食用とされた種名は明らかでないが、クワカミキリ、ゴマダラカミキリ（図3）、ミヤマカミキリなどは最近まで全国で食用とされていた。子供の疳《かん》の虫の薬としても昔から有名であった。

カミキリムシの幼虫は体長四～五センチはあって、

図2　タイ・チェンマイ市で売られていた空揚げのゲンゴロウ（約右半分）とガムシ（左半分）

図3　ゴマダラカミキリの幼虫

大きくて食べごたえがあり味も良いので、量はたくさん採れないが、手に入りしだい焼いて利用されていたのであろう。前述の『守貞漫稿』にも「柳虫は活《いき》るを売る」とある。

エビヅルの虫

エビヅルの虫は、ブドウスカシバという中型のガの幼虫で、『日本山海名産図会』（一七九九年、平瀬徹斎?・蔀関月画）にも登場している。この図絵には、当時の全国各地の名産物が土地の人々の暮らしとともに精緻に描かれていて、山城国（京都府）では、この「えびずる虫」が特産物としてあげられている。それによると同国の鷹が峰産のものが最上等で、「蔓にところどころ盈《ふく》れたるところありて、真菰《まこも》の根に似たり。其《その》中に白き虫あり、是小児の疳を治する薬なりとて、枝とも切りて市に売る」とある。また「柳の虫」や「常山《くさぎ》の虫」（コウモリガの幼虫）よりも薬効がすぐれているという。

後述のように、エビヅル虫は江戸屋敷の大名や旗本などの間で、当時流行したウグイスやメジロなどの愛鳥の餌としても、高価に売られていたという（上圷、一九四九）。

2　大正期以降の昆虫食の全国調査

日本人の食生活は、明治の文明開化とともに大きく変わった。牛肉食の普及は有名な例だが、士農工商といった階級社会がなくなり、食生活が均質化するようになった。しかし、昆虫食は、農山村を中心とした伝統的な郷土食として、江戸期と同様に続いていたと思われる。残念なことに、明治期における昆虫食のまとまった記録や報告は見当たらない。

大正期になって、当時の農商務省農事試験場昆虫部主任の三宅恒方博士は、各県の農業試験場等へのアンケート形式によって、世界でも例のない昆虫食に関する全国的な調査を行なった。その結果は、「食用及薬用昆虫ニ関スル調査」という二〇三頁に及ぶ部厚い報告書にとりまとめられた（三宅、一九一九）。

これには食用としての昆虫だけでなく、薬用昆虫として利用されていた種も含まれているが、全国的な資料としてはわが国で初めてのものである。ただし回答者によって、昆虫食への関心度が異なったり、昆虫の名前がはっきりしないなど、県レベルではかなりの粗細はある。しかし、この時期には、農村を中心に伝統的な食文化が色濃く残っていたと考えられるので、それ以前の昆虫食の推定にも役立つ貴重な資料となっている。

これによれば、当時食用にされていた昆虫はイナゴを筆頭に、ハチ、セミ、カミキリムシ（幼虫）、ゲンゴロウ、カイコなど、種名の判明したもの四八種、また種名の不詳なもの七種で、合計五五種があげられている。

昆虫のグループで見ると、ハチが一四種で種類としてはもっとも多く、以下ガ・チョウ一一種、バッタ・キリギリス一〇種、甲虫八種などである。他にカゲロウ、カワゲラ、トンボ、タガメなども一～二種ずつある。そのうち、現在では食用習慣の消滅したのが、トンボ、カマキリ、タガメ、ショウリョウバッタ、オンブバッタ、コオロギ、スズメガ（成虫）、イラガ（前蛹）、メイガ（幼虫）、ガムシ、ゲンゴロウなどであろう。

府県別にも食用昆虫の種類が示されており、長野県が一七種と圧倒的に多く、調査も詳しい。とくに、トビケラ、カワゲラなど、この地方でザザムシと呼ばれる水生昆虫の幼虫の食用は、他県にも外国にも例を見ないものである。しかし、当時は北海道から鹿児島まで、昆虫食は広く行なわれており、イナゴ、スズメバチ、カミキリムシ、タガメなどが中心となっている。

また薬用昆虫は一二三種に及んでおり、それらが分類学的に並べられて、使用されている県名、県内の産地、使用する昆虫の発育態、薬効、方言がとりまとめられている。また、百以上に及ぶ病名をあげて、それぞれの使用昆虫なども示しているが、ここでは省略する。

三宅博士らの調査報告が発表された年に、当時の朝鮮総督府勧業模範場によって、朝鮮の食用および薬用昆虫についても同様な調査が行なわれ、同じタイトルで発刊されている（岡本・村松、一九二二）。その内容は食用昆虫一六種、薬用昆虫七七種で、記述の九割は薬用昆虫にあてられているが、食用昆虫としてはイナゴとカイコの二種が主要で、各地で利用されている。

昆虫食に関するその後の全国的な調査としては、太平洋戦争中に救荒食資源としての視点から行なわれたものがある。これは、当時、文部省資源科学研究所が全国各地の関係者へ照会したもので、その結果は野村健一博士が著書『文化と昆虫』のなかで「昆虫食」として一章を割き、食べられる昆虫、食糧資源としての昆虫および昆虫食の将来などについてとりまとめている（野村、一九四六）。

それによると、スズメバチ類（アシナガバチも含む）とみなされるハチの子は、北海道から九州にいたるまで昆虫食の中ではもっとも利用例がある。アンケートでの利用総数は一二九例に達して、そのうち「良味例」を九六、「普及例」を四〇としている。この「良味例」あるいは「普及例」の詳しい意味については明らかでないが、「良味」というのは文字通り、食物としての味の評価を示したものとみなされる。「普及」になると、食用とはされていても、味としてはいまひとつなのか、あるいは習慣化されていないという回答であろうか。

ハチに次いで全国的に利用されている昆虫はイナゴ（成虫）の一一一例（良味九二例、普及六四例）で、カミキリムシ（幼虫）の九〇例（良味六四例、普及一〇例）、カイコ（蛹）の六五例（良味三七例、普及八例）と続き、これらに比べてもハチ食はもっとも普遍性があるとしている。この他にも、中部地方を中心にトンボ（幼虫）、ゲンゴロウ（成虫）、コオロギ（成虫）、ヘビトンボ（幼虫）、カマキリ（成虫）、コガネムシ（幼虫）、ガムシ（成虫）などが、一〇例以上回答されている。

しかし、当時これらの昆虫食が、実際にはどの程度利用されていたかや、利用の見通しについては一概にはいえないとしている。というのは、味の良否、集められる数の多少、採取の難易などで利用法は異なるし、地方的な習慣もあるためという。

このほか、「最後の本草家」と称された愛知の梅村甚太郎は、一九四三年の太平洋戦争の最中、齢八二を迎えて『昆虫本草――薬用食用昆虫解説』（二〇九頁）を著している（梅村、一九四三）。その内容は、一四二種の昆虫を分類学的に配列し、食用や薬用の用途には分けずに、その利用法について、種毎に述べている。著者自身の見聞や和漢書からの引用として、カイコ、ミツバチ（蜂蜜）、ケラ、イナゴ、カマキリなどにはとくに紙数を割いている。

ハチに関しては、オオスズメバチとクロスズメバチについてそれぞれ四頁にわたたって述べ、とくに本草関係の観点からは詳しい。残念ながらこの二種のハチに関しては、前記の三宅（一九一九）の各地の報告の引用と思われる記述が大部分である。しかし、クロスズメバチの項の最後に、こう結んでいる。

「吾愛知県にて三河部の山間にては好んで之を食用となし、旅館等にても客に之を供することあり。何れも脂肪、蛋白質に富み、所謂ヴィタミンを含有するを以て、今日の如き時局には尚更之を貴重な食品として用ふべきものである」と。

3 現代の主要な昆虫食の盛衰

第二次大戦後から高度経済成長期を経て、現代に至る半世紀の間に、日本人の食生活は、稲作の伝来に匹敵する大変貌をとげたといってよい。昆虫食文化も同様な運命をたどったが、ハチ食以外の主要な昆虫食について、その変遷を追ってみよう。

イナゴ

イナゴは、日本には六種がいるが、各地でもっとも多いのがコバネイナゴ（エゾイナゴ）である。水田には他にハネナガイナゴやシナイイナゴなども見られるが、数が少なかったり、発生が局地的である。コバネイナゴは昆虫食の中では全国的にもっとも広く食べられ、とくに一九四五（昭和二〇）年前後の食糧難時代には貴重な栄養補給源となり、農村、都市を問わず流通した。佃煮や干しイナゴは、一九五〇年代頃までは、東京などの大都市でも食料品店で売られていた。

私自身もイナゴは子供の頃よく食べた。一九五〇年代の当時、私は東北の秋田市の市街地に住むサラリーマン家庭の中学生であったが、秋になると数人の友人と連れ立って、近郊の田へイナゴ採りによくでかけた。母親にイナゴ採り専用の二リットルは入る厚手の木綿袋をつくってもらい、それにいっぱいになるまで、畦道を飛び跳ねたり、稲穂に止まっているところを一匹いっぴき素手で採り歩いた。家に持ち帰ると、そのまま一晩は袋につめたままにしておき、脱糞させる。それから、数分間熱湯で茹でたあと、フライパンで炒めたり佃煮にして保存食とし、家族で食べるのである。

脱糞させると、体長が一〇センチを越える針金虫と呼ばれる細長い寄生線虫が、イナゴの体内から何匹も脱け出し、袋の底で体をくねらせたり、とぐろを巻いていたのを覚えている。当時は、回虫など人に寄生する大型の動物寄生性の線虫も、家庭や学校などでごく普通に見る機会があったから、イナゴに長大な線虫がいても、ほとんど気にならなかったのである。

その後水田にはニカメイチュウやウンカなどの主要害虫を対象に、ＤＤＴやＢＨＣなどの合成殺虫剤が散布されるようになって、イナゴは水田から急速に姿を消した。それとともに一般家庭では、この虫の食用習慣も消滅したり衰退した。しかし、一九七二年にＤＤＴ、ＢＨＣなど有機塩素系殺虫剤が使用禁止となり、その後パラチオンやホリドールといった毒性の強い有機燐剤系の殺虫剤も水田に散布されなくなったこともあって、イナゴは再び息を吹き返し、イナゴ食も地方によっては復活したのである。

とくに、米が豊作であった一九七四年は、イナゴが全国的に多発した。東北地方では、小・中学校でイナゴ採りを秋の学校行事にしたところも多かった。たとえば宮城県の田尻中学校では、全校生徒八五〇人による捕獲総量は二日間で三トンを突破し、それらを佃煮業者へ売り渡した売上金は二八〇万円に達した（サンケイ新聞社会部編、一九七七）。その後も数年間にわたりイナゴは多発し、当時、東北各地では小・中学校の生徒を動員して捕獲し、その収益で教材を買い揃えたところが少なくなかったという。

イナゴの発生はわが国の水田害虫相の変遷と深く関わっている。最近でもたとえば新しい侵入害虫のイネミズゾウムシや、斑点米をつくるカメムシ類などの防除のため、水田へ新しい合成殺虫剤が散布されると、イナゴはその余波を受けて衰退を繰り返した。

地方によっては、今でもスーパーマーケットや百貨店の食品売り場にその佃煮が売られている。私は一九九七年に長野県塩尻市や茅野市の土産物店で、いなご甘露煮（諏訪市原田商店製）や大和煮（伊那市かねまん食品工場）の名称で売られていた一五〇グラム入りの缶詰（図４）をいずれも九〇〇円で購入した。一方二〇〇グラム入りの平パック詰めも売られていたが、その中身は日本産のコバネイナゴではなく、翅の長い中国産のイナゴが原料として用いられていた（図５）。しかし、日本ではイナゴ食は一般家庭では消滅傾向で、おもに嗜好品や酒の肴として、旅館や郷土料理の飲食店などで、つき出しの小皿に並んでいる姿を見る方が多くなっている。

図4　イナゴの缶詰

図5　日本で売られている外国産イナゴの佃煮

ザザムシ

伊那谷の天竜川も寒に入り
　ザザ虫を採りそを食う男
小林勝幸

この短歌は、二〇〇〇年二月の朝日新聞短歌欄に見い出された句である。今日でも伊那地方では寒入りの時期にザザムシを採って、それを食用としている人々のいることを伝えている。ザザムシは長野県特産で、天竜川の川底で生活するシマトビケラやヒゲナガカワトビケラなどのトビケラの幼虫を中心に、カゲロウ類、ヘビトンボ、カワゲラ類などの幼虫を醤油、みりん、砂糖で煮つめて佃煮とした郷土食である（図6）。「ザザ」とは流れの激しくない川の瀬を水が流れるありさまをいい、そのような瀬に生息している各種の水生昆虫の幼虫がザザ虫と呼ばれる。

これらの虫は伊那谷を中心に、一二～三月までの三カ月間の漁期が設けられ、昭和三〇年代より天竜川漁業協同組合を経由して、建設省から公布される「虫踏み許可証」のある人のみが鑑札料を払って四ツ手網を使って採る（長塚、一九七九）。天竜川は一級河川なので、国が管理しているうえ、ザザムシは天竜川の魚の餌となる虫だから、漁業組合としては誰にでも無制限に採らせるわけにいかず、数十人が今も従事しているという。

川底にへばりついている虫をどのように採るのであろうか。この虫の食用例を世に初めて紹介した久内（一九三四）は次のように述べている。

「四ツ手網を持ち、足には普通の草鞋の下へ針金製の草鞋をはき、川上へ尻を向け、丁度ワンワンがウンコの後に砂を蹴る如き動作を五六回行ふのです。すると小石の間に居る蟲共が驚いて逃げ出せば、其瞬間に水勢に押流されて網に入る」と。

かつては一人で一日に数十キロ、全体では一〇トン以上もあった水揚量も、今日では河川の水質など環境の変化により漁獲量は激減し、ここ一〇年は二～三トンへと減少した。一九九八年はその傾向が強まり、六〇〇キロと落ち込み、一九九九～二〇〇〇年の冬には

図6　ザザムシ大和煮と缶詰の表示

一〇〇キロも見込めないほど減ってしまったという。

最近の新聞記事（中日新聞、二〇〇〇年三月七日）によれば、この漁に従事している中村和美さん（七三歳）は「二〇年以上やってて、こんなに虫がいないのは初めて」と漏らし、流通を一手に引き受ける佃煮業者も「残っている缶詰の在庫が尽きたら、もうアウト」と天を仰いでいる状態という。関係者の間では「六月の豪雨で、卵からかえったばかりの幼虫が流されてしまったのが原因」という説や、「天竜川の改修工事と災害復旧工事が重なり土砂が流れ出して、ざざ虫のすみかをふさいでしまったのでは」との声もあるという。

こうした川虫を食べる風習は、長野県では伊那谷以外には梓川流域にも知られていたが、他地方では例がなく、全国でも珍しい昆虫食の伝統として知られている。この佃煮の製法について久内（一九三四）は、「とれたものは砂が混じって居るので、桶に二本棒を渡し其上に丸型の板を置き、其上に少量宛蟲を置くと、蟲が匍ひ出して自然に桶に墜ちる、其の墜ちた蟲を数回水で掻き混ぜながら洗ひ、更に金網製の笊に入れ、清水で洗ひ、然る後煮るのであつて、出來上つた佃煮は一〇〇匁七、八〇銭するとのことである。」と述べている。

現在は、缶詰製品がつくられているが、需要に追いつかず、すぐに品切れとなることが多いという。私は一九九七年九月に長野県茅野市内の土産店で、伊那市「かねまん」社製の「ザザムシの大和煮」の三〇グラム入ミニ缶を見つけ、買い求めたが一五〇〇円であった。同店ではこの他にかねまん社製の信州珍味そろいシリーズとして「かいこのさなぎ大和煮」（三五グラム入三〇〇円）と「クロスズメバチの子の大和煮」（五〇グラム八〇〇円）も売られていたが、これらに比べてもザザムシの高価なことがわかる。

カイコ

カイコは主として蛹が食用とされ、これは繭から糸を繰ったあとに出てくる。かつて日本の養蚕業が盛んだった頃は、この蛹が大量に出て処分に困っていたこともあった。ところが、戦中、戦後の食料難の時代は、養蚕農家、製糸工場はもとより一般家庭でも、栄養食品として広く食べられた時代があった。これらの蛹は熱湯に漬けて殺したものが利用された。しかしながら特有の匂いがあるため、人によっては手をつけないので、釣り餌や養殖魚の餌としても利用されてきた。現在は缶詰製品が、珍味として長野県下などでわずかに生産されているに過ぎないが、それらは生きた蛹を加工したもので、醤油、砂糖、みりんで味付けされていて（図7）、かつてのカイコの蛹に特有とされた臭気はない。

養蚕地帯では、カイコの世話をしながら、生きている幼虫をつまみ食いした話もある。それも元気な幼虫より、核多角体病というカイコにとってはもっとも恐れられているウイルス性の伝染病にかかったものが美味であるといわれた。その理由として、病蚕は絹糸腺が発達しないので、ベタベタした物質が少なく食感が良いためといわれる（三橋、一九八四）。また、成虫になったカイコガも、採卵したあとに集めて、砂糖と醤油で大和煮として味付けしたものが、「まゆこ」の名で現在も長野県内で市販されている。

長野県在住の動物写真家で『鷲と鷹』、『けもの道』など数多くの名著で知られている宮崎学さん（一九八四）は、少年時代の昆虫食を回想して、

図7　カイコ蛹の大和煮缶詰

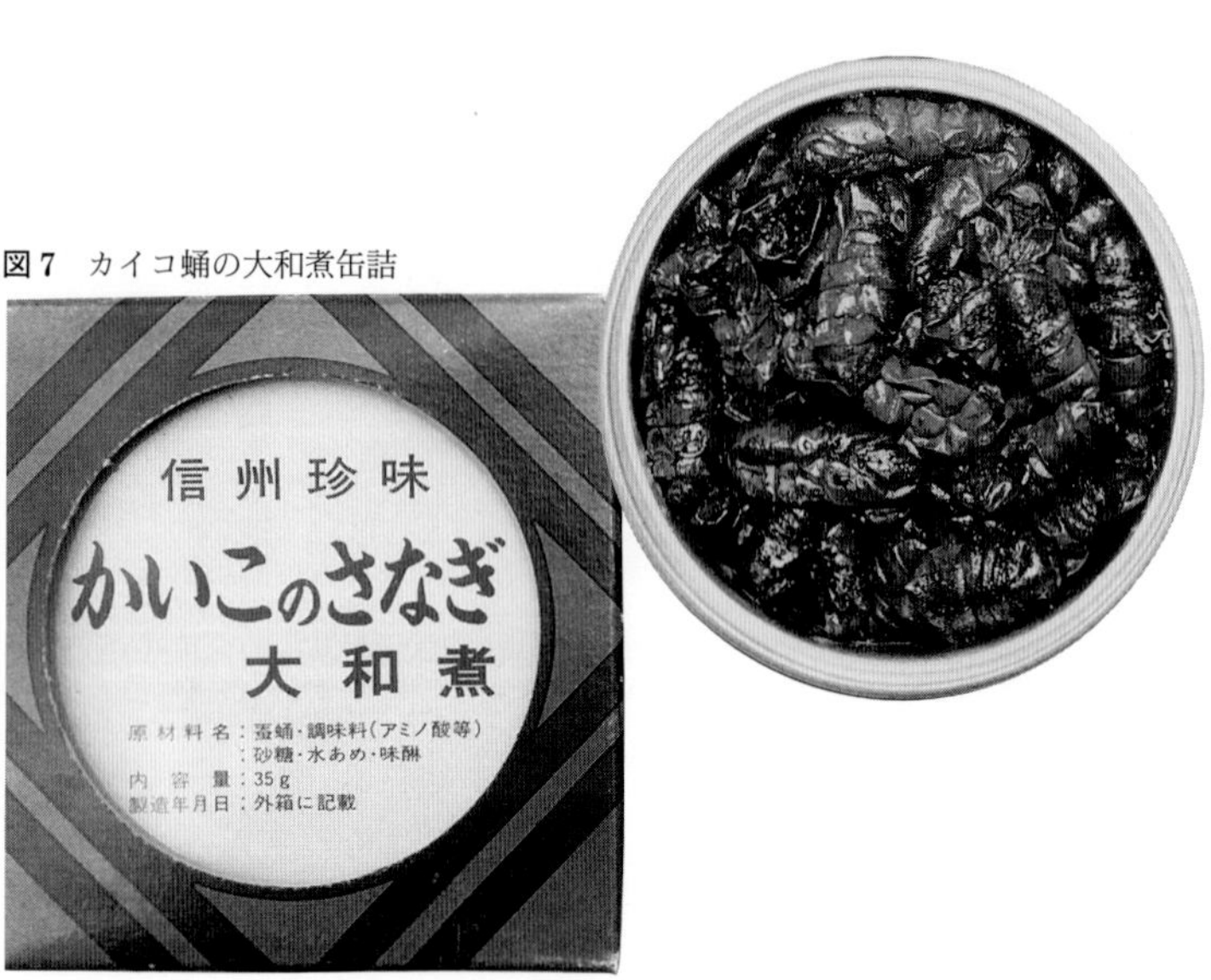

「子供の頃のおやつといえば、カイコの蛹の甘露煮くらいしかなかった。カイコの蛹などは、リヤカーやオートバイで定期的に売りに来ていたことを覚えている。〈中略〉少年時代の私は、カイコの蛾だけは気持ち悪くて食べなかったことを覚えている。〈中略〉大人になったとき、両者を食べ比べてみれば、やはりカイコは蛹より蛾のほうが歯ざわりもよくてうまいと感じるものである」と述べている。

日本では近年の養蚕業の衰退とともに、全国的にもカイコの蛹は入手が困難となり、現在は缶詰が市販されている長野県以外では、食用例は非常に稀になっている。しかしカイコの発祥地である中国では、今も食用とされている。また、絹糸虫として名高い大型野蚕のサクサンも地域によっては絹糸を採るのではなく、食用目的で飼われており、東北部の遼寧省あたりではサクサンの蛹の四〇％は食用に供せられるという（竹田、二〇〇〇）。私も一九九九年六月に、雲南の省都昆明市内の露店市場で、サクサンに似た野蚕種の一種の生きた蛹が食材として多量に売られているのを何度も見かけた。生きた蛹は、羽化前に繭を切り開いて取り出さなければならないので、繭は生糸としての価値がなくなってしまうから、繭よりも生きた蛹の方が値が高いのだろう。売られていた蛹は繭を紡いでから一週間ほどたったものが大部分であったから、蛹でも食べ頃の時期があると思われた。

セミ

セミの仲間は、日本にはクマゼミからクサゼミまで、大小三十数種が見られる。このうちアブラゼミ（図8）は全国的にも数が多いうえ、大型で筋肉質の可食部分も少なくないので、古くから幼虫を空揚げにして食べている地方も多く、とくに長野県では利用例が多かったといわれる。

一九六三年頃に長野県立園芸試験場では、リンゴの木の害虫であるアブラゼミの幼虫が、夕方になると羽化のため幹に登ってくるのを集め、「信州セミのからあげ」としてその缶詰を試作したことがあった。私もその時につくられた缶詰を、一度だけ試食したことがある。それは、一九六五年に神奈川県平塚市にある当時の農林省果樹園芸試験場の害虫研究室を訪れた折、於保信彦室長が未開封のまま三年間大切に保存してい

図8　アブラゼミの幼虫の脱殻

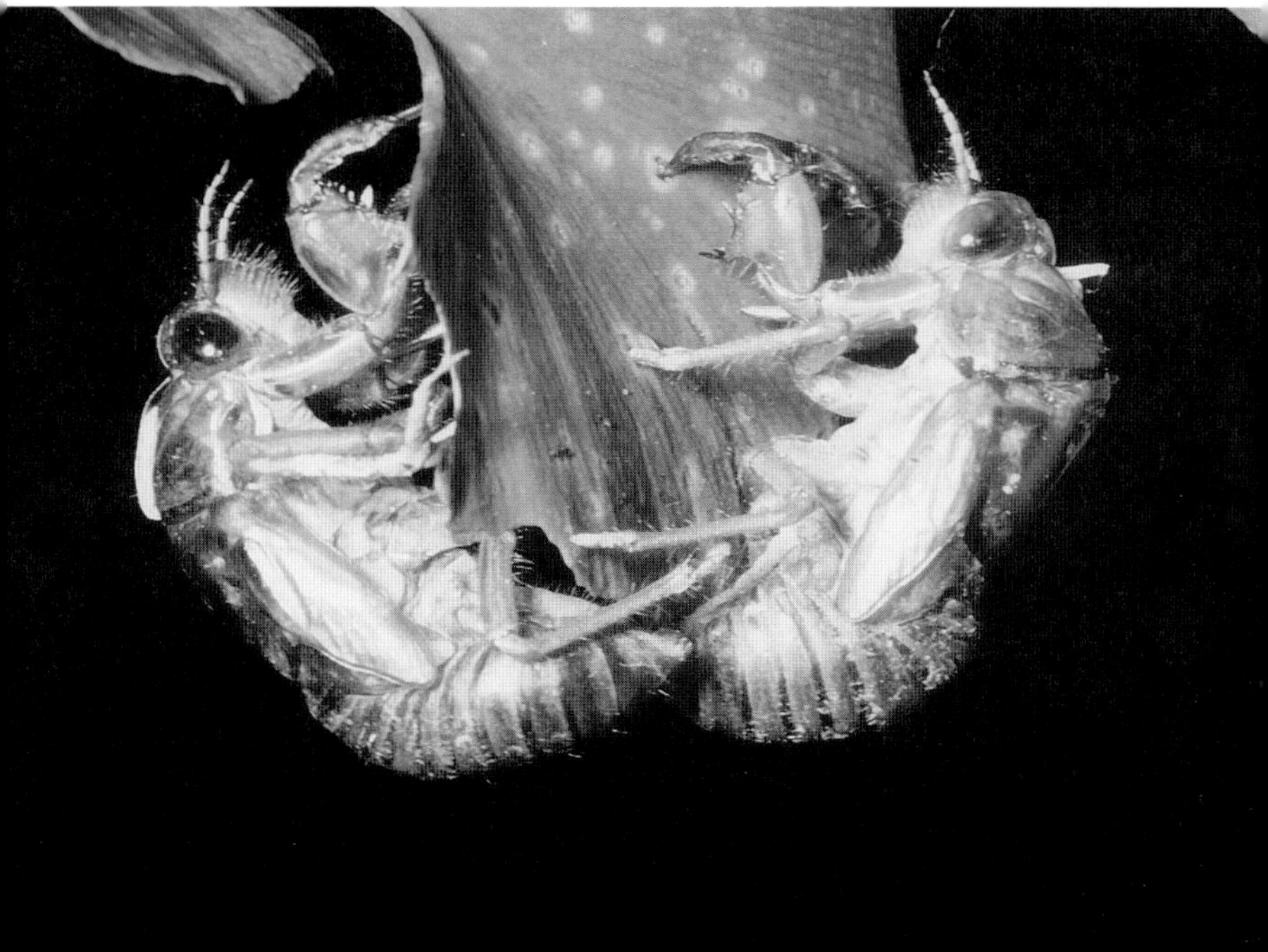

たという唯一個のセミの缶詰を、研究室の皆といっしょに開缶したのであった。

それは私にとって初めて口にするもので、塩味の風味であったが、六年間地下生活をしていたアブラゼミの幼虫の皮膚は、車エビの殻よりも固くてざらざらと口の中に残り、お世辞にも美味とはいえなかった。しかし、珍客を歓待するための今は亡き於保室長の好意に満ちた貴重な珍味であったから、皆でワイワイいいながら呑み込んだことを覚えている。

このセミの缶詰は、長野県ではハチの子、ザザムシ、カイコなどに次ぐ新製品の昆虫食缶詰をねらったもので、リンゴの害虫駆除にも貢献するとしておおいに期待された。ところが、アブラゼミの羽化時期は一カ月もないうえ、売るほどにはセミの幼虫はたくさん採れなかった。そのためこの試作品は商品化には至らず、幻の缶詰となった。

同じ頃、長野市の「長野県酒類卸販売会社」でもこのセミの缶詰づくりに取り組み、製品化に成功していた。この会社は、東京新宿に地酒を中心にした信州の郷土料理店を開店しており、郷土食としてのセミの空揚げを、地酒の宣伝用につくったのである。

原料のセミは、やはりリンゴの栽培農家から羽化直前のものを買い集め、一昼夜水に漬けたのち体表面に付着している泥をきれいに取り除いて、ゴマ油で三〇分ほど時間をかけてカラカラに揚げる。それから油を切って、調味料と塩で味付けし、日もちをよくするため缶詰にして東京へ送っていた。

一九七五年頃は、一缶三五匹入り一二〇〇円で売られたが、酒の付出しとして出てくるときは、小皿に五匹ばかり盛られていて二〇〇円也であったという（サンケイ新聞社会部、一九七七）。その後も、このセミの缶詰は昆虫食の専門書（たとえば三橋、一九八四）に登場しているが、現在はどうなったことであろうか。

カミキリムシ

食用体験のある世代の人ならば、炒ったり焼いたこの大型甲虫の幼虫の美味さを知っているだろう。梅村甚太郎が著した『昆虫本草』（一九四三）の中には、

「天牛類〔カミキリムシの別名〕は一般農林業者よりは害虫と認めらるるも、他方にはその幼虫は古来食

用、医用に供せられておる。焙《い》って食すれば香味共に佳なるのみならず、頗《すこぶ》る滋養の効がある。食法はその儘《まま》、又は串に刺して醤油付焼となし、或いは佃煮となしてよろし」とあり、クワカミキリ、シロスジカミキリ、ミヤマカミキリ、オオアオカミキリ、ノコギリカミキリ、ゴマダラカミキリなどの大型種の名をあげている。

前出の長野県伊那出身の動物写真家宮崎学さんは、少年時代からの豊富な昆虫食体験を紹介した『虫を食べる』（宮崎、一九八四）の中で、

「少年時代、私にとってジバチ（クロスズメバチ）より美味なものがあった。それはゴトウムシと呼ばれていたカミキリムシの幼虫である。冬の燃料である薪づくりの際、クヌギやナラの木からでてくる五〜六センチメートルもある太くて大きなウジだった。それを焚き火の熾《おき》の上に乗せて焼いて食うのである。ゴトウムシは、焼かれるほどに長くなって、一〇センチメートルくらいになるものもあった。熾の上でプチプチと音をたてて水分が蒸発し、カリカリになっていく、そうなったのを醤油につけてかじると、得もいわれぬ味がするのである。口中に甘くて淡い脂肪の味が広がっていき、子ども心にもうまいと思ったものである。今回の撮影を通して手に入れたゴトウムシを、ひさしぶりに試してみたところ、二十数年を経た今日でもやはりうまいと思った」とある。

井上ひさしのベストセラーとなった『吉里吉里人《きりきりじん》』（初版一九八一年）にもカミキリムシの幼虫を食べる話がある。それは、山形県南部に育った主人公が、子供の頃、カミキリムシ幼虫を串にさして醤油の付け焼きにしたものを食べたいばっかりに、水をかぶって戸外に出ては無理に風邪をひき、香ばしい味のするその特効薬にありついたと書かれている。

ところで、カミキリムシの幼虫は樹木の幹内に単独で潜み、数十センチに及ぶ長い坑道を掘って木材部を食べているので、捕えることが大変に難しい。そのうえイナゴやハチの子のように、まとまった量は入手できない。かつて家庭用の燃料として薪を燃やしていた頃は、どこの家庭にも軒下などに薪が山と積まれていた。子供達は薪割り仕事を手伝っている時、まれに材中に潜む大きな白い幼虫が転がりでたものを見つけると、思わぬ余得としておやつに食べたのである。

今は、薪割り仕事などないし、子供のおやつが家庭

内に溢れている時代となったので、この虫に関する限り、いかに美味といえどもこうした食習慣は二度と復活しないであろう。

II

日本における
スズメバチ食とその歴史

1 江戸期のスズメバチ食文化

大型スズメバチ類

イナゴやゲンゴロウなどの食用の記録は、前述のように江戸時代でも数多く見られる。ところが、スズメバチを中心としたハチの子となると、本草関係の書物には薬用として登場しても、一般的な食用の対象として述べられているものは数少ない。

江戸期におけるスズメバチの食用に関する記録としては、わが国における百科辞典の嚆矢として名高い寺島良安の『和漢三才圖繪』(一七一三)が初めてかもしれない。それによると「木蜂は土蜂に似てやや小さく、樹上に房(巣)を作るのものあり、人はその子を食べるなり。蜜蜂、土蜂、木蜂、黄蜂の子はいずれも食べられる(原文は漢文)」とある。ここでいう「土蜂、木蜂、黄蜂」のうち、土蜂はオオスズメバチ、木蜂はコガタスズメバチ、黄蜂はキイロスズメバチを指していることが明らかである。大黄蜂もキイロスズメバチ(図9)を示すが、この場合の「大」はハチ自身ではなく、黄蜂の巣がもっとも発達した状態のものとみなされる。

同書にはさらに、「大黄蜂」として「体色は黄色で、人家の屋上や大木の間に房(巣)を作り、大きなものは巨鐘の如く、数百層の房があり、〈中略〉一つの巣の蜂の子は五〜六斗から一石ほどもあり、まるで蚕の蛹のようであるが、それらの三分の一は翅や足がまだできあがっておらず、その用をなさない」とある。

人家や大木に巨鐘のような巣をつくるスズメバチは、日本ではキイロスズメバチのみであるが、こうした場所につくられている巣は夏に引越してきてつくられたもので、それまでは、土中や地上の狭い空間などに小さな巣をつくっている。当時は、巣の大きさによってもスズメバチの種を区別していたのであろう。

ところが、これらの記述は、中国で一六世紀末の明

図 9　人家の軒先に並ぶ巨鐘のようなキイロスズメバチの巣

の時代に出版された李時珍（一五七八）の大著『本草綱目』などの本草書から、そっくり引用したと思われる部分が少なくない。たとえば、『本草綱目』には「木蜂似㆓土蜂㆒而小、在㆓樹上㆒作㆑房、人亦食㆓其子㆒、蜜蜂、土蜂、木蜂子倶可㆑食」とある。また、「大黄蜂」に関しても、後述のように、唐昭宗時代の劉恂による『嶺表録異』巻下以来の本草書に記されているスズメバチの項と非常によく似ているので、日本産のスズメバチに関する独自の記述とはいい難い。

江戸時代の博物学の集大成ともいうべき小野蘭山の『本草綱目啓蒙』四八巻を上梓した息子の小野職孝は、『本草紀聞』（一八〇三）で「黄蜂」については次のように述べている。「蝱《あぶ》の形の如くして大なり、黄色にして黒斑あり、夏月檐に来るもの也、別種に形大にして色黒く、腹中に黄色の閃塊あるものあり、是れクマバチ、スズメバチ、モバチ、と云うものなり、邊鄙《へんぴ》にては採り食ふ、味甘しと云えり、大きさ一寸ばかり、飛声高し」と。

この「クマバチ、スズメバチ、モバチ（モクバチ？）」というのは、明らかにキイロスズメバチなどの大型スズメバチを指している。地方では食用にするが、その味が甘いというのは、成虫ではなく、幼虫や蛹のことであろう。その頃すでにわが国でも、大型のスズメバチのハチの子が食べられていたことがうかがえる。

『想山著聞奇集』のヘボ料理

小型種のクロスズメバチ類に関しては、天保年間に尾張藩士の三好想山（一八五〇）によって書かれた『想山著聞奇集』全五巻のなかに、ハチ食について「にち蜂の酒 並《ならびに》へぼ飯のこと」という興味深い一文がある。最初は「にち蜂（仁智蜂）」と呼ばれているマルハナバチ（ミツバチの一種）について紹介し、食用ではないが、貯蜜の味などについて述べられており、興味深い点があるので、あとで触れる。次いでヘボ蜂（閉防蜂）としてクロスズメバチの当時の食用のありさまが、調理法、味、採集法、食習慣の地域性、江戸屋敷におけるハチ食の体験などが詳しく記されていて興味深い。

「へぼ蜂と云う有り、是れは蜜蜂より少し大きけれども、矢張《やはり》小《ちいさ》き蜂にして薄白黒の紋有り、圖〈省略〉の如き蜂也と、『本草綱目啓蒙』に蜜蜂ヘボ（信州）と有るを以て見るときはへぼ蜜蜂の方言か、是れも地中へ穴を掘りて穴の中に尋常の蜂の巣の如く、形傘《からかさ》の如くに作りたる巣を幾蓋も重ねて奇麗に拵《こしら》ふるものと也。

同國（美濃國）苗木岩村邊より信州木曾谷の邊《ほとり》にては、此の蜂を焼殺せしなりに穴を鑿《うが》ちて件《くだん》の巣を取る、巣中に有る所の白き蝍蛆《うじ》の如き子を取りて、醤油にて味をつけ、飯を焚きて煮上がりたる中へ入れて飯となして、是をへぼめし（図10）と云ひて珍客などを饗應するものにして、至つて悦びて食する事と也。風味は油多にして香ばしく甚だうまきものといへり。

然《しか》れども名古屋などより参りたるものは、気味悪しとて得食い來らざるも多く、予も喰《くい》試《こころ》みたれども信州人や美濃人の悦びて食する程の風味にてはなく、海糖魚《あみ》か子蝦《えび》のごとき味にて、海濱の人は悦びて食ふべきものにあらず、美濃の國郡上《ぐじょう》邊にても、掘取りて煮付になし酒の肴となせども、まづは飯にはなさず、然《しか》れども蜂飯とてする事もありと也。

尤も郡上にても此の蜂の事はへぼ蜂と唱ふるよし、山邊にてはいづれの國にてもする事にて珍しからむ事

図 10　昔ながらのヘボ飯（愛知県豊田市）

にや、予は里にのみ住みて斯様《かよう》の事を知らざれば、異《こと》成《な》ることの様におもふまゝ、追々右邊の人々に聞きおけるまゝ具《つぶさ》に書き記し置くのみ」と。

ここでは長野県木曽や岐阜県美濃の地方で、秋になると「ヘボ蜂」の巣を採集し、醤油で味付けをして、酒の肴や、ヘボ飯と呼ぶ混ぜご飯に仕上げて珍客にもてなしていたことが記されている。現在でも岐阜県美濃地方や愛知県三河地方では、クロスズメバチ類を「ヘボ」と呼んでおり、後述のように煮付け、混ぜご飯など、江戸時代と変わらない郷土食としてもてはやされている。

その味は脂気があって香ばしいといわれて、想山自身が試食したところ、アミ（エビに似た甲殻類の一種）か子エビのごとき味としている。ハチの子も、エビ類も同じ節足動物で、白いウジ虫状の幼虫は体も柔らかいが、蛹になると体表の皮膚はエビと同様のキチン質と呼ばれるやや固い殻で覆われるので、それがザラザラとした食感として舌に残ったのかもしれない。美味といわれるので食べてはみたが、おそらく海に近い地方で育ったと思われる想山にとっては、期待外れであったようだ。

さらにハチの子飯について、他県人にとっては、信州人や美濃人が喜んで食べるほどの風味まではない、と述べている。しかしながら、当時すでにこうした手のこんだハチの子料理がつくられていたことは、長野県や岐阜県のような山国では、それ以前のかなり昔から、ハチの子が食材としてさまざまに利用されていたことを示すものである。

そうした食習慣によって珍客を饗応するというのは、今でも変わりないが、当時としても、この地方における郷土食としては最上級のもてなしだったのであろう。しかし、名古屋あたりの都会からやってきた人では、その姿・形を気持ち悪がって食べない人が多いというのも現代と変わりなく、他の地方の人にとっては異質の食文化として、好奇の目で見られていたに違いない。

さらに同書では「此の蜂は江戸にも名古屋にも居る蜂にて、既に右郡上《ぐじょう》の八幡候の江戸青山別荘の園中にて、寄合ひ掘取りて食ひたりと云ふ者にも聞きたり」と続いている。

このヘボと呼ばれるクロスズメバチは江戸や名古屋にもいて、美濃国郡上藩の江戸屋敷のある青山別荘の園内では、皆で巣を掘って食べたことも記されている。国もとを遠く離れた江戸住まいの身にとって、ヘボを見つけたときの驚きと喜び、そしてそれを同郷の皆で大騒ぎしながら掘り出し、遠く離れている故郷美濃国を偲んで懐かしい味をたぐりつつ、ヘボ料理に舌つづみしながら、話のはずんだ様子が目に浮かんでくるようである。

その頃の江戸は、人口が一〇〇万を越える大都市ではあっても、参勤交代制による多数の武家屋敷や寺社の領地が八割を占め、こぞって樹木を植えていたから屋敷林が多く、とくに山の手ではそれらが連続して、都市は緑にうずまっていたといわれる。そうした環境下ではクロスズメバチは江戸市中でもごく普通に生息し、武家屋敷の邸内や庭園などでもたくさん飛び回り、巣をつくっていたと思われる。

当時、江戸市中でもスズメバチ食に関心のある人の眼で見れば、秋になってこのハチの活動の最盛期には、土中の巣穴（カラー図4）から湧き出るように飛び回るハチの姿が至るところで見られたのであろう。その頃には現在岐阜や長野で行なわれているような巣を見つけるための「ハチ追い」の技術は必要はなかった。その気になって探し歩けば、今日でも逆光を利用してハチの巣穴からの出入りを見定める「透《す》かし」と呼ばれる方法によって、容易に巣のありかを見つけだすことができたと思われる。

実際、クロスズメバチは最近まで、東京都内でも武蔵野の面影を残す自然環境の豊かな地域には、かなりの高密度で生息していたのである。たとえば、このハチの生態について、三〇年以上も観察を続けてきた横浜市在住のアマチュア研究家の有賀文章さんは、その著書『スズメバチの生活』（有賀、一九九〇）の中で次のような成果を披露している。

それは一九七〇年代のある秋の一日に、都心にある新宿公園内で、新宿高層ビル群を目の前にして、クロスズメバチの巣をひとりで探して歩き回った結果、一日でなんと一三個の巣を発見したという。それも広大な苑内をくまなく歩いたわけではないので、実際の巣はもっとあっただろうと述べている。有賀さんは、永年にわたりクロスズメバチの本場の長野県はもとより遠く北海道まで、このハチを追い続けているが、「透かし」法により一日で一三個の巣を発見したというのは、生涯を通じてこの日だけだったという。

ところで、想山はさらに、巣を掘る時期についても次のように述べている。

「扨《さ》て右郡上邊の者どもの此の蜂を掘るには、月の一五日に掘る事也、玉子大きく雛と成り懸り居て、いづれも蜂の巣穴一杯に充満して居る也。

若し一五日を過ぎて廿日頃にも掘らば、巣は悉くからと成り居て一つも取る事なしと、月々次第に巣大きく成りて蓋もふえ、九月に至りては七蓋程にも成り居て廻りも大きく、三尺廻り徑り一尺程にもなる故、九月の一五日に掘取ると子許り一升五合も取る事と也、親蜂は皮剛く歯に當り、味もよからざれば悦びては食せず、飯には猶更《なおさら》悪しとなり。

月毎の望《もち》に至りて悉く雛となり、巣立ちで出行くとは妙成るもの也、尋常の蜂も其の通り成るものにや、心づかずして打過ぎたり」。

ここでは旧暦九月には巣の中の蓋、すなわちハチの子の入っている巣盤は約七個に増えて、巣の外周は九〇センチ、直径も三〇センチほどになっている（図11）。この月の一五日に掘ればハチの子はどの巣穴（育房）にも充満しているので、それらを摘まみだすと一升五合（約二・七リットル）も採れる。また、成

図 11　土中のクロスズメバチの巣

虫は皮膚が固くて味も良くないので、あまり好まれず、ハチの子飯には使えない。そしてその時期を過ぎ次の満月のときには、成虫に発育して、食用となる幼虫や蛹はなくなってしまううえ、成虫もすべて巣を離れると述べている。

これらの記述は正確なもので、クロスズメバチ類の巣は秋には最大に達し、その頃になって初めて出現する大型の新女王バチやオスバチの幼虫と蛹でいっぱいになる。さらに晩秋になると、働きバチは死に絶え、この時期に羽化してきたオスバチや新女王バチはしばらくは巣内にとどまっているが、それらも次々と交尾のため巣を離れて、二度と戻ってこない。巣は文字通りもぬけの空となってしまうことを意味している。

そして、一年限りの営巣習性を持つこのハチの巣は、晩秋に至って急速に衰亡してしまうが、普通に見られるハチもその通りかどうか、想山自身は気がつかなかったといっている。ここでいう「尋常のハチ」というのが、どんな種を指しているのかは明らかでない。

しかし、当時採蜜用に飼われていたニホンミツバチであるとすれば、冬の間も女王バチや働きバチの成虫は巣にとどまっているので、想山の頭の中にそのことが浮かんできたとすれば興味深い。しかし、ミツバチについては、残念ながらこの本では触れられていない。

にち蜂の酒とは

想山は当時のクロスズメバチの食文化に関する見聞のみを記しているのではなく、それらを通じて、当時の人間社会への辛辣な批評を時折はさんでいる。たとえば、冒頭に述べたにち蜂と呼ばれているマルハナバチが、巣の中に貯食する習性について述べたあとで、「造化自然の妙也と云ひて感ぜざればそのまゝの事なれども、夫《そ》れを智有る事也と味わひて見れば感ずるにも餘り有る事也。人は萬物の靈などゝ自分免許の名を付くれども、豊年に飢歳の手當する人なく、段々地頭より強くその手當を申付くれば、苛《つら》き政事《まつりごと》の、或は下の難儀は上にては厭《いと》ひ給はぬのとつぶやく族《やから》多し、蜂に劣りたる事也」といっている。

これは、万物の霊などと自称する人間が、豊作の時には不作で飢える年のことなど考えないくせに、役人からそのことをいわれると、統治の厳しいことやお上には庶民のことなどわかってはくれないと不平をいう人が多いことを、智において蜂にも劣ると手厳しく批評している。

ところで、田中（一九九〇）は『食物としての虫』の中で、上記の『想山著聞奇集』を紹介しているが、「にち蜂の酒」に関して、「美濃国郡上郡にいる『にち蜂』は土中に巣を造り、その中に花の蜜を蓄え、それが発酵すると喩えようもないほどの美酒ができる」という話を紹介したあとで、「これはマユツバであろう」としている。

ここでは想山の原文の引用は避けるが、前述のように「にち蜂」の記述は明らかにミツバチの仲間のマルハナバチ類のことである。このハチは、肉食性のクロスズメバチとは習性がかなり異なるが、クロスズメバチと同じように一年限りの生活史を持つ社会性ハチ類で、土中に営巣する。したがって「透かし」によってクロスズメバチの巣を探す人の目にはよく触れるものである。

ここで本題からそれることになるが、江戸期におけるマルハナバチの巣と貯蜜の利用に関する詳細な伝聞の記録として興味深いので、このにち蜂の酒とそれにまつわる私の子供の頃の体験を紹介したい。

このマルハナバチは、全身が長毛で覆われた大型のまるいハチで、地方によってはクマンバチと呼ばれる。最近は、トマトなどの花粉媒介のため、外国産のマルハナバチが巣ごと万個単位で輸入されるようになって、一般の人々にもその名を知られるようになった。

この仲間は早朝からカボチャなどの花を訪れ、巣は土中のネズミの古巣などにつくる。そこへ外から集めてきた花粉に、自分の体から分泌した蜜蠟を混ぜて、直径一センチ前後の球形の蜜壺をたくさんつくり、その中に花蜜を吐き戻して貯える。しかし、その蜜は水分が多く、数日で発酵して急速に糖分を分解してしまうので、せっかく貯えても、数日でハチは利用しなくなる。

ミツバチの場合、花蜜中の水分は巣に運びこまれた当初は五〇%以上もあるが、巣内の働きバチによって蜂蜜に転化されると、最終的には一五~二〇%に減少するので、巣の中の蜂蜜は容易に変質したり発酵しない。蜂蜜中にはもともとさまざまな酵母が存在しているが、糖濃度が高いときには酵母は活動できないからである。ところがミツバチの蜂蜜でも、水を加えるとすぐにアルコール発酵を始めるので、ヨーロッパなどではもっとも手軽にできる酒として、古代からミードと呼ばれる蜜酒がつくられている。

想山の「にち蜂の酒」に関する記述はけっしてマユツバではなく、ヘボ蜂と同様に、伝聞とはいいながら、ハチの習性と当時の人との関わりを伝える貴重なものである。

この「にち蜂」の蜜とその酒に関して、私自身が子供の頃に味わった体験を想い出す。

小学生の頃、私は北海道東部の釧路で過ごしたが、この辺りは本来寒い地方の住人であるマルハナバチ類が、種類数、個体数とも日本でもっとも多い地域である。この地方では少し郊外の河川や牧場の土手を探すと、ブンブンと腹にしみるような力強い翅音をたてながら、巣穴から出入りするこのハチを容易に見つけることができたのである。

このハチの仲間はスズメバチに比べてはるかに温順で、地表の草むらの中や浅い土中につくられた巣を掘り出しても、攻撃してくることはほとんどない。当時この地方の子供達の中には、短い夏休みの間、虫と関わる行事として、ミヤマクワガタのオスを捕えて大きさを競ったり、取っ組み合いをさせて勝負を楽しむという遊びの他に、マルハナバチの巣を見つけて掘り出し、その蜜をおやつ代わりとしていた者もいた。

子供達は、マルハナバチが種類によって巣を地表につくるものと土中につくるものがあることを知っており、厚い毛で覆われたピンク、黄、赤、灰色など色彩豊かなこのハチの仲間は、ミヤマクワガタなどの虫採りとはまた違ったつきあいがあった。

今にして思えば、地表の草むらの間に、ワラくずを集めて小鳥のような巣をつくるのはハイイロマルハナバチ、ニセハイイロマルハナバチ、シュレンクマルハナバチであり、それらの巣は小ぶりで直径一〇センチ程であった。一方、土中には、オオマルハナバチ、トラマルハナバチ（図12）、アカマルハナバチ、エゾナガマルハナバチなどが巣をつくり、これらはいずれも巣の規模が大きく、なかには直径二〇センチを越えるものもあり、たくさんの貯蜜を持っていた。

悪童達はハチの出入りする穴を地表に見つけると、棒切れや素手で浅い地中にある枯れ葉の厚い覆いに包

図 12　土中のネズミの廃巣内につくられたトラマルハナバチの巣

図 13　トラマルハナバチの巣内の蜜壺

まれた巣を一時間以上もかけて掘り出した。運が良ければ巣内には数十個のぶどうの実ほどの大きさの蜜壺（図13）がぎっしりと積み重ねられており、それを取り出しては、皆で分けあいながら、そのまま壺ごと口に放り込んだものである。

ハチが集めたばかりの新鮮な蜜は、指でつまむと潰れそうなほどもろい薄黄色の蜂臘製の蜜壺に入っていて、トロリと甘く、初めのうちはそればかり選んで口に入れていく。ところが、ハチが集めてからやや日が経っている蜜は、表面には小さな泡がブツブツと浮かんで、蜜壺も茶褐色に変色していた。それを口に含むとやや酸味があって、次々とほおばっているうちに全身がほてり、なんともいえない気分になってきたものである。今にして思えば、それは蜜が発酵してアルコール化していたもので、子供ながら酒に酔った状態になったのであろう。

当時は一九五〇年代初めの頃で、一般家庭の台所では砂糖は乏しくて、サッカリンやズルチンといった人工甘味料が代用され、その小さな錠剤を時々失敬してはなめていた記憶がある。また、北海道では砂糖大根と呼ばれるビート（甜菜）がたくさん栽培されていて、それを鍋で煮詰めた汁やビートそのものが、砂糖の代用として料理に利用されたり、子供のおやつとして与えられていた。

そのような時代に、ミツバチの蜂蜜は一般の人々にはほとんど口に入ることのない高嶺の花であった。ところが、マルハナバチの巣を知っている子供達にとっては、親の知らないところで、正真正銘の蜂蜜ばかりか、日本人にとっては今でも縁の薄い「蜜酒」までも味わっていたのである。

2 明治期から大正期のハチの子料理と全国調査

江戸期における本草書の中の大型スズメバチ類の食用や薬用としての記録、および『想山著聞奇集』に見られる長野・岐阜などにおけるクロスズメバチ等の多彩なハチ食文化は、明治期になっても他の昆虫食と同じように、農山村を中心とした伝統的な郷土食として広く伝承されていたと考えられる。クロスズメバチでは巣に入ったままの生きた幼虫や蛹が商品として流通しており、明治六（一八七三）年に岐阜県飛騨の高山で久々野村の産物として売られていたり、長野県では明治一七（一八八四）年に売買の記録がある。岐阜県では東濃地方において早くから巣を飼養するため、七〜八月の頃に蛙肉に綿片をつけて働きバチにくわえさせ、それを追って巣を発見する技術がすでに確立されていた（長瀬、一九〇二）。その後、長野県佐久の窪田太助によるクロスズメバチの子の佃煮の製造（明治三九、一九〇六年）および同人による四年後の缶詰化の成功（村田、一九二三）は、このハチの食文化に革命的な変化をもたらしたが、それらの詳細は別に述べる。

大正期になると、長野県下におけるスズメバチの食用の紹介があいついでなされている。長野県南部、とくに伊那地方におけるオオスズメバチの幼虫などの食用に関して、「食用とする蜂の子」と題して奥村（一九一二）は

「スズメバチの如き大きな蜂の子は初めゆでて後、幼虫の胃中にある黒いもの（幼虫の食物）〔後述のように実際は食物ではなくて、幼虫の中腸に貯まった未消化物で、糞塊といってよい〕を押し出して煮付けて食ふものである」と述べている。また、クロスズメバチも含めたスズメバチ類の食用に関して、「信州南部の食用蜂に就て」（大沢、一九一四）や「食用蜂類雑記」（長野、一九一六）、「地蜂利用に関する調査」（村田、一九二三）などが、当時の月刊誌『動物学雑誌』や『昆

虫世界』に紹介されている。

とくに三宅恒方博士は全国的な昆虫食のアンケート調査を行ない、スズメバチ食についても道府県別に詳しく報告している(三宅、一九一九)。この時期には郷土食としてスズメバチも含めた昆虫の食習慣は、農山村では食文化の基調でもあり、手近に得られる食材として明治期以前から引き継がれてきたことであろう。したがって近世あるいは、それ以前のスズメバチ食を推定する貴重な資料ともなっている。

それらを道府県別にハチの地方名、調理法、食用地域として示すと表1のようである。

分類上はスズメバチ属と呼ばれる大型のスズメバチは、七種類が日本の各地に広く生息している。その幼虫や蛹の体長は二~四センチ、体重では一~二グラムもあって、小型種のクロスズメバチ属に比べると一匹の重さだけでも一〇倍を越える。また、巣も直径数十センチと巨大なので、大きな巣を一個採っただけで、まさに大鍋いっぱいのハチの子が得られる。

地方によってはクロスズメバチの食用体験を持つ人々の間で、これらの大型種ハチの子もメニューとなるし、クロスズメバチよりも大型スズメバチの幼虫や蛹だけに食指を動かす人もいる。一方で、クロスズメバチ類のハチの子なら食べるが、大型スズメバチにはまったく興味を示さない地方も少なくない。

このアンケートは、当時の各道府県の農業試験場で害虫防除にたずさわっていた技術職員による見聞が中心になっており、かならずしも各地の食生活に精通していた人達ではない。したがって、長野県や岐阜県のようにハチの子食が、広範にまた根強く行なわれていた地域では、回答の内容も詳しいが、そうでない県の場合、また回答のない県では、限られた地域でハチの子食があったとしても、回答者の関心の程度によっては、正確に把握されていないこともあると思われる。なお、ハチの名称も、方言のみや「ハチ」として一般名で回答されている場合も少なくなく、当時の昆虫学のレベルでは、ハチの種類の区別が不明確で、大型スズメバチ、アシナガバチ、ミツバチなどとクロスズメバチとの判別が困難だったり、編者がとりまとめの段階で種名をとり違えている場合も見られる。

しかしながら、このアンケートの結果は小型種のクロスズメバチ類や大型種のオオスズメバチやキイロスズメバチなどのハチの子(幼虫・蛹)は、当時は北海

表1 道府県別スズメバチ食（三宅，1919を改写）

〔 〕内は著者注。

道府県	ハチの種類（地方名），調理法，食用地域	
北海道	ハチの種類	ツチスガリ〔クロスズメバチ〕。
	調理法	米に混ぜ調味料を加え，普通の肉飯の如く調理す。之を蜂の子飯と云う。
	食用地域	札幌付近。
岩手県	ハチの種類	土蜂（ハナスイ）〔クロスズメバチ〕。
	調理法	記載なし。
	食用地域	幼虫を食する地方あり。
山形県	ハチの種類	幼虫。
	調理法	砂糖醤油にて炒る。
	食用地域	置賜地方。
栃木県	ハチの種類	スズメバチ〔オオスズメバチなど〕，地蜂〔クロスズメバチ〕，足長蜂の幼虫及び蛹。
	調理法	煮付又は煎りて食う。煎り付けたるものを飯に混ぜ，蜂飯（那須郡の一部）となすものあり。蜂飯には主としてスズメバチ，地蜂を用う。
	食用地域	県下一円。
埼玉県	ハチの種類	クマンバチ，オオグマン（オグマン）〔オオスズメバチ，キイロスズメバチなど？〕。
	調理法	幼虫を巣より取り出し鍋に入れ炭火にて焙り，攪拌しつつ其色の褐色となるを度とし，醤油又は味噌を塗抹し，温き中に食すればその味美なり，又佃煮となし食するも可なり。
	食用地域	特に多き地はなきも山間部は稍多し。 ＊なお，アシナガバチは「あしつるし」と呼び，スズメバチと同様に調理する。
山梨県	ハチの種類①	ジバチ（ヘボ）蛆〔幼虫〕及び蛹化せるもの〔クロスズメバチ〕。
	調理法	煮て食す。
	食用地域	県下一円。ジバチは群大にして山間村落にては好んで食す。

	ハチの種類②	ヤマバチ〔オオスズメバチなど〕その他。
	調理法	蛆〔幼虫〕及蛹化せるものを煮て食す。
	食用地域	県下一円。西八代郡にてはミツバチの幼虫及蛹を煮て食うが食すること多からず。
群馬県	ハチの種類	ハチ類（ミツバチ，スズメバチ類，ジバチ）の幼虫。
	調理法	幼虫はほうろくの如きものの上にて食塩を混ぜて炒るか，又は鍋にて醤油，砂糖を加えたるものを煮詰めて食すればその味美なり。
	食用地域	〔記載なし。〕
長野県	ハチの種類	ドバチ〔クロスズメバチ〕。蜂類の幼虫は県下一般に食用とすれども，足長蜂の幼虫は有毒なりと称して食せざるものあり。
	調理法	巣を見出し，幼虫を捕へ，多少成虫を混して砂糖煮として食し，或は蜂の子飯を炊く。風味頗る佳なりと云う。上・下伊那郡にては缶詰として他府県に移出するものあり。
	食用地域	上・下伊那郡，南・北佐久郡地方に豊富なり。
神奈川県	ハチの種類	赤蜂〔キイロスズメバチ〕の幼虫。
	調理法	付焼又は煎りつけて用いる。
	食用地域	山間部の一部。
静岡県	ハチの種類	地蜂〔クロスズメバチ〕の幼虫，蛹。
	調理法	醤油にて炙りて食す。
	食用地域	県下各地で，子供の間食となす。
岐阜県	ハチの種類	ジバチ〔クロスズメバチ〕。
	調理法	各地とも簡単なるものは生のまま食し，或は醤油を付けて焼き，或は炙りて食す。又東濃地方にては甘煮として鮨の粉（所謂香薬）とし，或は飯に混して珍重し来客に供す。
	食用地域	東濃の可児郡兼山町，伏見町等にては缶詰として販売すると言う。該地方にては成虫，幼虫，蛹何れも食すれども一般は幼虫ないし蛹なり。材料は自然産を捕えるのみ。
	ハチの種類	地蜂（ヘボ）〔クロスズメバチ〕の幼虫。

愛知県	調理法	火にて炙り，醤油又は味噌を付けて食す。
	食用地域	主に三河国東賀茂郡にて用いる。
三重県	ハチの種類	ヤマバチ〔オオスズメバチなど〕。
	調理法	幼虫を醤油にて付け焼きとして食す。
	食用地域	稀なるも食するものあり。
石川県	ハチの種類	ハチの子。
	調理法	生のまま又は焼きて食す。
	食用地域	県内一般であるが，食するもの僅少なり。
奈良県	ハチの種類①	ツチバチ（ドバチ）〔クロスズメバチ〕，幼虫。
	調理法	佃煮又は焼食。
	食用地域	主として山間部。
	ハチの種類②	テンドリバチ〔大型スズメバチ類〕。
	調理法	佃煮又は焼食。
	食用地域	主として山間部。アシナガバチも同様に山間部で食べる。
滋賀県	ハチの種類	ハチの子。
	調理法	醤油にて煮付け食す。
	食用地域	県内。
京都府	ハチの種類	蜂の幼虫〔オオスズメバチなど〕。
	調理法	土器・金網等にて焙りてそのまま食す。
	食用地域	府下一円。
鳥取県	ハチの種類①	クロニカの幼虫〔クロスズメバチ〕。
	調理法	煎りて，飯に炊き混ぜ食用に供す。
	食用地域	県下全部。

	ハチの種類②	アカニカ〔キイロスズメバチ〕の幼虫。
	調理法	煎りて飯に炊き混ぜ，食用に供す。
	食用地域	県下全部。
島根県	ハチの種類	蜂の幼虫。ドバチ〔オオスズメバチ〕，キバチ〔キイロスズメバチ〕，アシナガバチ。
	調理法	幼虫を巣より取り出し，鍋にて煎り，砂糖醤油を加えて食す。又飯に混ぜて食するものなり。
	食用地域	県下の山間部。
岡山県	ハチの種類	蜂の幼虫（家屋の周囲，軒下，樹間，土中等に営巣せるものに就き，先づ種々なる方法にて蜂を駆逐したる後，幼虫を採集する）。
	調理法	生のまま，或は串に刺し醤油にて付け焼きとして食し，又は醤油のみにて煮付けとなすか，或は醤油，砂糖，味醂等を加え煮付けとして食す。
	食用地域	県下全般〔なお，本県に関しては，地域別に詳しい回答（岡山農試，1919）が発表されており，後述する〕。
広島県	ハチの種類	蜂の子。
	調理法	擦り潰して白木綿にて濾し，水，醤油を加味し煮て食す。
	食用地域	佐伯，神万，世羅，芦品，安芸地方。
山口県	ハチの種類	ノバチ。
	調理法	幼虫を煮，又は焙りて食す。
	食用地域	県下各地。
愛媛県	ハチの種類①	ジガバチ〔クロスズメバチとみられる〕。
	調理法	幼虫を鶏卵と共に煮る。
	食用地域	新居郡地方。
	ハチの種類②	ハチ〔幼虫？〕。
	調理法	焙りて，醤油の付け焼きとす。
	食用地域	上浮穴，西宇和，喜多，宇摩地方。

	ハチの種類③	アザバチ〔オオスズメバチなど〕。
	調理法	幼虫に食塩を振り掛け，焙烙にて焙る。
	食用地域	北宇和郡地方。 ＊なお，新居郡地方ではアシナガバチ，ジガバチ〔クロスズメバチ？〕幼虫を鶏卵と共に煮る。
福岡県	ハチの種類	ジバチ〔クロスズメバチ〕，クマバチ〔オオスズメバチなど〕の幼虫。
	調理法	火に炙りて食す。
	食用地域	県下一般。
長崎県	ハチの種類	ハチの子，ケンバチの子，アシサゲバチの子。
	調理法	油揚げとしまたは醤油にて付焼とす。
	食用地域	管内全般。
大分県	ハチの種類	クマバチ〔オオスズメバチなど〕。
	調理法	幼虫を煮て食す。
	食用地域	県下一般。
宮崎県	ハチの種類①	コマバチ（種不明），アナバチ（土中もしくは樹木の空洞等に棲息し，形蜜蜂より稍小さく群棲す）〔クロスズメバチ〕。
	調理法	焙りて食す。
	食用地域	県下一円。
	ハチの種類②	クマバチ〔オオスズメバチなど〕。
	調理法	煮て食し，又は焙りて食す。
	食用地域	県下一円。 ＊またアシサゲバチ〔アシナガバチ類〕も県下一円で焙りて食す。
鹿児島県	ハチの種類	各種蜂の子〔オオスズメバチなど〕。
	調理法	幼虫及び蛹をそのまま鍋に入れ，醤油と砂糖にて味を付け，焦げ付かざる程度まで煮込む。
	食用地域	不明。

道から九州まで広く各地で、生食、煮付け、煎り付け、混ぜご飯など、多彩な調理法によって食べられていたといえよう。

なお、北海道札幌付近で、ツチスガリと呼ぶハチをハチの子飯として調理するとしているのは、その方言名や調理法から、長野県南部地方などからの移住者で、ハチの子の食文化を受け継いでいた人やその子孫が新天地に渡って、この地方に多いクロスズメバチの巣を発見して、故郷の郷土食として再現したものであろう。

北海道の例は別として、長野、岐阜以外の府県ではハチの子の食用慣行があったとしても、その調理法は、砂糖、醤油などの煮付けや煎り付けなどに限られている。これは調理への手間をかける程度が、上記の二県ほどに深く関わっていないことを示している。

3　現代のスズメバチ料理

昭和期、とくに戦後から最近におけるスズメバチ類の食用について、地元の採集者や民族学の研究者などによって、巣の採集法、ハチの子の処理や料理法などが報告されている（松浦、一九九九）。ここでは、大型スズメバチ類と小型スズメバチ（クロスズメバチ類）に区別して、それらを紹介するとともに、筆者自身の調査による知見も加えた。

オオスズメバチやキイロスズメバチなどの食用に関して、宮崎、岡山、石川、愛知などの各県で、一九五五年以降に以下のような報告がある。これらの地方でも、とくに宮崎と愛知の両県は今日でもオオスズメバチ食用のもっとも盛んな地域となっている。

大型スズメバチ類

宮崎県

西臼杵郡においては、野外で採餌活動中のオオスズメバチの働きバチを見つけ出し、餌付け（図14）をして肉団子をくわえ飛ぶハチの姿を追跡し、巣（図15）を見つけ出す。宮本（一九五五）によれば、

「巣は大きな風呂敷につつみ家に持ち帰り、蛹と幼虫を巣房盤から取り出すのである。小さい巣で三升、大きいので七升位の蛹達を盤から丹念にピンセットで抜き出し、幼虫だけは熱湯の中に入れゆがいた後に内蔵をとりすて、今度は蛹幼虫共に油でいため野菜（特にナスビが良い）と共に煮るのである。便所の中の蛆を連想して口にしないものもあるが、酒の肴としては極上々の由、これを食べると『河豚のシラコ』等食べる気になれん。これはある美食家の言であるが、とにかく美味しいものである。巣は漢方薬店でかなりの値で買ってくれるのも副産物。〈以下略〉」とある。

フグのシラコとオオスズメバチの幼虫の食味を比較するあたりは、さすが九州の食文化圏というべきであ

図 14　樹液に来ているオオスズメバチを砂糖液で餌付けする

図 15　土中のオオスズメバチの巣

ろう。

西臼杵郡内では、オオスズメバチ食が現在も盛んである。私の調査では、秋のオオスズメバチのシーズンには、各地の青果市場などで巣に入ったままのハチの子が取引されている。高千穂町では町内のスーパーや食料品店で、大きな巣盤に生きた幼虫や蛹が入ったままの状態で売られていて、小売価格は、巣付きで一キロ当たり一万円前後（一九九八年一〇月）である。

この地方では、オオスズメバチの料理としては、蛹の空揚げ、幼虫や蛹とナスの炒めもの、幼虫や蛹の炊き込みご飯（ニンジン、シイタケ、サトイモなどとともに用いる）、幼虫や前蛹の付け焼きなど多彩で、ときには前蛹を生食することもある。

同町内には、オオスズメバチの巣の採集を副業としたり趣味的に行なっている三〇～七〇歳の男性が五〇人以上はいるという。彼らは九～一一月のシーズンには、町内はもとより近隣の里山を歩き回り、まずクヌギなどの樹液に来ているオオスズメバチの働きバチを見つけ出す。ハチの目の前にバッタやセミなどの大型昆虫を竹の先などに突き刺して持っていくと、それに飛びついてきて、肉団子に仕上げる。それを大顎にくわえて巣へ戻るハチを追跡し巣へたどりつく。その際「チラ」と呼ばれる目印を、働きバチの胸部と腹部のくびれた部分に結びつけて、飛んでいるハチの姿が見えやすいようにすることもある。チラにはかつては真綿を広げ伸ばしたものや、ニワトリの白い羽を使うことが多かったが、最近はこより状にしたティシュペーパーや薄手のポリエチレン片などに替わっている。また、樹液にきているオオスズメバチを見つけ出し、砂糖液や薄めた蜂蜜を竹筒などにたっぷりと与え、腹いっぱいに吸わせて、巣との間を何度も往復させ、空中にできたハチの飛行航路を見極めてそれを追いかけるベテランもいる。

隣接する東臼杵郡北郷村《きたごうそん》においても、オオスズメバチの食用は一般的で、脚や翅などが着色した蛹でも空揚げとしたり、幼虫を塩で煮出ししたあと、その汁でソーメンを茹で、具としてソーメンとともに賞味する家庭もある。

オオスズメバチは食材として入手が難しい貴重品であるばかりか、巨大な巣、激しい攻撃性、命がけで巣を守る習性、それにしばしば人を死にも陥れる強い毒力などが一般によく知られているから、調理する人の心にも畏敬の念を抱かせて、尽くせる限り、有効においしく食べようとする気持ちを生じさせるのであろう。

愛知県

三河高原から尾張丘陵など、西三河地方と呼ばれる一帯の山間部においてオオスズメバチの食習慣が見られる。昔からオオスズメバチを採る人は多く、オオスズメバチの食文化圏としては、宮崎県阿蘇山麓一帯とともに、日本では現在ももっとも盛んな地域といってよい。

巣の採集は、一般に四〜五人のグループで行ない、県下各地はもとより、最近は自家用車を利用して、近隣の三重、奈良、和歌山、滋賀などへ日常的にでかける。四〇年以上も巣の採集を続けているあるグループは、一九九四年には過去最多の九六個の巣を採取したが、平年でも五〇個以上は採るという（三宅勝美、私信）。最近では採集する人の数も増え、トランシーバーや携帯電話を駆使するなど捕獲方法も改良されながら現在に至っている。巣の発見方法は、他地域と同じで、樹液に来ている働きバチにバッタなどの大型昆虫や砂糖液などを与えて餌付けし、巣との間を往復させて、それを追いかける。

この地域のオオスズメバチの食習慣については、『「クマ」に挑む人々』（野中、一九九二）で詳しく紹介されている。クマとはこの地方の方言でいうオオスズメバチのことで、全国的にもクマバチ、またはクマンバチと呼ばれることが多いが、その略称である。このハチは大きなスズメバチの中でも飛び抜けて大型の体躯とその獰猛さが、日本では猛獣のトップの座を占める熊に通じるところがあるのだろう。私自身も、何度かこの地方の「クマ狩り」の現場に同行したことがある。

ここでは採ったオオスズメバチの巣の処理と食べ方を少し詳しくながめてみよう。巣を持ち帰ったら、まずそれをばらすことから始まる。このスズメバチの巣（図16）は土中につくられるが、五〜十数段の巣盤が、それぞれ中心部にある一本の太い主柱と細い数十本の支柱でがっしりと連結している。一枚の巣盤は直径三〇センチから時に八〇センチを越え、数百の六角形の育房で構成されている。育房は自然状態では下向きになっているから、幼虫や蛹はたえず逆さの宙吊り

図16　幼虫に与える肉団子を分けあうオオスズメバチの働きバチ

状態でいることになる。巣盤は下へ下へと増築されていくが、各育房は下へいくほど大型となる。すなわち、巣が発達するとともに、働きバチの場合でもあらたにつくられる幼虫部屋はしだいに大型化して、大きなハチが育つようになる。だから下段の巣盤ほど幼虫は大きく育つ。

それらを取り出すには、巣盤を仰向けにして、食べ頃の大きな終齢幼虫と蛹を選んで指でつまんだり、ピンセットなどで抜いていく。蛹はカイコと同じように、白い丈夫な繭の蓋をかぶっているから、まず包丁でその蓋を切り取ったり、指で剝いでから取り出さなければならない。

こうした作業は採ってきた男達のほか、その妻や祖母などの女性、それに子供も参加して、家族総出の共同作業となることが多い。一つの巣だけで、食べ頃の幼虫が五〇〇〜二〇〇〇匹、蛹もほぼそれと同数入っているので、それらを抜き出すのは根気のいる大変な作業である。しかし、誰も屈託した表情は微塵もない。子供も大人も獲物を手にした喜びで、和気藹然とした雰囲気に満ちている。大人の指ほどの太さがある幼虫や蛹も、親バチさえいなければこわくはないから、手玉にとることができる。

その作業の最中に、捕獲した人がハチを巣まで追いかけるところからはじまって、巣を掘る様子、時に猛反撃を受けて危ない目にあった体験など、一連の顚末をゼスチュアを混じえて語るから話題が尽きず、次々と話に花が咲いていく。採った人も採らなかった人も、オオスズメバチが単なる食材としてではなく、自分達の郷土に共生している強大な生き物として、畏敬ともいうべき感情を持っている。そうした自然の産物について、皆で実物を手に取りながら、男達はハチの追跡や巣の採取の苦心談、自分が見聞した珍しい生態などを自慢気に語り、女性や子供はそれらを感心して聞きながらも互いに知識を深めるので、いつまでも心の中に残っていくのである。

こうして取り出した巨大な幼虫や蛹は、食材としてバラエティに富んだ利用がされている。「調理方法は、醤油で煮付けたり、バター炒めにして、ご飯のおかずや酒の肴に重宝される。また、ご飯と混ぜて炊き込んだ混ぜご飯も作られ、大勢で賞味される。冷凍保存ができるようになってからは、正月まで保存してお節料理にも使われるようになった。

一シーズン中に、オオスズメバチだけで数巣から多いときには数十巣も捕れるので、グループのメンバー間で分けても、秋の季節のご馳走として、各家庭で充分に食べられる量になる。また、この地域では、クロスズメバチも多く食べられているが、それよりも珍しいごちそうとして喜ばれる。

食べるときになると、家族の他に、珍しいごちそうということで人が集まるきっかけにもなり、そのときにも捕った苦労や楽しみが語られて、オオスズメバチについての知識が広がっていく」という（野中、一九九二）。

三河地方でも、秋のシーズンになると、このハチの子が青果店などの店頭に巣盤ごと売られていることがあるが、九州の高千穂地方ほど一般的な食材ではないようだ。しかし、地元の料理旅館などでは、一般家庭よりもさらに多彩なスズメバチ料理のメニューがあり、後述のようにこの地方の秋の味覚を伝える郷土料理として、食通の間で珍重されている。

愛知県東部の瀬戸市や春日井市でも、このスズメバチ食は盛んである。一般的にはクロスズメバチの佃煮は砂糖と醤油で味付けし、オオスズメバチはみりんと醤油で薄く味付けをして煮付ける。地元の養蜂家渡邊敏遠さんによれば、春日井市細野町では、毎年秋祭りの寄合い席で、ハチ料理としてヘボ（クロスズメバチの幼虫）の佃煮や他地方には見られないオオスズメバチの押しずしなどがご馳走として出る。地元の人の表現を借りると、オオスズメバチの味はマグロのトロの味だという。しかし、大型種でもよく見られるキイロスズメバチとコガタスズメバチの幼虫はまずく、おいしいのはオオスズメバチとクロスズメバチの幼虫だけとのことである。この地方のスズメバチ料理の多彩なメニューについては、瀬戸市の料理旅館での食体験をのちに詳しく紹介する。

岡山県

中国山地の北部に位置する真庭郡湯原町粟谷の約四〇戸の山村の動物民俗を伝えた一九七二〜七四年の調査にもとづく報告では、生活に関連する有用な昆虫としてスズメバチ類があり、その食文化、巣の採集法、伝承などについて、次のように述べられている（篠原、一九九〇）。

「虫の仲間では子供の遊びの中にでてくる昆虫類や害虫を除けば、生活に関連する有用な虫は極めて少ない。この少ない有用昆虫の中での代表は何といってもハチ類であろう。主にハチノコをとる目的だが三種類のハチが狙われる。アカバチ〔キイロスズメバチ〕、セグロバチ〔和名不明とあるが、営巣習性の記述などからコガタスズメバチとみなされる〕、アワイバチ〔クロスズメバチ〕の幼虫の三種である。最もよく狙われるのはアカバチである。

この地方では旧暦八月一五日をイモ名月、同じく九月一五日をクリ名月と称して、それぞれ特別な料理を作る。イモ名月には、ズイキイモ（サトイモ）、コウタケ、ハチノコを入れた炊き込みご飯をつくる。ハチの巣は、このハチノコをとるためしばしば狙われる。〈中略〉通常はハチノコのサナギを料理に使うが、〔巣の採集の際に〕焼け死んだ成虫も油炒めをすれば酒の肴にもなり結構うまい。この時期以外の季節では、蛹に塩をかけフキの葉に包んで囲炉裏の中の熱灰に入れて蒸し焼きにして食べる方法が多くとられた」。

さらに、これらのハチの巣の採集法についても、述べられている。

「『出バチは刺すが帰りバチは刺さない』という山

村の俚言にあるとおりハチの巣取りは危険な採集である。しかし、大変愉快な男の遊びの一つであることも疑えない。

三種のハチの巣の形態や営巣場所は異なっているけれども、これらのハチの巣取りに出かけるには新月の頃が最適とされ、伝承では満月の時はハチの子はいないと信じられている。アカバチ、セグロバチの巣は、人家の屋根裏、軒下、樹木の先端など高所に営巣する。両者は巣の構造が異なっているので容易に識別できる。

時には山の斜面の人目に付かないウロ（洞）などにもつくる。特に台風の来る年にはハチは高いところに営巣せず、低いウロなど安全な場所に営巣するといっている村人が多い。

巣取りには新月の頃の夜更《よふけ》、竹の古くなったものを割って作ったテビ（タイマツ）と藁束を持って出掛ける。ハチがすべて巣に入ったのを見計らって持参した藁束で巣を覆い、テビで火を付け成虫を焼き殺す。アカバチの巣の構造は二重になっており、内側は何層もの階段状構造をなし、その一層一層を『ジュウ』と称している」と。

この地域では、ハチ類以外の昆虫で、積極的に村人が取りに行くものはほとんどなく、他の地方でしばしば食用となる稲の害虫のイナゴは、かつては採って食べられたようだが、この当時はすでに消極的な採集にすぎないという。中国山地という四方山ばかりの過酷な自然環境下では、スズメバチ類は自給自足の動物性蛋白として利用されてきたのであろう。

しかし、三〇年近く経た今日では、地元の生活改良普及員や農業改良普及員、それに農業試験場等の昆虫関係の担当者などに私が問い合わせたところ、岡山県のいずれの地方においてもアカバチやアワイバチなどの巣はよく見られるが、それらを食材として採取する人はいなくなり、ハチの子食の慣習はほとんど見られなくなっているという。

現代のように流通経済が発達して、国内はもとより外国産の生鮮食品まで日常的に輸入される時代にあっては、危険をともなうハチの子採りは敬遠され、この地方では食文化として衰亡の一途をたどっているといえる。これは蛋白源としての川魚や鳥獣類にもあてはまることで、その捕獲法などもごく限られた人に伝えられ、命脈を保っているに過ぎないのだろう。

石川県

加賀白山の山麓ではアカバチ（キイロスズメバチ）の食用例が、地元の白山自然保護センターに勤める研究員によって述べられている（水野・茨木、一九八三）。

「〈前略〉白山ろくでは多くの人がスズメバチ（キイロスズメバチ）の子を食べようと、いつも巣を探しているからである。実際にここにあげた（一九八二年に筆者らによって発見された）七八個の巣のうち、はしご等で何とか手の届く全てともいえる約五五個は、確かに採集されて食べられている。

信州で餌の肉片に綿の印をつけて、運んで行く先を追いかけ『ジバチ』（クロスズメバチ）を採集して食べることはよく知られている。白山ろくでは発見すればジバチも食べるし、アシナガバチの蛹を桑の葉に包んで炭火で焼いて、桑の葉と一緒に食べるのが菓子のない昔の山の生活のおやつにもなったという。

しかし、一度に大量の幼虫が取れることではアカバチにかなうものではない。アカバチは大きな巣では一つに五〇〇〇以上の部屋があり、成虫も一〇〇〇頭以上いるという。一つの巣から食べる幼虫と蛹を取り出すと、中くらいのナベいっぱいになることもある。

『ジバチは蛹をつまむのが面倒だし、食べてもアカバチの方が美味しい。』という人が多い。〈中略〉成虫等は殺虫剤等で殺して、幼虫と蛹を巣盤から取り出す。手間のかかることだが、皆でワイワイ言いながらの作業は楽しい。

塩茹でしたり、炒めたりして食べると、特に蛹は歯ざわりもよく、酒のつまみに格別のものだ（図17）。あまり食べすぎると、アレルギーを起こしたり下痢をする人もあるが、一つひとつつまみ始めると皿が空になるまでやめられない。料理したものを冷凍保存して正月の酒のつまみにする人も多い」。

キイロスズメバチは、現在もこの地方では普通に見られるが、まだこうした食習慣が続いているのかどうか確認したいと思いながら、私はその機会がないままとなっている。

クロスズメバチ類

日本では一般にハチの子食といえばジバチ、スガレ、ヘボなどの地方名があるクロスズメバチ食を指

図17　キイロスズメバチの幼虫と蛹の甘露煮（長野県豊丘村）

す。スズメバチの中でも、小型種のクロススズメバチ類のハチの子を食材とした郷土食は、長野、岐阜、愛知を中心とした中部地方の山間地で今なお盛んである。

オオスズメバチなどの大型スズメバチの食文化圏と微妙に異なるが、一部の地域では大小いずれのスズメバチも食用とする。

　大型スズメバチの場合と同様に、これらの幼虫や蛹をそのまま生で食べることもあるが、それは巣を掘り出した際やハチの子を抜いている時などに一部を試食する程度にとどまり、一般にその調理法は大型スズメバチよりも多彩である。『日本の食生活全集』（農山漁文化協会、一九八五〜九二）では、クロスズメバチ類のハチの子食のメニューとして、甘露煮（長野）、佃煮（岐阜、愛知）、ハチの子飯（混ぜご飯）（長野、岐阜、兵庫、岡山、島根、愛媛）、ハチの子炒り（長野、滋賀、大阪、愛媛）、味噌だれ（愛知、岐阜）、朴葉ずし（岐阜）などが紹介されている。とくに、長野、岐阜などの中部地方では、「なまもの」、「煎りもの」、「煮付け物」、「混ぜご飯」、「すし」、「五平餅」の六種がある（野中、一九八九）。

　これらをまとめると全国レベルでの主な調理法は、(1)煮付け、(2)混ぜご飯、(3)油炒め、(4)煎り付けで、この他に一部の地域で(5)五平餅のたれ、(6)すしなど、郷土食の豊かな調理がある。これらの調理法について、少し詳しく紹介しよう。

(1)煮付け（図18）

水、醤油、砂糖、みりんなどを加えて、水分がなくなるまで煮詰めるもので、下ごしらえに乾煎りまたは油炒めをすることもある。これは、ご飯のおかずや酒の肴などに用いられる。おかずの場合、季節の野菜を混ぜて栄養のバランスを配慮したり、料理としてのボリュームを増すことが多い。

全国的にもっとも普通の食べ方で、調理後すぐに食べるほか、瓶などに詰めて保存食とし、一～二カ月以上にわたって利用する。最近では一般家庭でも、冷凍して翌秋のシーズンまで保存する場合も少なくない。

(2)混ぜご飯（図10）

煮付けたものを、炊き上がったご飯に混ぜて食べる。

長野県佐久地方では、大正期のこの調理例として、「幼虫と蛹を摘出し、焙烙《ほうろく》又は焼鍋に入れ文火上を以て炒り、稍《やや》堅き程度に乾し揚げ、醤油と少量の砂糖を加えて暫時煮沸す。釜にて飯を炊き、火の引き際に味付けしたる蜂の子を飯の上に撒きちらし、飯と共に蒸らし約十数分間を経て飯よく蒸れるを俟《ま》ち、良く攪きまぜ器に移し食膳に供するなり。」とあり、これはハチの子のみの混ぜご飯である（村田、一九二三）。

長野県下では、私がかって地元の人からご馳走になった長野市、佐久郡佐久町、下伊那郡豊丘村、飯田市などの家庭料理はこの混ぜご飯で、現在でも主流である。

一方、岐阜県東濃地方や愛知県奥三河地方では、ハチの子の他にニンジン、ゴボウ、シイタケなどの具も入れて、五目ご飯風に仕上げることが多い。いずれにしても、混ぜご飯の地域としては、長野県南信（伊那など）、岐阜県東濃、愛知県三河の各地方を中心に、群馬、静岡西部、山梨北部など中部地方に多い。栃木県那須地方にも見られるのは、後述のように、この地域はかつて長野県伊那地方からの移植者が多かったことに由来すると思われる。

(3)油炒め（図19）

バター、サラダオイルなどでハチの子をさっと炒め、塩、醤油などで味付けする。酒の肴、食事のつまみ、おかずなどに用いられる。

全国的に見られる調理法で、長野や岐阜でも行なわれているが、バターやサラダオイルを用いるように

図 18　クロスズメバチのハチの子の煮付け（長野市）

図 19　クロスズメバチのハチの子の油炒め（長野県佐久町）

なったのは、比較的最近のことではなかろうか。

(4)煎り付け

ハチの子を煎りものとして、塩や醤油で味付けする。つまみ、酒の肴、おかずなどに用いられる。

全国的に見られるが、長野県北部、岐阜県飛騨地方にとくに多く、古くからの調理法とみなされる。

(5)五平餅のたれ

五平（御幣とも書く）餅は、長野県南部、岐阜県東濃、愛知県三河地方の山間部の伝統食である。粳米を炊いてつぶし、木や竹の串に長さ十数センチ、幅五センチ、厚さ一センチ前後に握りつけたものを、味噌や醤油のタレにつけて焼いたものである。このタレに、醤油で煮付けたり煎り付けたハチの子をすりつぶして加えると、ハチの子のうま味と香ばしさが溶けでて、最上の味になるという。

地域や家庭によっては、翅の生えた成虫も細かくすりつぶしてタレに加えるが、固いハチの表皮で口触りが悪くなるといって利用しないこともある。

ハチの子のタレを用いた五平餅は、一九八六年の調査では、三河地方山間部の一部のみとされていた（野中、一九八九）が、最近は五平餅の食習慣のある長野、岐阜両県下の多くの地域において、祭りなどでハチの子入りのタレを宣伝文句にして販売されたり、一般家庭でも利用されることが少なくない。もともと五平餅とハチの子の食文化は地域的にほぼ一致するので、タレの味の工夫として受け入れやすいのだろう。

(6)すし（図20）

箱ずし、ちらしずし（混ぜずし、五目ずし）、朴葉《ほうば》ずし、押しずし（カラー図30）があり、いずれもハチの子の煮付けをすしの具に用いる。どれもハチの子料理としてはもっとも手のこんだ調理法であろう。

箱ずしはスシバコと呼ばれる木箱にすし飯を詰め、スシコ（具）としてシイタケ、ニンジン、角麩などの野菜や乾物の煮たものに、ハチの子を混ぜて上に張り、蓋をして押しをかけたものである。

ちらしずしは箱ずしよりは手軽にできるが、精進のちらしずしと生ぐさのちらしずしがあり、ハチの子は後者といえる。

朴葉ずしはすし飯と具をこぶしほどに握り、ホオノキの大きな青葉で包んだものである。ホオノキは日本の野生花では最大級の直径一五センチ前後に達する白い見事な花をつけ、この地方の谷あいに普通に見られ

図 20　ハチの子入りの（載せ）朴葉ずし（左）と押しずし（右奥）。（いずれも岐阜県東白川村）

る郷土の木である。

箱ずしと朴葉ずしは、どちらも岐阜県美濃地方の中部（いわゆる中濃）以東に特有の郷土料理で、季節を選ばず、祭りなどの人の集まる行事で、最上級のもてなしのご馳走として、ごく普通につくられる。

箱ずしそのものは、三重県の伊勢地方北部から愛知県三河地方西部まで、いわゆる濃尾平野全般にわたり広く見られる。しかし、ハチの子の具を用いるのは、岐阜県では東濃と中濃の地域に限られ、これらと隣接する愛知県尾張地方と三河地方の山間部でもつくられる（野中、一九八七）。

一方、朴葉ずしは、岐阜県美濃地方の東部と北部（郡上・飛騨）に見られるが、二つのタイプがあり、飯と具を混ぜた「混ぜ朴葉ずし」と、飯の上に具をのせるにとどまる「載せ朴葉ずし」がある。前者は郡上から飛騨一円、後者は美濃地方（東濃）に限定され、朴葉ずしといっても地域差があるが、いずれも岐阜県以外ではほとんど見られない（日比野、一九九六）。

岐阜県恵那郡の最北端に位置する加子母村の場合、朴葉ずしの具材はハチの子・鮭・鯖の切身・シイタケなどで、それらをのせたすし飯を朴の葉に包んで押しずしとする。菖蒲の節句、「さなぶり」と呼ばれる田植を終えたあとの慰労、その他にも夏の間は何かにつけてこのすしをつくるが、万葉調の野趣豊かなご馳走として珍重されるこの村の名物である（加子母村編、一九七二）。

岐阜県のすし食文化は日比野（一九九六）に詳しく紹介されている。それによると、この地域では、日本におけるさまざまなすしの諸形態のほとんどすべてが、県下各地に偏在しながら分布しており、「すし王国」として全国でも類がないという。

たとえば全国的にも有名な美濃の鮎ずしは、平安時代の『延喜式』にすでに名があがっており、その他なれずしやいずしのように鯖などの魚を用いた発酵型のすし、姿ずし、箱ずしなどの押しずし、さらに握りずし、いなりずし、巻きずし、ちらしずしなど多種多彩である。しかし、県内でも調理法やそれをつくる機会が地域性を持ち、美濃と飛騨の南北に大きく色分けできるという。

山深い飛騨地方と、広大な濃尾平野に臨む美濃地方は自然環境が異なるばかりでない。歴史的に見ても、飛騨は幕藩体制下では天領であり、一方の美濃は小藩の集合体として、それぞれ独自の地域文化を生み出してきた。両地域とも周囲を高い山なみに囲まれながら、隣接する長野県の南信・伊那と険しい山道を経由した古くからの文化交流がある。それらの地域とハチの子食では共通性を持ちながら、その調理法において独自のハチの子ずしという食文化が醸成されたのであろう。

こうした中部地方のクロスズメバチ類のハチの子料理はその食用の機会や程度からながめる時、次の三タイプに分けられる（野中、一九八九）。すなわち⑴まれに食用とする場合（ハチの子が手に入れば食べる程度で一年に数回から数年に一度、珍しい食べ物として用いる）、⑵日常的に食用とする場合（毎年、秋や、秋から冬にかけていわゆる旬の材料であるが、最近では冷蔵庫などの普及により長期間の冷凍保存が可能となり、一年中、日常の料理として用いる）、⑶日常的な食用に加えて行事時にも用いる場合（日常の食事の他、祝祭時の特別料理にも用いる）である。

まれに食用とする場合、煎りものや煮付けが多く、あまり手をかけないで一度に食べてしまうような調理となる。しかし、日常的な食用では、単品として「煎りもの」や「煮付けもの」をつくり、酒の肴、おかずとして食べるが、時には「混ぜご飯」として食事にバラエティをもたせる。祝祭などの特別行事にはさらに手をかけた「すし」に仕上げ、最上のご馳走として家族、親戚、友人などが大勢集まったときに皆で賞味堪能する。

一方、こうした食用の程度を地域差で見ると、「日常的な食用に加えて行事時にも用いる」のは岐阜県東濃地方に集中し、「日常的な食用」はこの地域を取り巻く岐阜、長野、愛知、静岡の各県の隣接地域で、「まれに食用とする」のはこれら四県のさらに周辺部となっている。こうした食用の差異は、ハチの子の食文化として培われた伝統を反映するとともに、食材としてのハチの子の入手の難易や一度にどれ位の量が得られるかということも要因となっている。

混ぜご飯やすしなどの食材としてハチの子が使われるということは、かつての農村では貴重な食材であったご飯の付加価値をさらに高める最高のもてなし食である。ハチの子は地元の人々にとって、郷土料理の極致のひとつとして評価されていることを物語るといえよう。こうした貴重な自然の食材は、尽くせる限り調理に腕をふるい、おいしく食べようとする地元の人々の気持ちの表現でもある。イネやソバなど農作物の収穫を終えた秋祭りの休息期に、人々は自然の恵みに対する喜びと感謝の気持ちを、ハチの子調理の工夫にこらしたのである。

『日本の食生活全集』に見られるハチ食

スズメバチ食も含めた昆虫食の全国的な調査は、すでに述べたように三宅（一九一九）によって報告されている。その後、こうした規模の調査は行なわれていないが、最近の全国的な傾向を知る資料として『日本の食生活全集』全五〇巻があり、その中に郷土食としてのハチの子食を見い出すことができる。この全集は、一九八五〜九二年にわたり農山漁村文化協会より発刊されたもので、都道府県別に地元の食文化の専門家を中心に、聞き書きによる記録、編集が行なわれ、とくに農山村部における食生活とそれを育んだ風土を紹介している貴重な出版物である。

ハチ食に関しては、日本の西南地域の一二府県（静岡、長野、岐阜、滋賀、愛知、大阪、兵庫、岡山、島根、愛媛、鹿児島、沖縄）における郷土食が登場しており、現代のハチ食文化の地域性を知ることができる。ただし関東以北の地域については、ハチ食の記述はまったくなく、他の昆虫食もイナゴなどごく一部に限られている。

最近の日本では、全国的に急速な食文化の均質化が起こっていることから、本書に紹介された例でも、その後は衰退したり、あるいは消滅している場合も少なくないとみなされ、とくに大阪より南の各県でその傾向が強い。その一方で、中部地方を中心に、地域の伝統食であったハチの子食がグルメブームや都市への住民の移動などで一般の人々にも広がっている場合も見られる。

本全集で紹介されたハチ食について、各県別に北から順にその地域と調理法などの記述を要約すると次のようである。

静岡県

岡部町　「本県の中山間ではクロスズメバチをハエバチと呼び、『はえはち飯』はその子を混ぜて炊いた飯である。ハチの子を、砂糖、醤油で煮てから、吹いてきたご飯に加えて炊きあげる。ハチを煮るとき少し酒を加えれば、さらによい。親バチのほうも、醤油で煮ておき、ご飯に炊きこむこともあるし、抜き菜と一緒にさっとゆでて醤油味にすれば、よいおかずになる。」「家族みんなの好物で、はえはち飯を炊いた日は、初秋のおゆうはんのひとときを、いろりを囲んで楽しむ。」とある。

長野県

安曇平　「家の軒先にある足長蜂の巣の『はちのこ』は、子どもでもとれるのでちょいちょい食べる。地蜂〔クロスズメバチ類〕は、好きな人が蜂を追いかけて巣をみつけ、とってきてはちのこ飯などにするが、ごくわずかである。」とある。

伊那谷　「地蜂の巣をさがし、巣が最も大きくなるのを待ってとり、蜂の子を落とし出す。蜂の子ごはんにしたり、空炒りにして塩をふって食べたりする。蜂の巣とりの好きな人がいて、そのおすそ分けがあるから、近所の人たちは喜ぶ」。

諏訪盆地　「すがり」と呼ばれるジバチの幼虫を「砂糖、醤油に水を少し加えて煮たて、蜂の子を入れて炒りつける。これをびんに入れて保存し、来客のとき、ごはんに混ぜて蜂の子飯にする」。

佐久平　「その羽をもぎとって、焼いたり炒ったりして塩味で食べる。すずめ焼きの味がするといって珍重される」とある。ハチの子の甘露煮として、ジバチの巣の白いウジ虫のような幼虫や、羽が生えかかった若バチを「油で炒め、醤油、酒、砂糖で、汁がなくなるまで炒り煮する。炊きたてのごはんに混ぜた蜂の子飯は最高のごちそうである」。

この他、他の地方ではほとんど見られなくなった「ゲンゴロウの塩炒り」が紹介されており、「九月、田のこい（鯉）を揚げるときに、ゲンゴロウもたくさんとれる。つややかな羽をひろげて飛んでいってしまうので、ふたが必要である」と。

奥信濃（飯山市富倉）　「夏の終わりから秋にかけて、みんなの好物のはちの子（はちの幼虫）とりをする。〈中略〉ときには五〇〇匁あまりもある大きな巣がとれることもある。とり出した巣の中から針ではちの子を抜きとり、ほうろくで塩をふって炒りつける。家族の食事に張りがでる」。

岐阜県

恵那（東野）　へボ飯として「へぼ（ジバチの幼虫）は巣からとり出し（図21）、ほうろくで気長に炒って、砂糖とたまりで甘からく煮ておく。米一升をふつうより少し固めに炊き、炊きあがるまぎわに、へぼのつくだ煮を入れる。へぼのほかに、ささがきのにんじん、ごぼうを入れることもある。へぼのつくだ煮の味がごはんにつくので、とくに味つけはしないが、へぼの量が少ないときは、たまりを入れてごはんを炊く」。

また、「へぼのつくだ煮」として「ほうろくで気長に炒って、甘からく煮つける。ほお葉ずしやへぼ飯にも入れる」。

恵那山間（串原村）　「へぼ飯」は「巣の中にいるへぼを針でつついてとり出す。これをたまりと少しの砂糖で炒りつけるようにして煮あげ、ごはんが炊きあがる前に入れて炊きあげる。へぼをそのまま米に入れて炊くと、へぼがやわらかいので、感じも悪いし、味もよくない。必ず砂糖とたまりで煮ておく。香ばしくて珍味である」。また、「五平もち」にへボを入れたへボ味噌のたれも用いる。

図21　クロスズメバチの巣盤からハチの子を１匹ずつ抜く（加藤義雄氏提供）

この地域では最近はヘボを通じてさまざまな地域おこしの企画が盛んで、のちに詳しく紹介する。

奥揖斐（徳山村）　「へぼ飯」ヘボ、またはじしゃくは、「ほうろくでよく炒る。これを、へぼと同じくらいの量のたまりに砂糖少しを入れて煮あげる。ごはんは、米五合に対して醤油二勺、砂糖さかずき二杯、それにだしこんぶを二本ほど入れて醤油味に炊き、火を切る直前に味つけしたへぼを入れる。火を引いて五分ほどしたら、わらでもう一度炊いて仕あげる」。

滋賀県

鯖街道（朽木村）　若狭から京都へ海産物を運ぶ鯖街道に位置し、ほとら刈り（堆肥用の草刈り）のころ、さまざまなハチの巣を採り、ハチの子や蛹を食べるという。

「木の葉にくっついているあしたれ（あしの長い蜂）の巣を見つけると、巣をとってじっと身をかがめ、怒ってさしに来る親蜂の散るのを待ってから持ち帰る。親蜂、蜂の子をとり出して炒りつけ、親の羽をとり除いてから、醤油、砂糖を入れて味をつけて食べる。

屋根の軒下に巣をつくる提灯蜂（巣が提灯に似ている＝コガタスズメバチ）や家蜂（アシナガバチ）の巣は、卵が幼虫にかえったころにとる。巣をとるのは、朝早く親蜂の羽が朝露に濡れてよう飛べんときがよい。とってきた巣から幼虫を一ぴきずつ妻ようじで落とし、みょうがの葉に包んでいろりの灰に埋んで焼く。塩をふってよばれる。もちもちしている。

地蜂（クロスズメバチ）の巣は、夜、巣穴に薪を焚きつけて親蜂が死んでからとる。三、四段の大きな巣で、二、三升の子がとれるので醤油で煮る。

鈴蜂（コガタスズメバチ・キイロスズメバチ）の巣はさらに大きい。蜂の子をぼろぼろに炒ってよばれる。さされて毒がまわるとこわいが、勇気を出してとってくる」。

この他に「子どものかん虫には、蜂の子やくさぎ（くさぎの幹につく木食い虫＝コウモリガ幼虫）の子が効くといってとる。また、蜜蜂の巣をしぼると、人の頭ほどの大きさの巣で一升以上の蜜がとれる。びんに詰めておき、湯で薄めては飲む。煮豆にも入れる」とある。

愛知県

スズメバチ食の盛んな岐阜や長野に隣接した地方では、今もハチの子食が盛んで、貴重な郷土食としての評価が、詳しく述べられて興味深い。

奥三河の山間　「五平もち」につけるたれは味噌だれが多いが、醤油のたれのときもある。「どちらも、えごま、くるみ、ごま、へぼの子、さんしょうの芽、ひる（にんにく）、ねぎなどを、それぞれすりつぶしたり、きざんだりして入れる。焼き立ては非常にうまく、来客をもてなす最高のごちそうとされている」。

ヘボまたはハイスガリ（クロスズメバチ）の巣から幼虫を出すとき、「夜なべ仕事に家中でやり、つくだ煮にして食べる。また、これをごはんに混ぜたへぼ飯は、めったに食べられない大ごちそうである。正月の花祭りのときなどにつくる」。

「へぼのつくだ煮」、「へぼ飯」は「とってきたへぼの巣を裏から軽く火であぶると、幼虫が巣の先に出てくる。紙を下に敷いておき、手でとんとんと裏からたたいてやると、ばらばら落ちてくる。残りは針の先でていねいに抜き出す。幼虫と一緒に巣のまわりのごみも落ちるので、口でふきとばしてきれいにする。

成虫は、巣をとるときにいぶし出した煙でまだ酔っているうちに抜き出して殺し、なべで空炒りする。早くしないと動き出す。

成虫と幼虫を分けて、それぞれ空炒りしたものを合わせ、砂糖、醤油に酒をちょっと入れて煮たてる。はしは使わず、なべをゆすったり、飯しゃもじを使ったりして、そうっと混ぜ、汁のなくなるまで煮つける。熱いうちに、熱湯でていねいに洗ったびんに詰め、保存しておく。

へぼ飯は、このへぼのつくだ煮を、ちょっとずつ出しては飯の子にしたものである。炊きあがったごはんに混ぜ合わせる。へぼ飯は特別の大ごちそうで、お客様用にする」。

「ときにはいも蜂〔オオスズメバチ〕もとるが、大きいので腹を抜いて煮つけ、酒のさかなにする。いも蜂は精がつくといわれている。また、いも蜂もはいすがりも焼酎に漬けておき、薬用として飲む。

『いも蜂のつくだ煮』はいも蜂をとってきたら、動いている成虫をすぐ殺す。

巣穴の開いているところから幼虫を針でひっぱり出し、指で腹のあたりを押すと尻のほうから黒いふんが出るので、これを十分に出させる。これを腹をかくという。巣穴が白くふさがっているのをとり、半成虫〔蛹〕をとり出す。

親と子をなべに一緒に入れて火にかけ、醤油と砂糖を入れる。中央が吹き上がるので、このときはしなど使わず、飯しゃもじで軽くまわりのを寄せてやる。はしを使うと、親が細かくちぎれてしまう。

煮汁がなくなるまで煮つけ、つくだ煮にする。幼虫はふくれているが、しまってくる。

つくだ煮はびんに入れ、冷たいところに保存する。巣をとるのが一騒動で、めったにとれないのでとても大事に二、三びきずつ食べる」。

大阪府

摂津山間（豊能町切畑） 子供達は木の中の虫（シロスジカミキリなどの幼虫）や「蜂の巣も見逃さず、蜂の子をとり出す。どちらも十分炒って食べると香ばしい」。

兵庫県

播磨山地（千種町西河内） 「蜂の子飯」として

「秋のとり入れのころ、土蜂（クロスズメバチ）の巣を見つけたら蜂の子をとる。蜂の子は油で炒め、ねぶか、なすび、ごぼうを細かく切ったものを加えてさらに炒め、醤油で味をつける。炊きたての熱いごはんに混ぜて食べる」。

ハチはドバチが一番おいしく、大きな巣では、一升のご飯に混ぜると三回分くらいあるという。

岡山県

中国山地（中和村《ちゅうかそん》）「はちのこ飯」として「うるち米（一升）に、ささがけごぼう、いちょう切りした大根とにんじん、あわいばち〔クロスズメバチ〕（茶わんに七、八分目）をちょっと油炒めして加え、きざんだりいり干しと醤油を入れて炊く。あわいばちは油づよく（油っぽく）、おいしいので、子どもたちも喜んで食べる。しかし、一年に一回食べるていどである」。

島根県

奥出雲（横田町）「蜂の子は、山や畑の土の中から巣をとってきて、巣から一つひとつとり出す。どろ蜂（大型スズメバチ類）、はちべ（蜜蜂のような小さいハチ＝クロスズメバチ）が一番上等でおいしい。とり出した子をなべに入れ、炒ってからごはんに入れて炊いたり、つくだ煮にする」。

愛媛県

肱川流域（大洲市多田）「はちの子炒り」として「大群のすずめばち〔キイロスズメバチ〕が土蔵や納屋の軒下に巣をつくり、秋の末には数千びきの群れになる。巣の中にいるはちの幼虫は、おびただしい数である。子どもらは大人に頼んで、はちが巣に帰る夜になって巣をとってもらう。竹竿の先の布に石油をしませてはちだけ焼き殺すのである。

巣の中の幼虫を出してなべに入れ、塩をふりかけて炒りあげ、むさぼるように食べる」。

石鎚山系（久万《くま》町）「蜂の子飯」として「秋になると、大きな蜂〔キイロスズメバチ〕の巣をお寺や農家の軒下などで見かけるようになる。また地蜂〔クロスズメバチ〕が土手などに巣をつくっているらしく、蜂が忙しく出入りする光景が見られるようになる。休みの日に蜂の巣掘りをして、おすそ分けがあれば、蜂の子飯を炊く。稲こぎの時分に一、二回は食べられる楽しみなごはんである。同じ川瀬村でも、一山越えた畑野川地区では蜂の子飯はほとんど食べないが、直瀬では大のごちそうである。

米一升に、蜂の子（ジバチ＝クロスズメバチ）、すずめ蜂〔キイロスズメバチ〕、とっくり蜂〔コガタスズメバチ〕、大熊蜂〔オオスズメバチ〕などの子を両手一杯分、ごぼ〔ごぼう〕一本、干ししいたけ二枚の割合にする」。

「月夜には蜂の巣の中心に子がいるていどで少ないが、闇夜にとると、巣いっぱいに子がおり、何軒分もの蜂の子飯ができる。巣ごととって子を針で抜き、ささがきごぼやにんじんなどのせん切りの具と一緒に油で炒り、醤油で下味をつける。あれば砂糖をさかずきに山盛り一、二杯いれるとおいしくなる。白飯をふつうに炊き、わきあがったころに炒め具を入れて炊きあげる」。

道後平野山麓（重信町下林）　「蜂の子飯もよく食べる。蜂の子は生でそのまま食べることもするが、ほうろくで炒って、ごぼう、にんじん、あぶらげなどとともに醤油で味つけし、炊きごみにする」。

鹿児島県

霧島山麓（栗野町恒次《つねつぐ》）　「蜂の子の炒め＝秋も深まるころの夜、こわいもの知らずの男衆は松明をかざして蜂の子とりに行く。焼きおとした巣の中でうごめくすずめ蜂〔オオスズメバチ〕の白い幼虫は、なによりの精のつくものとして珍重される。

炒めて砂糖醤油で煮つけただけの蜂の子は、最初こそはしをつけるのに勇気がいるが、珍味として喜ぶ人は多く、食べた翌朝は肌がすべすべするのに気づく」。

沖縄県

宮古　「蜂の子〔アシナガバチ類？〕＝蜂は夏、家の軒下や木の枝に巣をつくる。子どもたちは巣に石を投げ、蜂を追っぱらってから、竹ざおの先に仕かけたわなで巣をとる。あるいは二人一組になって、一人が木灰を風上のほうから巣をめがけてまいて蜂を追って飛ばし、一人が麻袋を頭からかぶって巣をとる。ときには蜂にさされて耳がふくれたり、まぶたがはれたりする。

蜂の子は巣からとり出して塩煮にしたり、バナナの葉、桑の葉に包んで焼いて食べる。子どもの夏まけの薬といわれている」。

4 料理旅館におけるスズメバチ料理

ハチの子料理は、典型的な郷土の家庭料理として食膳に供せられているので、こうした伝統食を持たない地方に住む人々にとっては、食用の機会に乏しく、せいぜい缶詰になった製品を購入して味わうしかない。

一方、ハチの子料理は中部地方を中心として、古くから、一部の料理旅館や料亭などで郷土料理や高級料理として食通の間で人気があったといわれる。現在も、岐阜、愛知、長野の各県下にはスズメバチ料理をメニューにあげている旅館や料亭が少なくない。シーズンになると、地元の人ばかりでなく、全国からハチの子料理を味わう客で賑わう。

残念ながら、私自身はハチ料理は長野や岐阜の家庭料理として饗応されたクロスズメバチが中心で、それも数えるほどしかない。だから、たとえ料亭の高価なスズメバチ料理を口にしても「食へどもその味を知らず」となり、地元の人のように料理人自慢の口腹を理解できる舌の自信がない。

ここでは、愛知県春日井市の渡邊敏遠さんによる、隣接する瀬戸市の料理旅館「三宅亭」名物のスズメバチ料理のフルコースについて紹介する。渡邊さんは永年にわたりミツバチを飼い、尾北養蜂組合長の要職を勤めながら、一方でハチを家庭料理として利用し、またスズメバチの高級料理にも詳しい。

三宅亭ではスズメバチ料理として一〇品のコースがあり、京料理風の味つけでスズメバチのフルコース料理といえる（カラー図32）。百聞は一食にしかずといってもよいとのことで、何しろおいしいという。材料となっているスズメバチはアカバチ（キイロスズメバチ）、ヘボ（クロスズメバチ）、スズメバチ（オオスズメバチ）の三種類で、そのメニューは年によって多少変わる。以下は渡邊さんが一九九六年秋に賞味された折のメニューと食後感に私自身の付記を加えたものである。

(1)　**アカバチのブランデー漬け**（図22）　キイロスズメバチの成虫（働きバチ）が一匹入っている。オンザロックで、独特な味わいを持ち、口中にねっとりとまつわりつくような感じがして、沖縄のハブ酒を連想させるという。

(2)　**オオスズメバチの幼虫と蛹の煮付け**（図23）　オオスズメバチのオスバチや新女王バチの終齢幼虫と蛹化直後のやわらかい蛹、それに黄と青黒色の着色が進み、斑紋もはっきりと見えるやや歯応えのある蛹など、発育状態の異なる四匹が小さな蓋ものに頭部を揃えて並べられている。姿はともかく、薄味に仕立てられ材料のもち味を生かした味がする。

(3)　**ヘボのバター焼き**（図24）　クロスズメバチの新女王バチの太った蛹が詰まった手の平大の巣盤が、少しこげ目をつけた程度に焼かれて、仰向けの状態でおさまっている。中央には繭の蓋を切り取られた若い蛹と、その周辺を取り囲んでコロコロと太った老熟幼虫が、生きていた時と同じように、どれもが中心部に頭を向けて並んでいる。それらの上からバターをたっぷりと塗って、そのまま巣ごとそっくりオーブンで焼いたもの。クロモジの楊枝を蛹の頭にそっと突き刺し、一匹ずつ引き抜いて食べる。

バターの風味と相まって、女王バチ独特の多様なアミノ酸のうま味、それに幼虫時代に腹部に貯えられた豊富な脂肪が口の中で溶けあう。掻敷《かいしき》に用いられているツタの赤い葉、カツラの円い葉、それにガマズミの緑の添え葉の配色にも、調理した人の心遣いが感ぜられる。

(4)　**ヘボのすり流し**（図25）　ヘボの幼虫と百合根をすりつぶして、特製の出し汁でのばしたもの。真中に赤い梅肉が添えられ、さっぱりした味がする。

(5)　**オオスズメバチの押しずし**（図26）　オオスズメバチの老熟幼虫と蛹になってまもない若くて柔らかいものを材料に使ってある。とくに大型のオスバチと新女王バチのものが選ばれており、緑濃いシュウカイドウの大きな葉のうえにのせられている。地元の人のつくる箱ずしのスズメバチ押しずしと料理の仕上げは同じである。トロリとした脂濃さで、口の中ですし飯と一体となった味は格別のものである。

(6)　**ヘボのお造り**（図27）　全身乳白色で頭部のみ鮮やかな黄色をした新女王バチとなる特大の「前蛹」が用いられている。幼虫は、蛹になる直前に、カイコのような繭をつくって育房に真白な蓋をしたあと、体内の老廃物をすべて育房の底に排泄する。それが幼虫とも蛹ともつかない形をした前蛹で、一つの巣からわずかしかとれない貴重なものである。老熟幼虫や蛹化直後の白い蛹なども混じり、約三〇匹が色付き始めたカキの葉の美しい模様の上にのせられている。生きたまま、皿の塩を少しつけて食べるとプチプチとした歯ざわりと、舌の上でとろけるような甘味が広がる。

この地方名産の珍しい岩茸が添えられているが、これは岩壁に生えるもので、黄色い食用菊が妻としてある。味はなんと表現したらよいか分からないほどの美味というが、味覚の表現というのは本当に難しい。

(7) ヘボ豆腐のあんかけ（図28） 新女王バチとなる前蛹状態か、その直前の白い柔らかい大きな幼虫を豆腐の中にいれ、あんかけにしたもの。使われているヘボの幼虫が数匹と少ないので、ほとんど豆腐味の中にハチの子の味が混然一体となって隠されている。しかし、動物質と植物質の蛋白質の組み合わせの妙に、料理をつくった人の工夫と心遣いがしのばれる。付け合わせは、紅葉麩、いくちと呼ぶ地元産のきのこ、絹莢豌豆である。

(8) オオスズメバチのとろろ揚げのあんかけ（図29、図30） 体長四センチもある大型の老熟幼虫を真中に入れてとろろで包み、海苔で巻いたものを揚げて、あんかけにしたもの。手の込んだ料理に仕上げられているが、ハチの幼虫が少ないので、中味はとろろの味が優勢となっている。食べる側からすれば、ヘボ豆腐のあんかけとともに、ハチの子の量がもっと多ければというところらしい。

(9) オオスズメバチの幼虫の串焼き（図31、カラー図31） 蛹になる直前の大型幼虫と前蛹で、いずれもやや肉質のしまった大型のものを選び、発育順に頭を並べて串刺しにし、タレにつけ焼きした絶品。ギンナンの実の串焼きが添えてあるが、ハチの子の大きさがよけいにきわ立つようである。色の異なる虫喰いのサクラの葉が対に添えてある。すごい迫力を感じさせる串刺しで、口に入れると香ばしくてキチン質の表皮に包まれた体はパリパリとしてエビのような弾力があり、スズメバチ料理の圧巻を見る思いがする。味は大変おいしいとしか言葉がない。

(10) ヘボまぶしの焼きおにぎり（図32） ヘボの幼虫と、白いものから青、黒とさまざまに着色した発育

図23　オオスズメバチの幼虫と蛹の煮付け（1997年）

図22　愛知県瀬戸市三宅亭のスズメバチ料理10品。アカバチ（キイロスズメバチ）のブランデー漬け（渡邊敏遠氏提供。1996年）

図24　ヘボ（クロスズメバチ）のバター焼き（1997年）

図 25　ヘボのすり流し（渡邊敏遠氏提供。以下，図 26，27，28，31，32，も同氏による。1996 年）

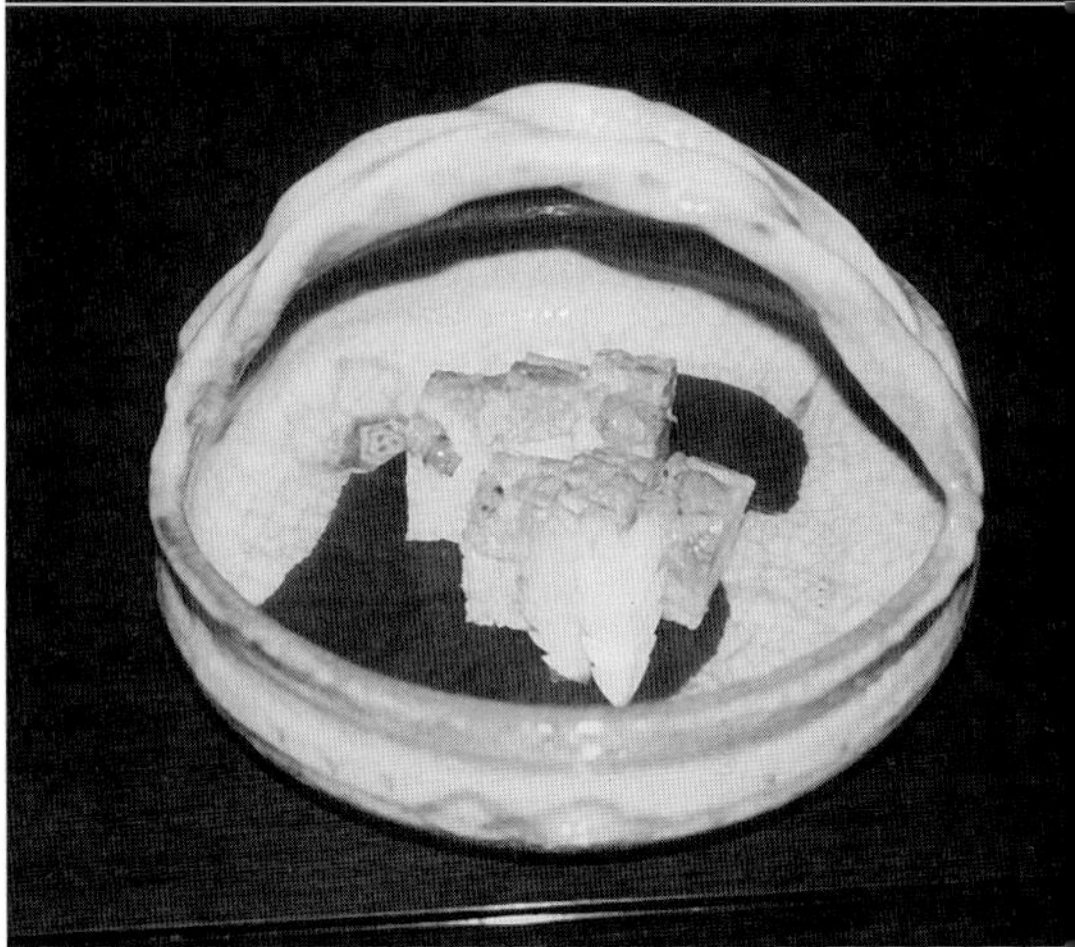

図 26　オオスズメバチの押しずし（1996 年）

図 27　ヘボのお造り（1996 年）

図28　ヘボ豆腐のあんかけ（1996年）

図29　オオスズメバチのとろろ揚げのあんかけ（1997年）

図30　あんかけ内部の幼虫と蛹（1997年）

図 31　オオスズメバチの幼虫の串焼き（1996 年）

図 32　へボまぶしの焼きおにぎり（1996 年）

段階にある蛹をミックスして、白ゴマとともに、醤油味（左）と味噌味（右）でまぶして焼いたもの。焼きおにぎりとハチの香ばしさが口の中に溢れて、なんともぜいたくな食感である。

見慣れていない人にとっては、これらの料理の食材となったスズメバチの姿はグロテスクに写るが、いったん口に入れてみるとおいしく食べられる。味のランク付けということなら、両横綱は押しずしと串焼き、大関はヘボのバター焼きと焼きおにぎりだという。

これらの料理の材料となるハチの子は、調理した旅館の主人自身が近辺の山を駆け巡り、ハチを追いかけて巣を探し出し、生け捕りにしたものである。三宅亭の主人は若い頃からスズメバチ料理をやっているが、もともとハチが好きで、生け捕りにしたハチを庭先で飼ったり、さまざまなハチ料理を工夫してきたという。

そして、翌年一〇月には思いがけず渡邉敏遠さんご夫妻から、私もこの三宅亭のスズメバチ料理のご招待を受けたのである。この時の献立は以下のようであった。

一九九七年の献立（カラー図32）

一、食前酒　すずめ蜂（キイロスズメバチ）ブランデー漬け
一、先附　大すずめ蜂煮
　　※へぼバターのカナッペ
一、吸物　※へぼ饅頭　いくち
　　より生姜　焼葱
一、おしのぎ　大すずめ蜂とへぼの押し寿司
一、焼物　へぼの巣姿焼
一、焚合　※蕪へぼ味噌敷
　　菊菜
一、合肴　大すずめ蜂と銀杏のつけ焼
一、揚物　大すずめ蜂とろろ揚げ
一、止　へぼ焼きおにぎり（味噌・しょう油）

これは前年に渡邉さんが食べた上記のメニューと多少異なっているが（※印）、それだけこの三宅亭の主人のスズメバチ料理はレパートリーが多彩ということであろう。この時私自身は次々に目の前に運ばれる初

めてのスズメバチ料理に感動しながら、記録と写真撮影に夢中になってしまい、それらの賞味は渡邊さんをはじめ同席した他の四人に任せてしまった。

そして、渡邊さんが、スズメバチ料理の横綱として絶讃した押しずしと串焼きなどは、口に入れてしまうにはとてももったいなくて、招待していただいた渡邊さんには申し訳ないと思いながらもとうとう手が出せず、貴重な研究材料として持ち帰った。それらは冷凍保存して、今も研究室の冷凍庫に姿・形をとどめており、食文化に関心のある来客があるたびに取り出してきては、「世界中でもっとも手の込んだスズメバチ料理の極致」として、話がはずむのである。

これらのハチ料理は、予約制で、時期は一〇月中旬〜一一月上旬に限られる。値段は一人当り一九九六年は一万円、一九九七年は一万二〇〇〇円であった。

III

ハチの子の流通と市場

1　ハチの子の値段

八〜一二月のクロスズメバチ類の採取シーズンになると、長野県や岐阜県下では、幼虫や蛹が巣に入ったままの状態で、「生巣《なま》」として、青果店、食料品店、スーパーマーケットなどの店頭に並ぶ（図33）。現在でも、小売りが盛んなのは長野県各地、愛知県尾張・三河地方、岐阜県東濃地方であるが、飛騨高山の朝市にも売られていることがある。

古くは一八七三（明治六）年に、岐阜県の飛騨高山の市場で、久々野村の産物として売られていたという。また長野県の伊那地方では一九一二（大正元）年には一〇〇匁（三七五グラム）で一五〜一六銭（奥村、一九一二）、佐久地方では巣が多かったので価格も安く、同じ頃一〇〇匁四銭内外で売られていたが、

図33　マツタケと並び店頭で売られているクロスズメバチの巣（長野県小諸市）

一〇年後には一〇〇匁三五銭内外に高騰したという（村田、一九二三）。すでに大正期より、山の珍味としてのハチの子の価格は、他の産物に比べ高かったのであろう。

一九五五（昭和三〇）年一〇月四日付の信濃毎日新聞の記事は、長野市内で「蜂の子のハシリ」として、店頭に山と積まれた長野県妙高・戸隠高原産と銘打ったクロスズメバチの巣が一〇〇匁一〇〇円で売られていたことを写真入りで紹介している。また、一九六五年頃、栃木県西那須野地方でクロスズメバチの巣を専門に採り歩いている人が仲買人へ売る値段はキロ当り五〇〇〜六〇〇円で、当時はラーメン一杯が一〇〇円前後である（高橋・平井、一九九四）。一九七八年には伊那地方の魚菜市場でキロ当り三〇〇〇〜四〇〇〇円、ハチの子だけを取り出したものは、キロ当り八〇〇〇円前後で売られていた（松浦、一九八八a）。一九八六年には、中部・東海地方で、巣付きのものでキロ当り七〇〇〇〜一万円、翌年には七八〇〇円という記録がある（野中、一九八七）。九〇年代後半は小売値が店頭でキロ当り一万円前後という高値安定が続いている。また、店頭以外でも、岐阜県や長野県の各地で秋に開催されるクロスズメバチ類の巣のコンテストなどで、出品後の巣が販売されている。岐阜県串原村の場合、キロ当りで一九九六年は一万円、翌年は一万二〇〇〇円であった。

大型のスズメバチ類では、オオスズメバチが市場で巣付きの状態で売買されている。岐阜県中津川市の東濃魚菜市場では、一九九六年一〇月にキロ当り四五〇〇円で、これは卸値であった。宮崎県高千穂町では、市場の買取価格は、一九九八年一〇月でキロ当り四〇〇〇〜五〇〇〇円、店頭の小売値では八〇〇〇〜一万円であった。

2 岐阜県東濃魚菜市場における入荷量と相場の変動

岐阜県中津川市の東濃魚菜市場は、この地方一帯の産物はもとより、全国各地からあらゆる魚菜が入荷する卸売市場で、この地方の人々の食生活に欠くことのできない食糧庫である。市場には、朝まだ暗いうちから、この地方特産の四季おりおりの野菜、山菜、きのこ、川魚などが市場に溢れ、威勢のよい取引の声が響いている。この地方でヘボと呼ばれるクロスズメバチ類のハチの子を取り扱っているのは、その中の八百健市場一社で、シーズン中は毎日取引が行なわれており、県外産を「旅物」(図34)、県内産を「地物」と呼んでいる。ここの市場の県外産は、大部分が栃木県大田原市の集荷業者から入荷したものである(松浦、一九九八)。

一九九四年一〇月、私は朝四時の暗いうちに地元の旅館を出発して、当時地元の瑞浪高校でクロスズメバチの研究に取り組んでいた西尾亮平さんの案内で、取引の活発な現場を見学したことがある(図35、図36、図37)。このときは、オーストラリアから来日していたスズメバチ研究者スプラドベリー博士と、学生時代からこの地方のハチ食文化を研究している三重大学人文学部の野中健一さんが同行した。この時はたまたま市場への入荷量が少なかったが、それでもハチの子用の特製ダンボール箱に、クロスズメバチやオオスズメバチのハチの子が巣盤ごと詰められ、並べられている光景は私にとっても、スプラドベリー博士や野中さんにとってもとても初めての体験であった。

この八百健市場では、一九七八年以降の二三年間にわたるヘボの取引量と価格の記録があり、西尾さんを通じて同社のご厚意でそれらを提供していただいたので、貴重な資料として紹介したい。

年間の入荷量(図38) 一九七八～二〇〇〇年の平均は三・三トンで、その推移は、一九七八～八〇年まででは年間一トンに満たなかったが、一九八一年以降は

図34　岐阜県東濃魚菜市場におけるクロスズメバチの巣（旅物―県外産）

毎年それを越えるようになり、もっとも多かった一九八六年は九・二トンに達し、ついで一九八四年の八トン、一九八八年の七トンとなっている。しかし、年による入荷量の変動は大きく、たとえば一九七九〜八三年の間は年毎に倍増して一九八四年にピークに達したが、翌年には前年のわずか五分の一に急減して、関係者を悲嘆に陥れた。かとおもえば、その翌年の一九八六年は空前絶後の豊作となり、しかもその後の四年間も減少傾向は続きながらも、四・五トン以上の入荷が続いた。しかし、一九九三〜九六年は、一〜二トン台で、その後も低迷しており、一九九七年以降は二トンに達していない。かつて市場に溢れるばかりのクロスズメバチの巣を見慣れた市場関係者にとっては、昨今の不作は寂しい限りであるという。

月別の入荷量（図39）　クロスズメバチのシーズンは通常は九〜一一月の三カ月間であるが、暖冬の年などは一二月に入ってからも、量は少ないが入荷が続く。とくに一九九六年は一月にも三六キロの入荷があった。月別の入荷のピークはもっとも多いのが一〇月で、八一年以降は八二年と九二年を除く一四年がこれにあたる。しかしながら入荷の始まる九月に比べる

図 36　仕入れにきた小売人（奥）に巣の状態を見せながら，取引を進める

図 35　岐阜県東濃魚菜市場におけるオオスズメバチの巣（手前）とクロスズメバチの巣

図 37　市場で売られているオオスズメバチの巣には羽化したばかりの新女王バチ（左）とオスバチ（右）もついている

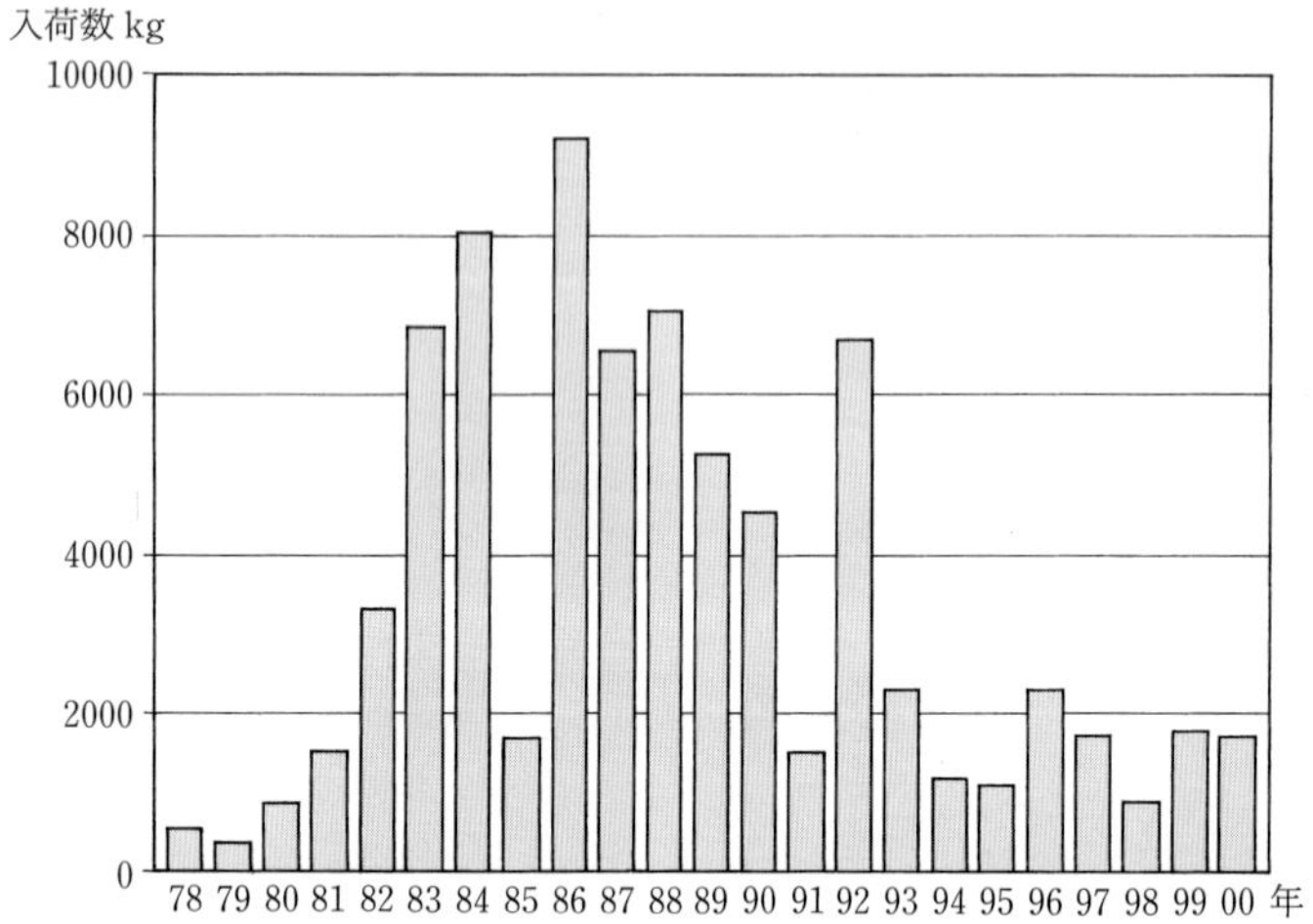

図 38　岐阜県東濃魚菜市場におけるクロスズメバチ類（ヘボ）の入荷量の年変動（1978〜2000 年）

と、一九八一年は一一キロから、一三五一キロと一二二倍に達したが、一九九一年のように四五六キロから八二三キロと二倍に達しない年もある。

九二年は年間六・七トンの豊作年で、そのうちの半数以上の三・七トンが九月に集中して入荷したが、以後は減少し、一一月はわずか四八〇キロとなった特異な年である。

価格変動　キロ当りの単価は、一九七八〜九六年の一九年間の資料がある（図40、図41）。年平均価格は一九年間では六五六五円で、その変動幅は、一九七八年の一万四九八三円を最高値とし、一九九四、一九九五年と一万円を越えているが、最安値は一九八三年の三〇四六円となっている。

月平均価格は一九年間の平均では、九月五六〇九円、一〇月七〇三七円、一一月七二一一円であるが、最高値で一九七八年一〇月の一万八二一七円があり、この年は他の月も一万円を越えている。一方、最安値は、一九九二年九月に一九九五円があり、次いで一九八三年一〇月と一九八八年九月に二〇〇〇円台があるが、それ以外はどの月も三〇〇〇円以上である。

これらの価格は、入荷量の多少に深く関わっている

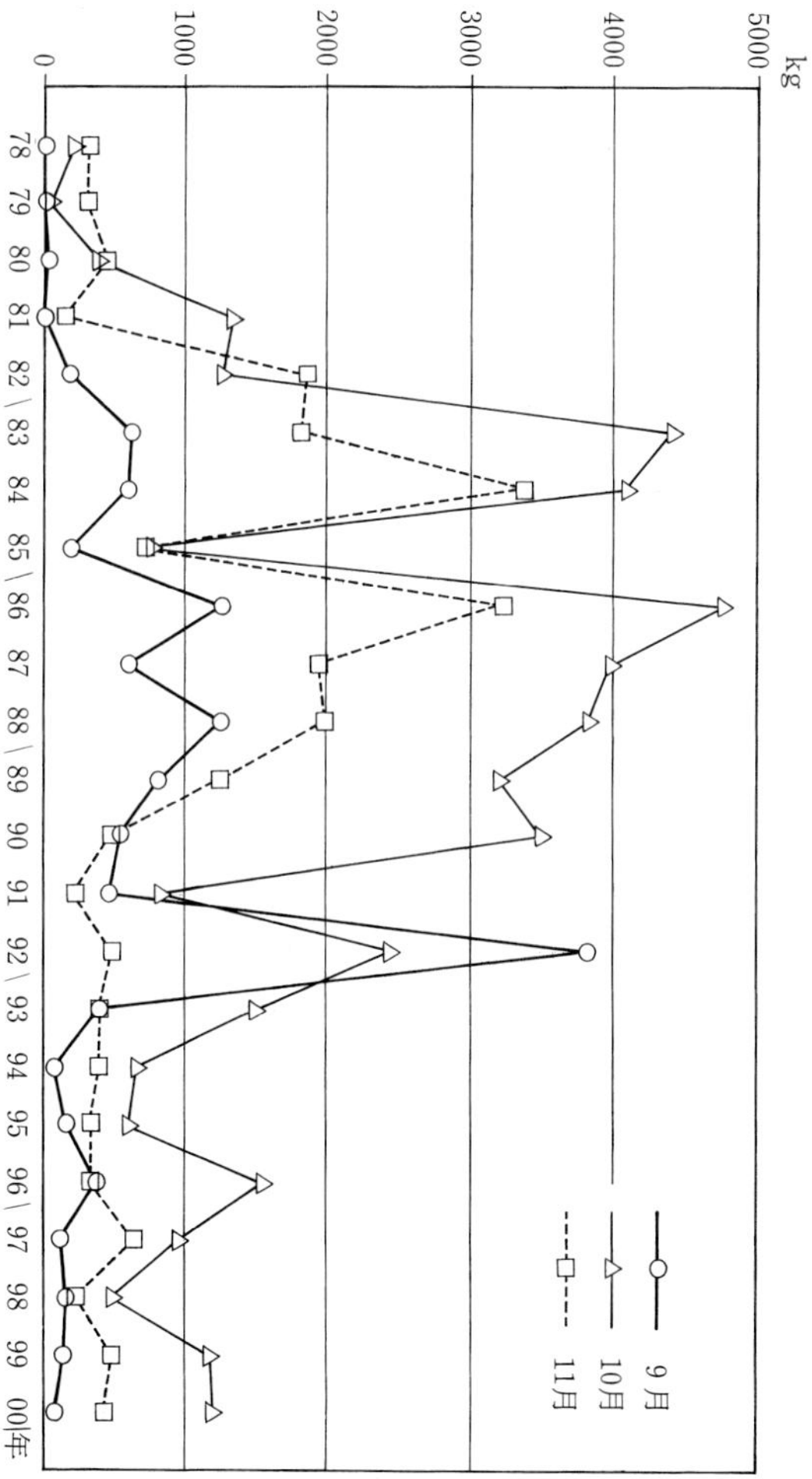

図39 岐阜県東濃魚菜市場におけるクロスズメバチ類の月別入荷量の年変動

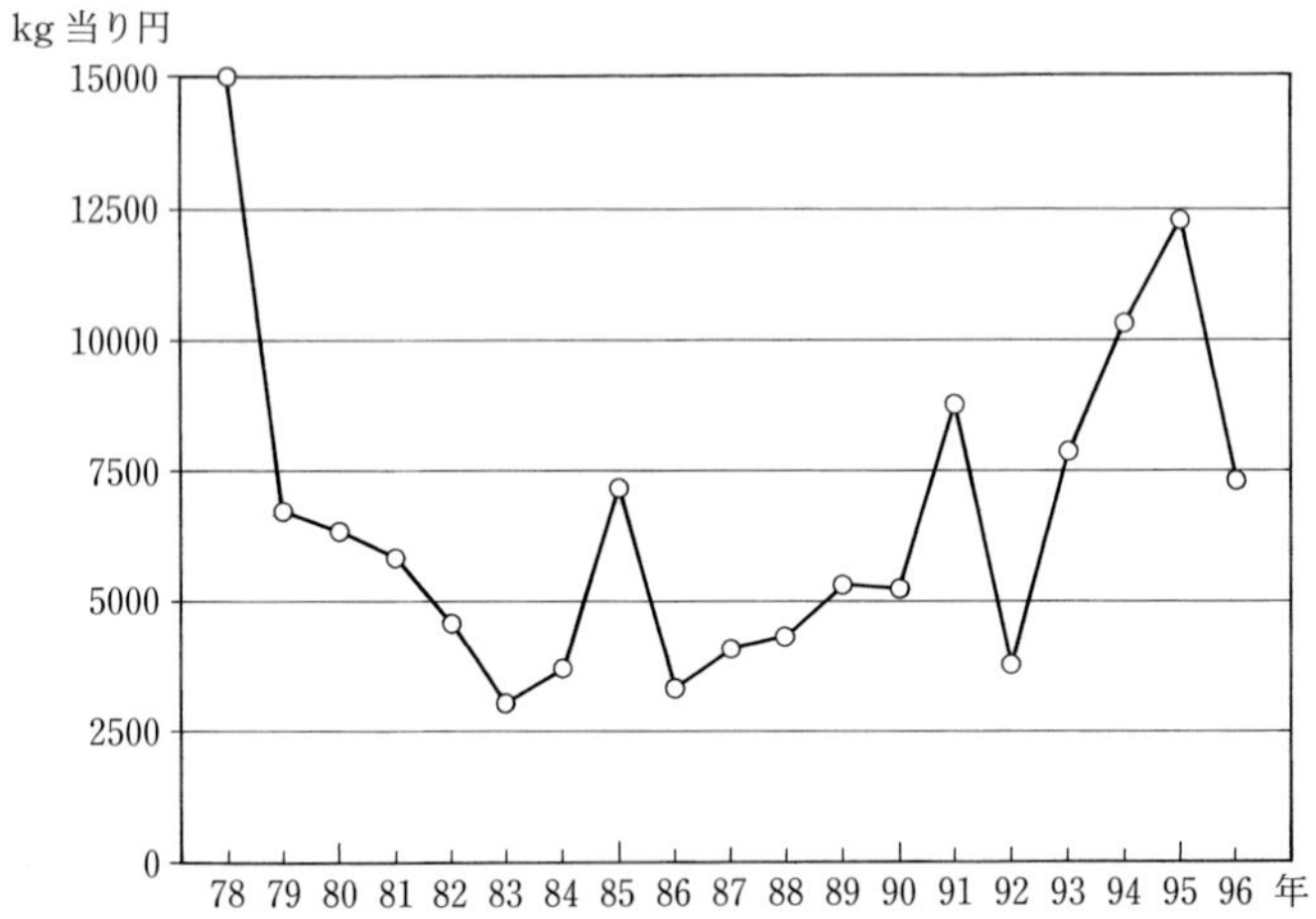

図 40　岐阜県東濃魚菜市場におけるクロスズメバチ類の年平均価格の推移

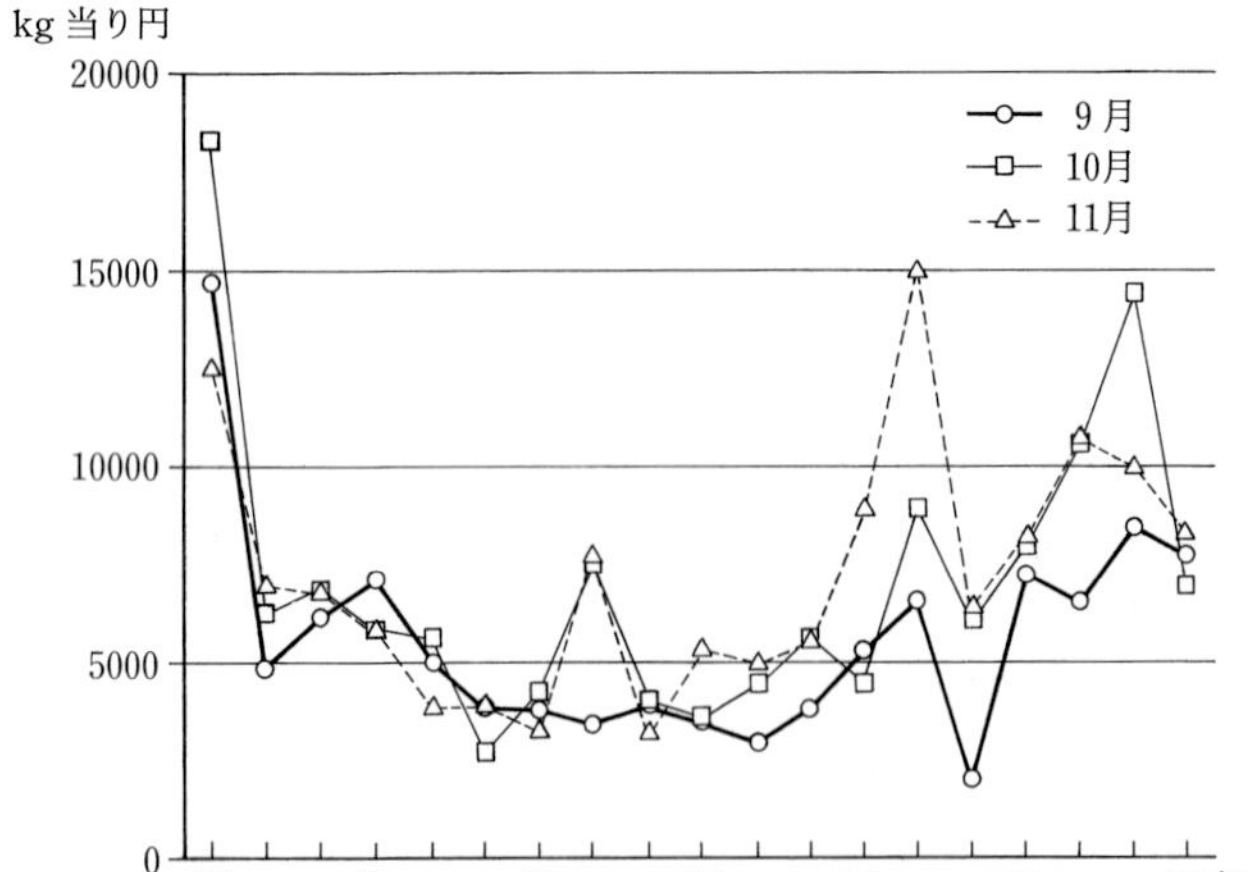

図 41　岐阜県東濃魚菜市場におけるクロスズメバチ類の月別平均価格の推移

ことは当然であるが、最近は他の農産物と同様に、ハチの子も外国からの輸入が行なわれるようになって、国内産のハチの子の価格にもその影響が見られるようになった。この市場でも一九八〇年代になって初めて、外国産として韓国産のハチの子が、また、一九九〇年代にはニュージーランド産のハチの子が、主に加工用として輸入されるようになった。セイヨウキオビクロスズメバチを主とした韓国やニュージーランド産のハチの子は、当初は巣ごと輸入されていたが、まもなく現地で巣から抜いた幼虫や蛹を茹でて半加工したものが、一斗缶に入った冷凍状態で取引されるようになっている。その価格は国内産とは別建てではあったが、日本産のクロスズメバチ加工品に比べて半値に近い安値で取引されていた。それらのハチの子は、市場を通さずに直接缶詰や瓶詰の加工会社と取引されることも多く、それが市場価格に反映した場合も少なくない。たとえば、一九八三年はそれまでの一九七八～八二年に比べ、一〇月になってからの入荷量が異常に多くなっている。これは、長野県のクロスズメバチ缶詰工場が、九月に韓国へ出かけて原材料となるハチの子を現地で大量に入手したため、在庫がいっぱいになり、缶詰生産を打ち切ったのである。日本のクロスズメバチの採取者や仲買人は大口の出荷先を失ったため、当市場に流れ込んできたといわれている。

また一九九六年の場合、この市場では国内産の値くずれ防止のため、韓国産の入荷を全面的にとりやめたという。二〇〇〇年には、外国産の冷凍品の価格はキロ当り七〇〇〇～八五〇〇円で比較的安定しており、この市場における国別の取引量はニュージーランド産九割に対して韓国産一割であったという（西尾亮平、私信）。

3　栃木県西那須地方のトリコとその歴史

トリコによる巣の採取

クロスズメバチのハチの子生産量が日本一というのは、意外にもハチ食文化の中心である岐阜県や長野県ではなく、栃木県である。栃木県の那須野ヶ原台地に広がる西那須野町や大田原市には約五〇〇人のトリコと呼ばれるクロスズメバチ類の巣の採集人がいて、九〜一一月の三カ月間は、地元はもとより東北、関東地方にこれらの巣を探して山野を駆け巡る（松浦、一九九八）。

トリコの職業は専業の約五〇人以外は、副業としてハチ採りに精を出し、本職は会社員、公務員、農家、土木作業員、鉄筋業など多彩である。年齢は三〇〜七〇歳であるが、五〇歳以上のベテランが多い。

一九九六年に、私が現地へでかけた折には、現役の最高齢は七八歳で、老齢のためあまり遠くへは出かけず、日帰りのできる範囲を探し回るという。新聞の活字は見えにくくなったが、野山のハチなら確実に見つけるのである。

ハチの巣探しはトリコにとっては現金収入とはなるが、野山を歩き回って巣穴を見つけたときの喜びを、何よりの楽しみとして皆やっている。シーズンになると、トリコの心理として、誰かが巣を掘ってきたと聞くと、居ても立ってもいられなくなる。農家の人の中には、稲刈り後の仕事としてハチのトリコやじねんじょ（山芋）掘りをやっている人も多い。また、公務員や会社員の場合、土・日曜の休日を利用し、余暇のレジャーとスポーツを兼ねてやっている。

トリコは専業の場合でも、ハチの採集活動は九〜一一月の三カ月に限られるので、他の時季には鮎、カジカなどの川魚や、山菜、じねんじょ、きのこ類など山の産物も採取して生業としている。主収入となるハチは、採取時期の三カ月間で、ふつうの年ならば約五〇〇キロの巣を採取し、二〇〇万円以上の収入をあげるという。

現代のトリコに共通しているのは、巣の採集に出かける際の徹底した経費節減であるという。採取はふつう二日がけで、三日をかける人もいる。四日をかけることはないが、これは採集した巣からハチが次々と羽化して（ハチが生えるという）歩留まりが悪くなるうえ、幼虫は餌を与えられないので空腹状態となり、痩せて味も格段に落ちるからである。現代のトリコはほとんどの人が交通手段として自家用車を利用するが、寝袋持参で山へ入り、宿には泊まらない人も多い。水とプロパンガスを車に乗せ、おにぎりの弁当を持っていくか、コンビニで食べ物を手当しながらハチを追う。

トリコの採集地域は、東北から関東一円に及ぶが、年によりでかける地域は異なる。地元の栃木や近隣地域が豊作の場合、群馬、茨城、福島、千葉あたりまでとなるが、不作の年には青森、秋田、山形などへ遠征する。近くで巣が採集できると、ガソリン代の燃費が節約できるうえ、巣の発見・採集に費やす時間は増える。一九九六年の九〜一〇月は近来にない豊作で、近県産の巣が多かったといわれる。また、シーズンの初めは、まず地元周辺から手がけて、しだいに遠方へ脚を伸ばす。一一月になると、寒い地方ではハチの活動が終息したり、巣内のハチの子が少なくなっているので、千葉など暖かい地方へ出かける。

トリコの人たちは、魚釣りやきのこ狩りと同じように自分だけしか知らない多産地のいくつかを頭にたたき込んでいて、毎年同じところへ出かけて採ってくる（図42、図43）。それは自慢の場所であってもけっして他人に漏らすわけにはいかないのである。

この地方産のハチの子は市場での評価が高く、出荷先では新鮮な地元産ということで信用がある。かつては、四国や九州へもトリコが遠征したことがあるが、東北地方のものと味が違ったり美味しくないという理由で、すぐ買入れをやめたという。さまざまな自然の産物が産地によって品質に差があることはよく知られているが、クロスズメバチの場合、ハチの幼虫や蛹の味にそれほどの違いができるとは考えにくい。採集地が遠いため、市場などへの輸送に日数を要し、その間に幼虫は飢餓状態となるから、品質的に劣化するため

図 42　シダクロスズメバチの巣を掘り出す

図 43　掘り出されたシダクロスズメバチの巣

ではないだろうか。もっとも、クロスズメバチ類はもともと寒冷地に多く、九州や四国の産地では個体数は少ない。九州や四国のクロスズメバチの巣が、流通ルートに乗るほど採取されることは、今後もないだろう。

　トリコの巣の発見の技術は卓越しており、単独または二人で一組となって一緒に探し回る。この地方のトリコは山野を歩き回って、すべて「透《す》かし」法で巣を発見する。「透かし」というのは、空中を飛んでいるハチを目で捕え、その方向を見定めて、巣の位置の見当をつけた場所で、巣穴から出入りするハチを目印に巣を発見する方法である。三人以上ではふつうでかけないが、それは人数が多いと収穫の分け前が減るからである。一方、長野や岐阜では、餌付けしたハチに吹き流しなどの標識をつけて、それを追いかけて巣を発見する「ハチ追い」が主流である。後者の場合、人数が多いと巣の発見効率は高いので、三人以上のグループでもよく行なわれている。

　クロスズメバチの生息地を歩き回っている時のトリコ達の熟達した眼は、視界に飛び込んでくるさまざまな昆虫の中から、たとえクロスズメバチのあのつややかな白黒の斑紋がまったく識別できないほどの遠くであっても、獲物のハチだけを瞬時に選り分け、次の瞬間にはその飛んでいく先を目で追っている。その飛んでいる姿から、巣へ戻るのか、これから餌集めにいくところか判断する。巣へ帰るハチの場合、腹部は蜜や獲物の体液を飲み込んで少し垂れ下がっているが、頭と胸は水平を保っているから、背中を少し丸めたような状態で飛んでいる。その飛んでいく方向、高さ、速さなどで、巣が近いかどうかを即断する。

巣の仲買

　那須地方のトリコ達が採集したクロスズメバチ（地元ではツチバチという）の巣は、大田原市内の仲買業者のもとに集まってくる。一九九六年に私がこの地方を訪れた時、トリコ五〇〇人の巣を一手に買付けていたのは、君島豊さん（当時七三歳）であった（図44）。「マルトヨ蜂の子友の会」のトリコの総締めで、ハチだけでなく、天然の山芋（じねんじょ）も取り扱っていた。

　君島さんは、一九八三年から買付けを始めたが、当

図 44　栃木県大田原市でクロスズメバチの巣の集荷をする仲買人の故君島豊さん。左手奥の棚はオオスズメバチの巣

時はこの地方に一一軒のハチ専門の仲買人がおり、長野県下の缶詰工場と契約している場合もあったという。トリコでもない君島さんがこの道に入ったきっかけは、十数年前に買付けをしていた人から、時々買付け資金の不足した折に融資をしたのが縁で、この商売を知ったという。しかし、仲買人の数はその後しだいに減少して、一九九六年にはこの地方では君島さん一軒となった。仲買人は資金繰り、売りつけ先のルート確保、それにたくさんのトリコを抱えているという三条件が絶対に必要とされる。トリコの中には、仲買の商売に転向する人も時々いるが、たいてい一年限りで廃業して、またトリコに戻ってしまうという。

この仕事を始めた頃の数年間は、不作の年や収穫の少ないときなどは、仲買人の間で買値をつりあげることが起こった。トリコからの買付け競争が激しくなると、価格が暴騰する。たとえば一九八三年にはキロ当り二〇〇〇円の買値が、数年後には七〇〇〇〜一万円になる場合もあった。

一方、出荷先の市場では、セリによって値段が決まることが多く、時には買付け値を下回る売値となり、一晩で数百万円の損失を負うこともあって投機性の強い商売だったのである。しかし、一九九六年にはこの地方の仲買人は君島さんを除いてすべて廃業した。そのため出荷先の市場価格に応じて値踏みが可能となり、損をすることはなくなったという。

ハチの巣の買付けは、多い日には一日で五〇〇キロにも達することがある。日が暮れてから山を降りて、採ったばかりのハチの巣を次々と持って戻ってくるトリコ達（図45）を、君島さんは笑顔で迎え、採集してきたハチの子の入った巣盤を、その場で重さを秤り、品質の区別なく無条件で全量買い取り、即金でその代金を支払っていた。

買付けは毎年九月一日より始まり、一〇月がピークとなって、通常一一月下旬まで続くが、年によって

図 45　トリコ（右）の集めてきた巣を並べて品定めをする君島さん

は、冬の訪れが早いと一一月中旬で終わってしまう。一方、暖冬の年には、年の暮になっても、巣を持ってくるトリコがいる。ふつうは九～一一月の三カ月で一年分の買付けとなる。一九八三～九六年の一三年間では、買付け量のもっとも多かった年は三カ月で一五トンに達し、一〇月のピーク時には月七トンの巣が集まったという。また、トリコの一人当り一日の採取量は、一九九六年の場合、シーズン盛期にはベテランで一五キロ、ふつうは七～八キロであるが、かつて豊産の年には、一人のトリコで一度に二〇～三〇キロの巣を持ってくることも普通であった。

トリコが集めてきた巣には、商品としてながめた場合、いろいろな品質のものが混じっている。たとえば幼虫や繭が少なくて、ハチが羽化したあとの空になった六角形の巣穴が多い巣盤、まったく食用にならない卵や小さい幼虫だけの巣盤、また、笹ヤブの中から掘り起こした巣では、笹根が巣に網の目のように食い込んでいる巣盤などもある。そういった巣でも、中身のことはいっさい問わずに、持ってきた巣は皆同じ値で買い取るという。買い手としては、そこがつらいところだが、持前の度量と面倒見の良さで、「いやー、大変だったね」といえば、トリコも「今度はいい巣を採ってくべー」と以心伝心に相手に伝わるそうだ。トリコは遠方に出かけた場合、夜一二時頃になって戻ってくることもある。また土・日曜日は採集に出かけるトリコの数が多いので、シーズン中は休日もない。

こうして集まったハチの巣は五度Cに保たれた冷蔵室に、巣盤を一段ずつにばらして広げ、自然状態とは逆さに、すなわち巣穴を上に向けて、幼虫の頭が見える状態で一晩並べられる。こうしておくと、低温で幼虫の鮮度が保たれ、繭の中の蛹の発育が止まり、成虫になって繭を食い破って出てくるのを防ぐことができる。また、たまたま巣に居残っていた働きバチもじっとして動かなくなるので、これを手で払い落して取り除き、飛び回って人が刺されないようにする。

買い入れた翌朝には冷蔵した巣の仕分けを始める。ハチの巣は縦四二センチ、横三〇センチ、高さ六センチの平たい特製ダンボール箱に一キロずつ、幼虫や繭が買い手によく見えるように上向きにして並べられる。その際、ハチの子は大型のメバチ（新女王バチ）の入っている巣盤（親段という）と、オスバチや働きバチの入っている巣盤を別々の箱に詰める（図46）。

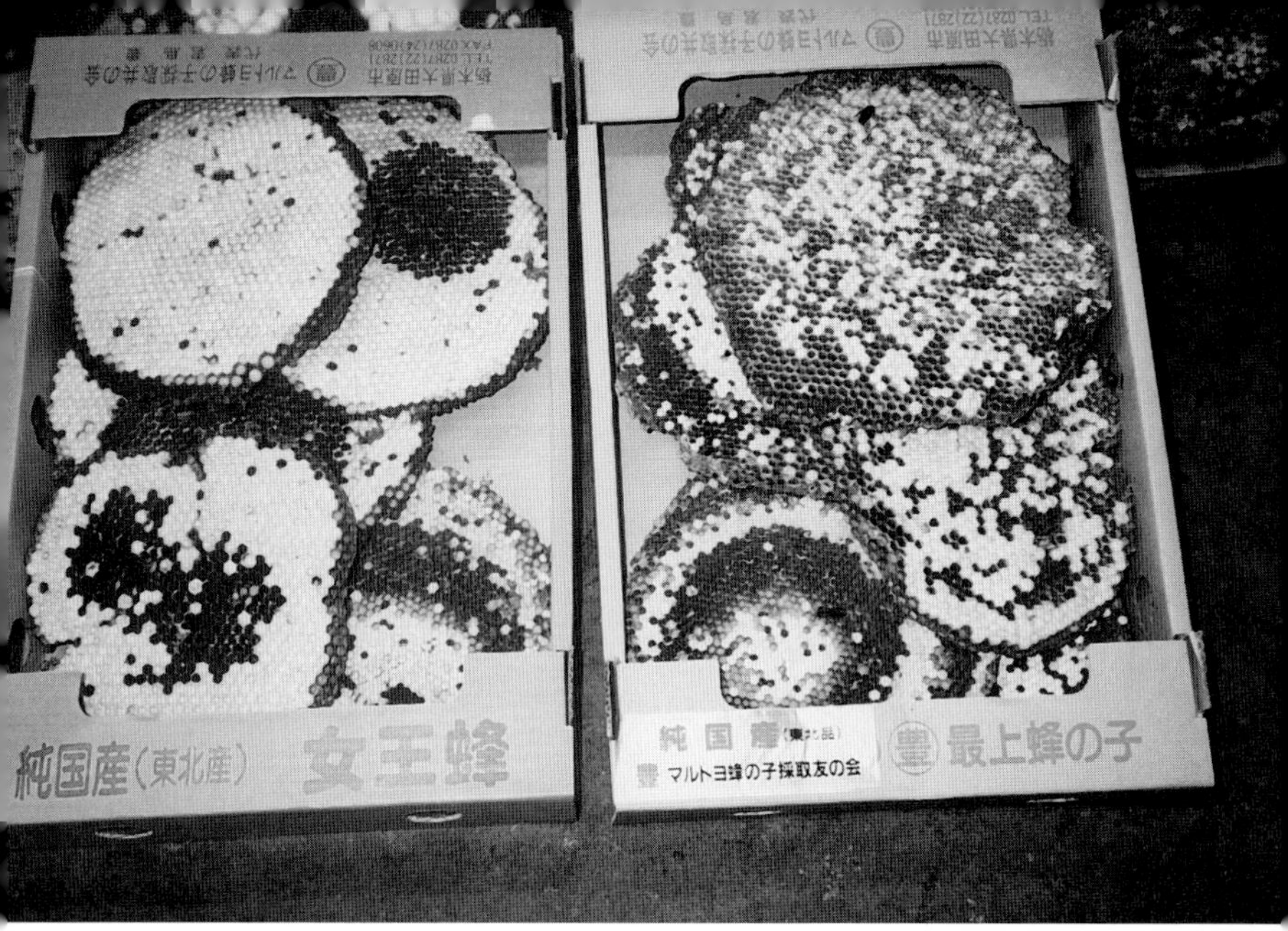

図46　出荷箱に詰められたメバチ（新女王バチ・左）とオスバチ・働きバチ（右）

メバチは下段の数巣盤のみで育てられ、育房はオスバチや働きバチのそれに比べてひとまわり大きい。巣盤は中央の主柱を中心に同心円状に発達するので、中央部から順に女王バチによって卵が産みつけられ、外側にいくほど若い個体となる。秋遅くなると、メバチの巣盤でも、一面真白い繭ばかりのものもあるが、これも繭の蓋をとってみると、中心に近いほど発育が進んで、頭部の黒い斑紋がくっきりと濃くなっている。メバチの育房は一回きりしか使われず、羽化した後にそこへ卵が再び産みつけられることはない。メバチの幼虫や蛹は、オスバチや働きバチに比べて大きいうえ脂肪分に富むので、こくのあるうま味がある。だから品質は最上等とされ、売値も高くなる。出荷先によっては、メバチの子ばかりを欲しがるところもある。

一方、オスバチや働きバチは育房が小さく、繭の配列はドーナツ状のいくつかの輪になっている。これは、働きバチやオスバチの幼虫は、同じ育房を利用して二〜三回連続して育児が行なわれるためで、いったん羽化したあとに、女王バチや時には働きバチによって再び卵が産みつけられ、同じ発育状態のものが、同心円状に輪となって並んで発育するからである。

仕分けと箱詰め作業は君島さんが中心で、瞬時にメバチと他のハチの巣盤を見分ける。巣を手に持ったときの感触で重量を判断し、手際よく一キロ単位の箱詰めとして仕分けていく。買付け量が多いときは、二人の息子さん夫婦が手伝ったり、最盛時には女性のパート二人を雇用するという。

出荷先は個人向けと市場向けがあり、当時の個人の主なところは東京、山梨、滋賀が多く、とくに滋賀県大津市と坂本町は全国でも最多の出荷となっていた。個人からの注文は、料亭、結婚式場などのほか、主婦が五〜一〇キロをまとめて買い、三人くらいで分けて、料理に用いることもあるという。また、長野、岐阜、愛知は魚菜市場が専門で、長野県では長野市、諏訪市、松本市、飯田市など、岐阜県では恵那市、中津川市、土岐市、美濃加茂市、愛知県では豊田市、名古屋市などの市場に出荷されていた。

出荷は、一キロ入りのダンボール箱を八つ重ねて一個の荷に仕上げ、宅配便を使って全国各地に発送する。かつては自動車で岐阜や長野の市場等へ運んでいたので、その頃に比べると運送費は半分となった。自宅にいながらの商売で、仲買人も君島さんだけとなって商売としては安定している。しかし、将来的にはハチの資源の減少やトリコの老齢化など、自然の産物を相手とするあらゆる仕事に共通する問題も抱えている。

君島さんは「もう、こんな商売だれもやらないよ、でも俺はこれがいい商売とおもうわね。死ぬまでやってみよう。ここまでやったんだもね」といっていたが、一九九八年二月に急逝された。ハチの買付けは息子さん夫婦が跡を継いでいるという。

ハチの子の供給基地としての歴史

クロスズメバチの最大の消費地である岐阜や長野の市場を遠く離れた栃木県大田原市や隣接の那須野町が、なぜ「生《なま》」または「生巣《なます》」と呼ばれるハチの子の供給基地となっているのであろうか。このルーツを訪ねて私自身が現地にでかけ、集荷業者、養蜂家、トリコなど土地の人々から聞いた話をまとめると次のような由来がある。

大田原市は古くから奥州街道の宿場町として発展し、近世は大田原城主の城下町、市場町として栄え、今もその町並の一部が残る歴史の古い地方都市である。一方、隣接する西那須野町は広大な那須野ヶ原の西部にあたり、栃木県北部に位置する広大な扇状地、高原、丘陵は、古くは那須野と呼ばれていた。鎌倉時代の『吾妻鏡』には、建久四年、この原野において、時の将軍源頼朝が壮大な那須の巻狩りを行なったことが記されている。しかし、明治初年までは、日本有数の広大な原野として未開発のまま横たわり、その面積は官有地だけでも一万数千町歩に及んだ。

これらの原野は広漠たる不毛の原っぱとして、江戸期から明治初年にかけて、周辺農村の入会秣場として利用されていた。もともと自然の状態では原野になる地域ではなかったが、水源に乏しく耕作不能の土地であったため、秣場として、年々春先に火入れをして焼け野原としていた。そのため、樹木は育たず、広漠とした原野の状態が保たれていた。

この辺り一帯の土質は関東ローム層なので、粘土、泥、砂がほぼ等量に混じってほかほかとしている。土中営巣性のクロスズメバチにとっては、好適な営巣場所であり、非農耕地という自然環境は餌となる草原性の昆虫やクモが豊産していたことだろう。明るく広い草原や林野の住者であるクロスズメバチ類のまさに楽園ともいうべき生息環境であった。

一方、明治初年になって、政府による殖産興業政策がこの地域にも及んで、原野開拓の気運が高まり、官有の原野は数百町単位で開拓を目的とする結社や個人に貸し下げられ、大農場化されていった。これらの農場には全国から移住者が集まったが、とくに、長野県からの入植者が多かったという。

『西那須野町史』(一九六三)によれば、明治初期の那須野ヶ原の大開拓事業の一つとして、一八八〇(明治一三)年に創立された那須開墾社は、当初の国からの借受け面積は三四一九町歩と開墾事業としては最大であったが、五年後には開墾地の払下げをうけて、那須野村という新しい一村が創立された。その際の農家戸数は四五戸、人口わずか一二一人であった。その後、三〇〇〇町余の貸下げ地には開拓移民が続々入植し、とくに一八八六(明治一九)年には長野県伊那郡地方から多数が入植し、那須開墾社はこの年で予定の分与地はことごとく分与済みとなったという。

長野県伊那地方からの移民数は明らかではないが、伊那地方は、長野県下でも当時すでにクロスズメバチ食文化のもっとも栄えていた地域である。開拓移民にとっては、新天地での自給自足経済の中で、クロスズメバチの巣から得られるハチの子は、貴重な蛋白資源として重要な役割を果たしていたと思われる。また、伊那地方は当時から全国屈指の養蚕地であったから、養蚕経験があった移住民の一部の人達は養蚕も試み、この地域の養蚕業興隆の原動力ともなった。

こうして、那須開墾社は社自ら原野を開墾して、農作物の栽培に着手し、一方で入植者には一定の土地を分与して各自に開墾させせつつ、毎月一定の労力を以て社の事業に協力させる方法をとった。入植者はいずれも資力もなく日々の生活に追われていたが、安住の新しい故郷を建設するため、ただ強固な開拓者魂と頑健な体躯を資本として努力したのであろう。その後も入植者は続いたが、この地方は古来から水利の恩恵が少なく米はとれないので、当初は畑作といっても稗栽培が主体の農業で、主食の稗は一反歩をつくれば一人一年の主食が間に合ったという。

那須開墾社と同じく一八八〇年、当時山形県令であった三島通庸によって創業された三島開墾肇耕社は原野一〇〇〇町余歩の貸下げを受けて開墾に着手し、一八八六年には土地払下げを受けて、三島農場として再出発し、その土地は株主や移住人が分割所有して、農耕に励んだ。三島部落には、一八九七（明治三〇）年頃長野県上田市より、また、八年後には同諏訪地方から養蚕を目的とした入植があったが、この人たちは当初から資力もあり、近隣農家への指導力ともなって、養蚕の普及が進んだという。昭和初期におけるこの農場の移住戸数は四二二戸、人口約二四人であったが、その出身県は、地元の栃木県の二四九戸を除くと、東京都三四戸、長野県三一戸で、長野県出身者は一四府県中の第五位になっており、この人たちも、地元の栃木や東京の出身者に比べクロスズメバチ食への関心や、のちの缶詰用のハチの子の採集への関心は高かったと考えられるのである。

こうして広大な原野の開墾が始まったが、この一帯は明るい草原を好むクロスズメバチが現在以上にたくさん生息していたと考えられる。長野県からの入植者で、巣の採取の体験を持ち、ハチの子の食文化に慣れ親しんでいた人々は、原野を切り拓きながらあちこちに見つけたクロスズメバチの巣を掘り出し、懐かしい郷里の味としてハチの子料理を堪能したに違いない。

それは栄養価の高い動物性蛋白源でもあったので、同じ地域に住む他県からの入植者でも食指を動かしたであろう。そして、それまで体験のなかった巣の採取法やハチの子の調理法を習い、新しい食文化として取り入れたことは想像に難くない。原野の入植地という厳しい自然環境と当時の食料事情からも、住み着いた地域の自然が提供する食べものは、あらゆるものをできる限り利用する必要があった。入植者の人々がクロスズメバチの宝庫であったこの地方で、入手が容易でまとまった量が得られるハチの子を自分達の食材に取り込んでいったと思われる。

長野県の缶詰業者による買付け

明治末期から大正期にかけて、後述のように長野県下の各所でハチの子の缶詰生産業が勃興した。日本では昆虫食のもっとも発達した長野県内はもとより、当時は全国的にも珍しかった缶詰製品による郷土の味として急速に販路を広げ、ヒット商品となった。ハチの子缶詰の生産量が急増するとともに、その原料となるハチの子は地元で集荷される量だけでは不足して、缶詰業者は全国各地にクロスズメバチの巣を求めた。長野県出身者が多い那須高原一帯は、クロスズメバチの多産地としての情報が、それらの人々に伝わりやすい下地があったのだろう。当初は長野の缶詰業者の採集人が、この地方へやってきて、クロスズメバチの巣を採っていたという。やがて大量に集めるために、熟達した巣の採取技術とハチ食文化をともに伝えている現地の入植者が、商品としての巣の採取へ協力するようになった。さらに缶詰材料としてハチの子を半加工し、地元にやってきた長野の業者に売り渡すこともするようになったのである。

『西那須野町史』には、同町の大正期におけるもっとも盛んな工業として、製糸業とともに「ハチの子」の食品加工をあげて、次のように述べている。

「大正末期の始業に特産品たる『蜂の子』の食品加工がある。長野県出身者片桐常雄は、人に励めて蜂の子の採取をなさしめ、これが加工にあたった。現在、長野、岐阜と共に西那須野が蜂の子の特産地として広く知られるに至ったのは、実にこの人の事業を祖とするものである。

最近は町内に於て年間凡そ七〇〇〇貫を加工し、

『蜂の子高原煮』等の名称により、販路も拡大されている。蜂の子の採取は、地元に約三〇〇人の経験者を要し、蜂友会などの組織を持ち、特産品の増産に寄与すると共に、農閑期における有利な収入源となっている。主たる加工業者は現在塩川、長野等の四業者である」と記されている。

現在では、この町内を歩き回っても、開拓当初の頃に長野県出身の入植者が多かったことを知る人にはほとんど出会わない。ところが、この西那須野出身の政治家で、かつて自民党の派閥の領袖であった故渡辺美智雄代議士の追悼出版物『温故知新』の中に、同氏がハチの子好きで、東京の議員宿舎で、とりまきの新聞記者達に栃木訛りで次のように語っていた、という記事が載っている（名和、一九九六）。

「『今日はうまいのがあるぞ』と缶詰か瓶詰か忘れたが、ふたを開け、箸で小皿に取り分けてくれた。見ると、ほとんどウジ虫だ。話に聞く蜂の子だとはわかったが、食べる習慣のない記者には気持ちのいいものではない。尻ごむ記者には『うまいぞ、だまされたと思って食ってみなよ』と盛んに勧める。押しつけがましくもある。核心の話を聞くには、機嫌を損ねまいと記者団も一口つまんだ。うまくもなんともない。気味悪いだけだ。『どうだ、うまいものだろう』。人の気も知らないで渡辺氏が得意そうにいう。『西那須野周辺は長野からの入植者が多く、蜂の子を食べる習慣があるんだ』と講釈」と。故渡辺代議士が愛用したハチの子は、地元大田原市の下鳥養蜂園で生産されていたもので、夫人ともどもに同社の瓶詰甘露煮の上得意であったという。

こうして、一九七〇年代までは、クロスズメバチの巣が大きくなる九〜一一月になると、毎年、長野県の缶詰業者の買付け人がこの地方を訪れて、東北本線西那須駅の駅前にある旅館に滞在し、トリコとして巣の採取に携わる人々からクロスズメバチを生巣のまま直接買い付けた。それらはその日のうちに、旅館内で幼虫や蛹を巣から「抜き身」にして、新鮮なうちに大釜で茹であげ、缶詰の原料として加工処理したうえで、長野の缶詰加工場へ持ち帰っていた。その頃の買付け人は、ハチ採りのシーズンが終わると、「釜上げ式」といって、傘下のトリコたちを集めて饗応の席を設け、その折にはズボンやジャンパーなども与えて、シーズン中の労をねぎらったという。

そのうち西那須野町内の豆腐屋や菓子屋などの中にも、トリコから巣を買い上げて、ハチの子を抜き出し、直径一メートルを越える大釜で一度に三〇キロほどのハチの子を茹であげていたという。こうして半加工品に仕上げ、缶詰業者へ売り渡すという副業的商売も生まれるほど、長野県におけるハチの子缶詰の需要は根強かったのである。多いときにはそうした店が同町内に五～六軒あったが、缶詰としての味付けと加工は、やはり長野へ運ばれて、缶詰会社の手によって行なわれていた。

こうして、クロスズメバチの巣はこの地方では換金産物としての評価が高まった。秋の買付け時期になると、業者がやってきて、巣を採ればすぐに現金化できるうえ、その買入れ価格も高かったので、ハチの巣採りはかなりの魅力があったと思われる。だから、稲作などの収穫を終えた農民を中心に、この地方のさまざまな職業の人も加わって、副業としてハチの巣採りが熱心に行なわれ、今日に至っているのである。

その頃の買付け価格はキロ当り一八〇〇～二〇〇〇円で、缶詰の加工用として比較的安定していた。また、地元の有力なミツバチ養蜂業者である大田原市の下鳥養蜂園でも、それまではミツバチのオスバチの子を甘露煮に加工し、瓶詰の商品として販売していたが、クロスズメバチの子を地元で買い付けて、瓶詰として加工し、販売するようになった。

一方、一九八〇年代の頃から長野の缶詰業者とは別に、岐阜の市場関係者からもこの地方がクロスズメバチの産地として、注目されるようになった。岐阜県東濃地方を中心とした仕入業者は生きた幼虫や蛹が入ったままの巣盤、すなわち生巣のままで買い付ける。岐阜の場合、缶詰材料としてではなく、市場ではハチの巣ごと「生《なま》」のままで仕入れて食材として店頭に売り出すのが一般的で、古くから地元の料亭や旅館等が、郷土食の高級珍味として客膳に供するなどの需要が根強い。

岐阜の業者は長野の缶詰業者よりも高価で買い付けるようになり、それまで比較的安定していた生巣の買入れ価格は、流通市場の常として高値で買い取る岐阜の業者側へ急速に傾いた。長野や地元栃木の業者による加工のための買付けと、岐阜の市場へ生巣のまま送り込むための買付けとが、この地でしのぎをけずることとなり、後者がしだいに優勢となっていったのである。

　しかし、買付け業者にとっては、ハチの子の需要はあっても、価格がつりあがったうえ、乱獲もたたって採取量が減るという事態を招いた。買入れ価格の高騰により、まず長野の缶詰業者が加工用の買付けから撤退し、次いで、岐阜の生巣の業者もわざわざこの地へ買いに来ても採算があわなくなった。高値の場合、巣付きのハチの子がキロ当り七〇〇〇円〜一万円で買い入れるという年もあったからである。

　こうした事態の中で、地元の人による仲買としての買付けが始まった。しかし、盛時の一一業者からそれらも年毎に減少して、一九九五年には三業者となり、一九九六年では大田原市と西那須野町にそれぞれ一業者だけとなったのである。

4 ハチの子の缶詰と瓶詰の歴史

缶詰生産のはじまり

ハチの子の缶詰や瓶詰は、巣から抜き取ったクロスズメバチ類の幼虫や蛹を醤油、砂糖、化学調味料などを使って煮付けたものである。その生産は明治末期から行なわれているが、こうしたハチの子の缶詰が製品化された経過は、当時長野県立農事試験場で病害虫試験研究主任をしていた村田壽太郎が、『昆虫世界』誌に「地蜂利用に関する調査」として、詳しい見聞を述べている（村田、一九二三）。

それによると長野県北佐久郡五郎兵衛新田字上原の窪田太助は、一九〇六（明治三九）年よりクロスズメバチのハチの子の佃煮を製造し、小諸町の商店で販売をしていた。たまたま、同郡三田村において桃や苺等のシラップ漬けやジャムの缶詰業の始祖として名高い藍川伊一郎より、佃煮よりも缶詰の製品としたほうが、貯蔵に便利で輸送も容易である由を聞き及んだ。

そこで、すぐさま同氏より缶詰化の技術を修得して、四年後の一九一〇（明治四三）年には自分のところでハチの子缶詰製品の製造を始めた。初年度は六〇匁（二二五グラム）入り缶で数千缶を製造したが、需要が多く、数年で一万数千缶となった。しかし、この増産のため、クロスズメバチは乱獲されて採集量も減少し、一九二二（大正一一）年には、缶詰の生産は最盛期の半分の約九〇〇〇缶にまで減少した。材料となるハチの子は、当初は県内産を加工するにとどまっていたが、この年代には栃木、群馬からも集荷されるようになったという。

佐久地方における缶詰製造の季節は九、一〇月の二カ月で、仕入れた巣より幼虫、蛹等を取り出して鍋に移し、良質の醤油を加へて煮沸する。翌日砂糖を加へて再び煮沸し、秤量して缶に取り分け、蓋をしたのち臘で閉じる。それから水中で冷却し、ニス塗りをしてからレッテルをはり、二ダースずつ箱詰めにして出荷した。

当初、原料用のクロスズメバチ巣の買入れ価格は一〇〇匁（三七五グラム）四銭内外であったものが、乱獲による減少により高騰して、一〇年後には三五銭となった。クロスズメバチの巣一〇〇匁から、幼虫・蛹および羽化直後の成虫を取り混ぜて七五匁（二八一グラム）を取り出し、これを煮詰めると佃煮四〇匁（一五〇グラム）が得られる計算であったという。缶詰材料としての仕入れ値は、正味のハチの子四〇匁約三五銭で、一缶分の中味六〇匁として約五二銭の原材料費を要した。これに容器、レッテル代、加工労賃、加工材料費、広告費、通信費などを加えると、一缶の原価は七〇銭となり、これを八五銭にて売りさばいていた。

ハチの子の缶詰工場は、大正期には長野県下の各地（伊那町、小諸町、松本市、飯田町など）をはじめ、岐阜県の土岐郡明世村、可児郡兼山町、賀茂郡太田町、武儀郡関町などにも相次いで設立された。生産量は長野県だけでも、大正時代には窪田商店の九〇〇〇缶を含めて一万五〇〇〇～二万缶が製造され、窪田商店以外の業者は新潟や岐阜両県産のハチの子も原料に用い加工していたという（村田、一九二三）。岐阜県でも前記した四町の工場で、一九一六（大正五）年の場合、年間約一〇〇〇貫匁（三・七五トン）の缶詰が生産され、長野県や岐阜県下の旅館、料理店、一般家庭で消費されたが、東京、名古屋などに移住した人達からの注文もあったという（長野、一九一六）。

その後一九七〇年代には、長野県内のハチの子缶詰の生産業者は約一〇社に及び（図47）、その生産量は年間一七～二〇トンに達した。しかし、ハチ食の盛んなこの地方では、地元から入荷するハチの巣の絶対量が少なくなったため、その頃には原料のハチの子の大半は近県ものに加えて、前述のように遠く離れた栃木県那須野地方のトリコと呼ばれる採集人達が集めた巣を現地で購入し、その場で幼虫や蛹を抜いたものを購入してまかなうようになっていた。

なお、長野県産のハチの子の缶詰価格は、一九五四年では一缶二〇〇グラム入りで二六〇～三〇〇円、最近一九九七～二〇〇一年の価格は二〇〇グラム入り一缶で二五〇〇～三〇〇〇円となっている。

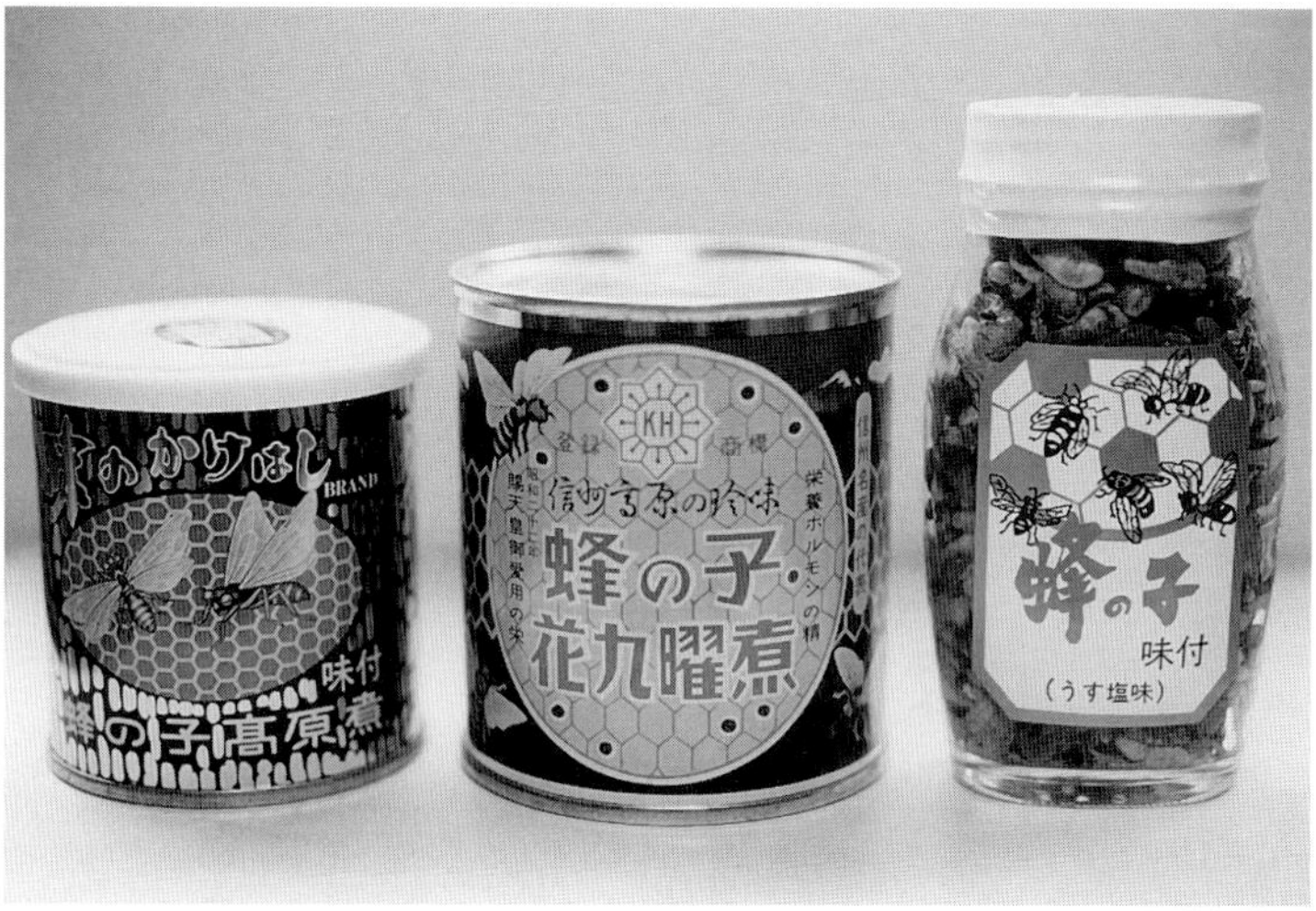

図 47　クロスズメバチの缶詰と瓶詰

那須高原の瓶詰

岐阜・長野の市場へのクロスズメバチの供給地となっている栃木県大田原市では、地元のミツバチ業者の下鳥養蜂園が、那須高原のハチの子として三種の瓶詰を売り出している（図48）。出荷先は一九八〇年代には地元四割、他県六割で、地元では那須、塩原、鬼怒川などの観光地や温泉の土産店、スーパーマーケットなどで売られていた。しかし、年々高値傾向が続いて、一九九〇年代になると地元のスーパーマーケットからは姿を消すようになったという。一九九六年では、出荷先は地元一割に対して他県九割となり、長野、岐阜などハチ食文化の伝統的な地方への供給が圧倒的に多くなっている。

　下鳥養蜂園では、一九八〇年前半には巣の採取量も多く、地元の業者が巣から抜いたハチの子だけで一トンを買い付けたことがあり、最盛時にはハチの子が巣に入ったままの「生巣《なます》」でも年間二トンを買い付けていた。生巣から抜いたハチの子の歩止まりは約六割で、一回に一釜二四～三〇キロを煮込み、これを二日間を要して瓶詰用に仕上げる。塩茹でしたハチの子は冷凍保存して利用し、一カ月当り一〇〇キロを加工生産していた。最盛期にはその在庫だけで三トンに達したこともあり、買い切れないほど次々とハチの巣が持ち込まれるという豊産の年もあったという。

ところがその後の二〜三年間は不作が続いたため、最盛時に買い入れて貯蔵していたストックが役に立つこととなったが、それも二年で使い果たした。その頃の不作時は、ハチの子の価格が高騰して、瓶詰の商品を指し値でも納品できる状態であったという。しかし、最近はハチの巣の採取量の減少、買付け価格の高騰、高値による需要の減退などにより、生産量は減少している。

同園では地元産のクロスズメバチの子を原料とした一三五グラム、二七〇グラム、四〇〇グラムの三種の瓶詰(図49)を販売しており、それぞれの価格は一九九七年現在二五〇〇円、四五〇〇円、六〇〇〇円となっている。

昭和天皇とハチの子

長野県諏訪市の原田商店から販売されているハチの子缶詰のレッテルには「昭和二二年賜天皇御愛用の栄」、「天皇御賞翫の珍味食品」、「天皇陛下御賞味」等の文字が見られる。これは、昭和天皇が戦後の全国巡幸で、一九四七(昭和二二)年に諏訪においでになった時、原田商店が生産していたクロスズメバチのハチの子の缶詰を献上したことに由来する。これが陛下のお気に入りの品となり、以来、長野県では原田商店が宮内庁に缶詰のハチの子を納めるようになった。

栃木県大田原市の下鳥養蜂園のハチの子瓶詰の製品にも、「宮内庁御用達」のレッテルが張られている。これは、一九八一年に栃木県で「栃の葉国体」が開催された折、行幸された昭和天皇が、栃木県の物産コーナーで同社のハチの子瓶詰に目をとめられてお買い上げになられたことに由来する。昭和天皇はそれらのハチの子の甘露煮を、パンにのせて召し上がられるのがお好きであったといわれている。

亡くなられた昭和天皇はよほどハチの子を好物とさ

図 48　第 30 回国際養蜂会議（1985 年名古屋市で開催）に出品された栃木県産のクロスズメバチの巣とハチの子の瓶詰

図 49　大田原市下鳥養蜂園のハチの子の瓶詰

れたのであろう。一九八七年に膵臓がんで手術を受けられた折には、食欲のないなかで、ハチの子をまぶした麦入りご飯だけは、他のおかずを残された時にも全部お召し上がりだったという。これは当時の週刊誌に報道され（週刊女性、一九八八年七月、通巻一五三七号）、さらにアメリカのウィスコンシン大学の昆虫学部から発行されている昆虫食の機関誌にも、当時の東京農工大学の三橋淳教授によって世界中に広く紹介された（Mitsuhashi, 1988）。

外国産のハチの子

缶詰や瓶詰の材料となるクロスズメバチの子は、今日でも野外からの採集品がほとんどを占めるが、国内産ではその量は限られている。そうしたなかで一九八八（昭和六三）年一〇月に名古屋空港において、韓国から初めてチョウセンキオビクロスズメバチの巣が携帯品として持ち込まれ、生きた幼虫や蛹などが発見された。引き続いて同種のハチの巣が貨物でも輸入され、韓国産のクロスズメバチ類が缶詰や瓶詰の原料として登場するようになった。当初は巣ごと生きた幼虫や蛹のままで輸入され、それを日本の工場で加工調理して缶詰や瓶詰につくっていた。しかし、それでは輸送や検疫の間にハチが次々と羽化して歩留まりが悪いうえ、羽化後のハチの処置がやっかいなことや巣盤では荷としてかさばることなどの問題が起こった。そこで、翌年以降には現地で幼虫や蛹を巣から抜いて塩茹でし、半加工したハチの子だけを一斗缶（一八リットル缶）に詰めた状態で輸入するようになり、それらが缶詰や瓶詰の原料となった（図50）。正味で一斗缶分のハチの子を集めるには、韓国産のクロスズメバチで

図 50　韓国から輸入されたクロスズメバチ類の子の半加工品

は三〇〜五〇個の巣を必要とするから、膨大な数の巣が採集されていたわけである。

韓国には七種のクロスズメバチが生息するが、そのうち日本にも分布するキオビクロスズメバチとツヤクロスズメバチは一般に生息密度は少なく、たとえ巣があっても日本と同様に規模が小さくて、ほとんど利用されない。しかし、チョウセンキオビクロスズメバチとセイヨウキオビクロスズメバチの二種は巣が多く、営巣規模も大きいうえ、ハチの体がやや大きく、味も似ている。最近輸入されているのは、ほとんどがこれら二種であるが、体の模様は日本のクロスズメバチとやや異なる。だから、国産のハチによく慣れている消費者であれば注意して見ると区別がつくが、それが外国産だと知っている消費者は少ないようである。

韓国でも、かつてはクロスズメバチ類を中心としたスズメバチの食用習慣が一部の山岳地域にあったといわれるが、ハチの子が流通ルートにのったり商品化されたという話は、現地の人たちからも聞いていない。おそらく自家用としての消費程度にとどまっていたことだろう。しかし、一九八〇年代以降になって日本のハチの子缶詰や瓶詰の需要をまかなうための輸出商品として、クロスズメバチ類の巣の採集が大規模に行なわれるようになったのである。ところが、一九九〇年代になると、韓国でも乱獲によって多産地が次々と失われたうえ、年による豊兇の差も激しくなって、加工用原料の輸入先としては翳りが見られるようになった。

その頃から、加工業者の中には韓国に見切りをつけ世界の他地域へクロスズメバチの多産地を求める動きが見られるようになった。その標的となったのがニュージーランドである。もともと南半球には、クロスズメバチ類の自然分布はまったく見られなかった。しかしながらユーラシアからアフリカ北部にかけて、クロスズメバチの仲間でもっとも広い分布域を持つセイヨウキオビクロスズメバチ（図51）が、交通機関の発達とともに本来分布していなかったニュージーランドを始め、オーストラリア南部、チリー、南アフリカなどに侵入して、各地で定着するようになった。おそらく、交尾を済ませた新女王バチが越冬場所として海外向けの貨物などの中に潜り込み、そのまま航空機などによって新天地に運ばれ、そこで巣を創設し増殖したものであろう（松浦・山根、一九八四）。

図 51　花上のセイヨウキオビクロスズメバチの働きバチ（中国・長春）

とくに、ニュージーランドでは、このハチが著しく増えて、市街地、山野、牧場などいたるところに営巣し、一九五〇年代後半には刺症害虫のニューフェイスとして社会問題化するほどになっていた（Thomas, 1960）。とくに興味深いのは、このハチが、新天地ではハチ学者でも予想しなかった新タイプの生活史を展開するようになったことである。というのはセイヨウキオビクロスズメバチは、原産地のヨーロッパなどでは、もともと一年限りの巣をつくり、秋には女王バチは働きバチやオスバチとともに死に絶えて、そこで巣は廃絶する。巣の大きさも最大でもせいぜい人頭大にすぎなかった。そして、巣外で交尾を済ませた新女王バチのみが、朽木などに潜って単独で越冬し、翌春に一匹であらたに巣づくりを始めるという生活史を繰り返す。

ところが、ニュージーランドでは、巣を創設した最初の年は原産地と同様な型通りの生活史を過ごすが、一部の巣では、交尾後の新女王バチが越冬前に次々と旧巣に戻ってくる。それらはそのまま巣の中で冬を過ごし、働きバチの一部も生き残って、温暖な冬の気候のもとで細々とではあるが育児を続ける。翌春になると、それらの新女王バチたちは旧巣を受け継いで、いずれも女王バチとして同じ巣の中に同居し産卵を行なう。このため、一つの巣に数十〜数千匹以上の女王バチが共存するので、二年目以降の巣は巨大化して、働きバチの数は数十万〜数百万匹に達し、女王バチの数もさらに増加する。木の幹などに添ってつくられた巣では、幅一・五メートル、高さ約四・五メートル、厚さ六〇センチの巨大巣となる(Edwards, 1980)。これまでに記録された最大の巣は高さ四・六メートル、幅二・四メートルで、内部には一八〇段の巣盤を持ち、全体の重量は四五〇キロにも達し、働きバチの数は三〇〇万〜四〇〇〇万匹と推定されている(Thomas, 1960、Spradbery, 1973)。ニュージーランド政府は異国より侵入したこの刺症害虫に、巨費を投じてその生態研究と駆除にあたってきたが、その増殖ぶりはすさまじく、防除に手を焼いてきたのである。

一方、当初日本のハチの子の原料不足を補うために用いられた韓国産のクロスズメバチ類は、その形、色が日本産とは多少違っていても、缶詰または瓶詰の甘露煮ということもあって、一般の消費者にはほとんど気付かれないままに受け入れられていた。しかし、韓国産ハチの子も日本への輸出が始まって以来、乱獲によって資源は急速に減少した。そうした情勢のもとで、ニュージーランドのハチの子は新たな輸入先として脚光を浴びることとなった。しかも、その資源量は日本や韓国とは異なり、日本の消費需要を満たして余りあるといってよい。そのうえ、この国は南半球にあるので季節は日本と逆になっているから、ハチの子が日本や韓国で端境期となる冬〜夏の時期に採集して輸出されるので、加工業者にとっては好都合となる。日本のハチの子の缶詰や瓶詰の業者にとっては、害虫どころか、まさに宝の山と映ったことだろう。ニュージーランドでは、スズメバチはそれまでただの一種も生息していなかったから、ハチ食文化というのはまったく存在しない。世界有数の牧畜国にとって、ハチの子食も含めた昆虫食というのは他の西欧人と同様に、考えもつかなかったのである。

かつて、日本ではイナゴの佃煮業者が、原料の品不足から、カナダのコムギ畑の害虫であったイナゴに近似したバッタの一種に目をつけ、農場主との間で売買契約が結ばれた。これがカナダでは大変な話題となり、地元の新聞には「害虫のバッタが売れる」という大見出しで、報道されたことがある。食文化の違いによって、ある国では害虫として目の敵にされている昆虫が、流通の国際化が進むことによって、ある時から突然に高価な食材としてほかの国では利用される時代となった。今や外国産が当り前となったマツタケなどと同様に、ハチの子も限られた自然の産物ではあるが、旺盛な日本の消費需要によって、その産地も国際化しているのである。

5　ミツバチの「ハチの子缶詰」

ハチでもスズメバチならぬミツバチを飼養している養蜂業者は、ミツバチのオスの蛹を大量生産して、ハチの子の缶詰や瓶詰として売り出している（図52）。これは、長野県松本市の日本養蜂新聞社社長で養蜂家でもある深沢光一さんが、一九六〇年代に、ミツバチのオスの若い蛹を缶詰に加工し、食用として生産を始めたもので、今では各地の養蜂場で商品化されている。

ミツバチのオスというのは、交尾以外には巣の内外の仕事を一切しない。だから晩春から初夏までという限られた交尾期を過ぎてしまうと、養蜂家にとってオスバチは、巣内に貯わえられたハチ蜜を餌として消費するばかりの無芸大食の存在となる。そこで蛹のうち

図52　ミツバチのハチの子（蛹）の缶詰と瓶詰

に、オスバチの育児室が集まっている部分を見つけ、それらの育房の蓋だけを包丁でサッと切って、巣板を逆さにすると、内部にいたオスのハチの子がバラバラと落ちるので、それを集めて捨てていたのである。これではオスバチは浮かばれない。深沢さんはハチの子の食文化の盛んな地元において、クロスズメバチばかりでなく、ミツバチも食用の対象となるのではないかと考えた。そこでオスバチの蛹を甘露煮とした製品化を試み、缶詰の生産に成功した。さらに全国の養蜂家に呼びかけ、「信州蜂の子生産組合」を組織し、その生産法を指導して半加工したオスバチの蛹を全国から買い入れ、それらを原料とするミツバチのハチの子缶詰の量産化に踏み切った。

ミツバチの場合、一般の養蜂家が飼っているのはセイヨウミツバチと呼ばれるヨーロッパ原産の導入種である。このミツバチは在来種のニホンミツバチに比べて、人工的な管理がしやすい。四~七月の繁殖期には巣内のあちこちに、働きバチに比べてひとまわり大きな六角形の部屋がつくられ、そこでオスバチの幼虫は、働きバチが分泌するローヤルゼリーならぬオス専用のゼリーを与えられて育つ。オスバチの蛹が入っている繭（図53）は、形や大きさからすぐに区別はつくが、それらはハチに任せておくと発育がまちまちであるし、採取量も不安定である。

しかし、人工管理の容易なミツバチでは、クロスズメバチに比べて計画生産が容易で、一定の発育に達したオスバチの蛹ばかり、数を揃えて集めることができる。それには巣の中にオスバチ専用の、巣礎と呼ばれる市販の半完成の人工巣を用いる。これをハチの活動の盛んな時期に巣の中に入れてやると、働きバチはそれをもとに、オスバチのみが育つ大型の六角形の部屋を人工巣の枠いっぱいにつくりあげる。材料は、腹部から分泌した直径二~三ミリの臘片で、それをかみほぐし、少しずつ引き伸ばして約二センチの高さの部屋の壁に盛り上げていく。オスバチの人工巣板一枚は片面に約一八〇〇の部屋をもち、これが背中あわせとなって、両面では約三六〇〇のオスバチ幼虫が育てられる。巣礎を挿入後、野外に花が多い時期には、働きバチは一~二日もあれば、巣礎の両面にオスバチ専用の育児室を完成する。すると、女王バチがやってきて二~三日を要して各部屋に一卵ずつ、オスバチの卵を中心部から外に向かって、遠心状に産みつけていく。

それらは、三五度Cという安定した恒温室のような巣箱内で、三日間の卵期を経てふ化し、幼虫は六角形の個室で働きバチから餌をもらって発育を続け、産卵から一〇日目に老熟して餌を食べなくなる。すると働きバチは蜂臘で各部屋に蓋をするので、その中で幼虫は蛹に変身する。

ミツバチの場合、幼虫はスズメバチとは異なり、皮膚が非常に柔らかいので、指先などでその体をつまもうとしても、すぐに皮膚が破れて傷ついてしまう。クロスズメバチの幼虫のように一匹ずつ巣からうまく抜き出すということは、養蜂家といえどとてもできない。また、蛹でも初めのうちは幼虫と同様に皮膚が柔らかく扱いにくい。蛹になってから発育がやや進んで、皮膚が少し固くなり、眼色が淡黄色から紫紅色に色づく頃が、食用にも加工にも最適となる（図54）。これは、卵が産みつけられてから二〇日目、蛹室の蓋がされてから一二日目くらいとなる。

この状態の蛹になったら、オスバチの巣板全体を上向きにして軽く叩くと、蛹は部屋の底に沈むので、包丁で上蓋を全体にサッと切り取って逆さにする。こうすると、蛹は頭を傷つけないで個室から滑り落ちるので、これを集めて調理し佃煮とする。スズメバチと異なり、ミツバチの幼虫は花粉と蜜だけを餌として育った完璧なベジタリアンなので、食べてみると味は肉食のスズメバチとは明らかに違っている。近頃は、栄養食品や自然食品が尊ばれることもあって、ミツバチのハチの子はスズメバチ食文化とは縁のない都会の人や若い女性にも愛好者が多いという。

ミツバチの子の缶詰はレッテルにはっきりと明示されているが、中味でもクロスズメバチの子とは一見して区別がつく。クロスズメバチの缶詰に入っているのは、幼虫（ほとんどが終齢幼虫）、蛹（前蛹と呼ばれる繭をつくった直後のものから、蛹のさまざまな発育段階、色彩では白〜黒）、羽化直後の翅の生えた成虫など、さまざまな発育態がかならず混じって入っており、醤油の色で全体が茶褐色に染まってはいても、それぞれは容易に区別がつく。

一方、ミツバチの製品は若い蛹だけで、幼虫や翅の生えた成虫などはけっして混じっていない。これが、クロスズメバチなどの食習慣のない人にも受け入れやすく、クロスズメバチの缶詰とは異なった消費者層を持っている。このミツバチの子の缶詰や瓶詰は二〇〇

図 53　ミツバチの巣板。最上部は貯蜜室で，中央部にある蓋のされている大部分は働きバチの繭で，オスの繭は最下方の大型のもの

図 54　ミツバチのオスの繭の内部。上は前蛹で，中央の眼の着色した蛹が加工用となる

グラム入り一缶で一八〇〇円前後で市販されている。

養蜂家によるミツバチのハチの子生産の一例として、北海道静内町の転飼養蜂家太田直喜さんの一九六五（昭和四〇）年における生産例が紹介されている（太田、一九八三）。転飼養蜂（転地養蜂ともいう）というのは、南北に細長い日本を、南から北へ開花期の異なるさまざまな花を追ってミツバチを移動し、蜂蜜を採る養蜂経営である。かつて専業の養蜂家は花のジプシーとも呼ばれて、こうした移動型の経営法をとっていた。しかし、最近は農業構造の変化などで、ナタネ、レンゲ、ミカンなど日本の主要な蜜源植物の栽培面積は大幅に減少し、養蜂経営も成り立たなくなってきた。そこで、蜂群を長距離移動せずに、越夏や越冬の時だけ短距離を移動したり、数カ所の養蜂場に蜂群を分散して、年中同じ場所で飼い続ける定飼（定地養蜂）と呼ばれる経営法が増えた。また、蜜を採るよりもイチゴ・メロンなどの果菜やナシ、モモなどの果樹の開花期に必要な花粉媒介専用として、ミツバチを育てている養蜂家も少なくない。

太田さんの当時の転飼養蜂の転地先は、南国の鹿児島が出発点である。現在は、ミツバチの巣箱の移動はトラックが利用されるが、一九六〇年代は貨車輸送で行なわれていた。はるばる鹿児島から北海道まで三〇〇〇キロ以上を移動、北上するのである。ミツバチは一二月上旬から暖かい鹿児島を越冬地として過ごす。その後、三月下旬から五月上旬までに、九州各地でナタネ、ついでレンゲなどの蜜を採取し、そこから鳥取県へ移動して六月中旬までは平地でレンゲ、ついで中国山地へ移ってトチの蜜を採る。そのあと、郷里の北海道へ戻って、涼しい夏をミツバチとともに過ごす。この間、北海道では七月中旬まではシナノキやクローバーの蜜を集め、一一月中旬の越冬前まで活動する。

この三回の転地で、一〇〇群当りの生産物は蜂蜜八六〇〇キロ、蜂臘一三六キロ、ローヤルゼリー一八キロとともに、煮上がりにした半加工のハチの子として、鹿児島で一六二キロ、鳥取で一〇二キロ、北海道で二七〇キロと、年間でオスバチの蛹は五三四キロを生産した。ミツバチ一群にオスバチ専用の巣礎を三枚ずつ入れるが、巣一〇枚当りの平均生産量は煮上がったハチの子の量で五二キロという。

生産したハチの子は、すぐ塩茹でして、買入れ先である長野県松本市の「信州蜂の子生産組合」へ送られた。当時は、ハチの子一キロ当り六〇〇円で買入れが行なわれていたが、一九八三年頃では二八〇〇円、最高値では四〇〇〇円になったこともあった。オスバチの蛹はミツバチの主要な生産物の一つとして、当時はハチミツ、ローヤルゼリーなどとともに商品性の高いものであった。

太田さんは現在も、北海道、鳥取、鹿児島とトラックにハチの巣箱を積み、日本列島を縦断した転飼を続けている。しかし、一九八〇年頃から全国的にミツバチの幼虫の病気であるチョーク病やミツバチへギイタダニという大型のダニが多発生して、オスバチの子の生産が困難になったため、今はやめている。現在、ミツバチのハチの子は国内生産では間に合わず、台湾や中国などから塩茹でにされた半加工状態のものが原材料として輸入されている。

このミツバチの子も、中国では古くは薬用として利用されていた記録がある。紀元前一～二世紀に書かれたといわれる中国最古の医薬書『神農本草経』には、上薬（不老長寿などの薬）として、ミツバチの子は「頭痛、蠱毒を除き、虚羸、傷中を補す、久しく服用すれば人体を光澤にして顔色を好くて老衰せぬ」とある。同じく中国の『本草綱目』でも、「ハチの子は古代には食膳に供した」と記されている。もっとも、中国の場合、古代のミツバチというのはヨーロッパ原産のセイヨウミツバチは分布していなかったから、日本にもいる在来種のトウヨウミツバチを指す。

6 小鳥の餌としてのハチの子

クロスズメバチ類のハチの子は、愛玩用の小鳥の餌としても、昔から貴重品扱いされている。ウグイス、メジロ、コマドリ、ウズラなどは「さえずり」の鳴き声の美しい鳥として、日本では古くから飼われている。なかでもウグイスは春先になって「ホーホケキョ」とさえずる繁殖期の鳴き声が、愛鳥家のみならず一般の人々をも魅了する美声として古来から愛されてきた。この「ホーホケキョ」のさえずりは、自然界では繁殖期以外には聞かれない。他の時期は「チャッチャ」という「地鳴き」だけである。

ところが日本では七〇〇年も前に、ウグイスを正月に鳴かせる技術がすでに確立されていた。今も三重県熊野市など紀州から愛知県など東海地方にまたがる広い地域で、正月早々に鳴かせて、その声を競う共鳴会が愛好者によって開催されている。日本では一九八一年より、ウグイスを愛玩用として捕獲することは禁止されているが、環境庁自然保護局が発行する「鳥獣関係統計」では一九九一年には三重県四一羽、愛知県一二八羽など、この年は全国で一八三一羽が飼養されていた。しかし、愛玩用としての新規の捕獲は認められないため、その数は年々減っており、一九九八年には三重県二三羽、全国で一〇三三羽となっているが、個人の愛玩としてよりも小鳥店などで飼養されているものが多いという。

ウグイスを正月に早鳴きさせるためには、鎌倉時代から伝統的に続いている紀州熊野山本宮の空蟬《うつせみ》流飼鳥術の流れをくむ独特の飼育法があり、飼育者は半年も前からその準備と努力を重ねた。もっとも重要なことは、日長時間の人工調節と適当な動物質の給餌であるという（森、一九四六、上坪、一九四九）。

日長時間はウグイスの体を春の状態にして、「地鳴き」ではない繁殖期だけの「さえずり」を早鳴かせするために、絶対に必要な処理である。これには籠桶《こおけ》と呼ばれる障子張りの木の箱に入れて、日没後に引き続いて灯火をつけ、照明時間を少しずつ伸ばして日長時間を人工的に調節する。これによってウグイスの眼底神経を刺激し、脳下垂体からのホルモンの分泌を促進させて、自然の季節よりも早く鳴かせるのである。愛好家にとって、鳥の健康を保つための給餌への心づかいは大変なもので、森（一九四六）はウグイスの正月鳴きをさせる飼育法の中で次のように述べている。

「夏の終わり頃、換羽が終わった雄鳥をかごに入れ、毎日朝夕水換を行なうと同時に、適当の動物質の餌（イモムシ、蜂の子、エビズルの寄生虫など）を一、二匹ずつ与える。」

上圷（一九四九）はさらに詳しく、通常のすり餌の他に、補助餌として鳥が衰弱したり病気の場合など、エビヅル虫、フクロ虫、みの虫、蜂の子、クモ、ボウフラ、イナゴ、アリの蛹、くさなぎむし（コウモリガの幼虫?）、ミルオーム、九竜虫、カイコの蛹、トビケラの幼虫などの多種の昆虫や、蜂蜜、まむし（粉末）など三四種をあげている。このうち、エビヅル虫、みの虫、クモ、ボウフラなどを除くと、ヒトが昆虫食のメニューや滋養強壮食として、高価な代価を払って手に入れているものと変わらないところが興味深い。

この動物質の餌としてあげられている三種の昆虫は、愛好家自身が、毎日、自分で野外から探し出し、採集して与えるわけではない。秋から冬にかけては、自然界にはそんなに昆虫は見られない。ここでいうイモムシとは木の枝にぶら下がっているミノムシ、すなわちチャミノガの幼虫、それに、ヌルデ、クヌギなどに葉を綴って潜んでいるヘリグロキンノメイガの幼虫などである。ミノムシは袋を裂いて内部の幼虫を取り出して与えるが、ウグイスなどの成鳥は幼虫の皮膚が硬いためか、味が気に入らないかなどの理由であまり好まない。ヘリグロキンノメイガの幼虫は、小鳥の飼育者の間ではフクロムシと呼ばれ、ヌルデの葉を三角形に巻くか、クヌギなどの葉を数枚綴って袋状の巣をつくる。冬は自分の糞を材料にして楕円形の巣をつくり、その中に潜んでいる。これが、日本では古くから冬季の小鳥の生餌として珍重されてきた。小鳥店での一九三六（昭和一一）年頃の価格として、ミノムシもフクロムシも一〇匁（約一〇〇匹）一五銭であったという（中林、一九三六）。

エビヅルの寄生虫というのはエビヅルやブドウなど

のツル茎内に潜むブドウスカシバというガの幼虫で、一生をそれらの植物のツル茎の中で過ごす。夏の終わりから冬の間は、幼虫の入っている枝の部分が瘤状に膨らんでおり、割ってみると体長三センチほどの越冬幼虫が入っている。大阪市内の小鳥店では、一九三六年頃は幼虫の寄生した枝が一〇本単位で売られており、一把一〇〜一五銭であったという（中林、一九三六）。

「エビヅル虫」は「ブドウ虫」とも呼ばれ、小鳥の餌だけでなく、現在でも釣り餌用の虫として有名である。釣り具店や釣り餌店では、寄生によって瘤状にふくれた枝が一〇センチほどに切り取られて、その中に一匹の白い幼虫が入った状態で売られている。釣り餌としての昆虫には他にも、イラガ（玉虫）、ボクトウガ（やなぎ虫）、ちしゃ虫（エビヒゲナガゾウムシ）、ささ虫（スジツトガ）などの幼虫が、野外から採集され〝天然もの〟として今でも市販されている。エビヅル虫はその中でも最高値で、寄生した枝一〇本で八〇〇円であるという（梅谷、一九九二）。

最後にハチの子であるが、これは時期的に見ても労力的にもクロスズメバチ類しか利用できない。というのは、もっとも身近なハチであるアシナガバチ類は、本来が熱帯のハチなので、八月中旬になると、北海道から沖縄まで日本中どこでも育児を終えていて、九月以降は巣の中に幼虫や蛹はいない。一方、スズメバチ類は秋遅くまで巣内に幼虫はいるが、キイロスズメバチなど大型種では幼虫は大き過ぎて、小鳥の餌としては不適当なのである。クロスズメバチの子はウグイスに与えると好んで食べるので、つい多く与えると、ふつうのすり餌を食べなくなってしまうことがよくあるという（上坏、一九四九）。ウグイスにとってもハチの子の味は格別なのかも知れない。

こうしてみると、ウグイスの「適当の動物質の餌」として無雑作に表現されている場合でも、ウグイスが好んで食べること、栄養があること、大きさが適当で扱いやすいこと、長命で保存の効くことなどいろいろと条件があり、クロスズメバチの子はそれらを満たすわけである。ウグイスの飼育者にとって、毎日一〜二匹ずつ与えるという昆虫類は、市販の高価な生き餌をある程度まとめて購入し、毎日少しずつ与えることになる。

ウグイスの早鳴かせが、江戸期には藩主や豪商などの高尚な趣味とされたのも、こうした高価な生き餌に依存した背景もあったことだろう。江戸期にはとくにいろいろな鳥の飼養が盛んとなり、将軍家には「お鳥番」が置かれ、江戸の二四〇余りの大名屋敷や、旗本屋敷にも「お鳥掛り」が設けられた。寛政年代以降は商人、町人、百姓までもがウグイスを飼うようになり、これを「市井飼《しせいがい》」と称した（上圷、一九四九）。当時、江戸は人口一〇〇万の世界第一の大都市で、そんな中でウグイスが競って飼われていたのだから、餌を売る商売も繁盛したことが想像される。

東京では一九二〇（大正九）年の記録として、クロスズメバチの幼虫や蛹が小鳥店で巣に入ったままの状態で取引され、一〇〇匁一円五〇銭という当時としても高額な値で売られていた（高木、一九二二）。また、大阪市内の小鳥店では、一九三六（昭和一一）年に、岐阜や長野から仕入れたクロスズメバチの巣が一〇〇匁一円五〇銭内外で売られていた。ところが、クロスズメバチの幼虫や蛹は夏から秋にしか利用できないので、五〜八月の間は代わりにセイヨウミツバチの幼虫や蛹が与えられた。和歌山あたりの養蜂家から仕入れたミツバチ巣枠一枚が、小鳥店では三円五〇銭〜四円位で販売されていたという（中林、一九三六）。ミツバチの巣枠一枚には、表と裏に約二〇〇〇個ずつの育児室がある。どの部屋にも一匹ずつ幼虫や蛹が入っているとすれば、随分な量となるのである。

日本では、ウグイスのほかには、メジロ、ホオジロ、ヒバリ、オオルリ、コマドリなどが鳴き声を楽しむために飼われているが、保護鳥として勝手に捕えたり、飼育することはできない。現在は、メジロの飼養がもっとも人気があり、一九九八年の場合、全国で一六〇五羽の飼養届出がある。ハチの子はそうした愛好家の間で今でも需要があり、それらの餌として、数万円単位でまとまって購入される。

ハチの子の需要は、こうした趣味風流の世界の小鳥の餌としてばかりではない。ハチの子は鳥猟目的のため、早鳴かせのオトリの小鳥を育てるための食餌としても用いられた。それは現在は禁止されているカスミ網猟と深い関わりを持っている。

岐阜県や長野県など中部地方の里山一帯は、ロシアなどから群れをなして渡ってくる冬鳥の中継地である。とくに、ツグミ、トラツグミ、シロハラなどのツグミ類はかつては鳥猟のかっこうの対象となり、食用のために捕獲され、焼き鳥として昔から珍重されてきた。これらの冬鳥は、中継地までは集団をつくっているが、その後、全国各地に分散して、単独で過ごす。だから、渡り鳥の集団が飛来する地方では、秋から冬にかけて、鳥屋《とや》と呼ばれる網場を山に設け、カスミ網を樹間に張った。そこで鳥籠に入れたオトリのオスを鳴かせて、上空を飛んでいる群れを呼び寄せ捕えるのである。

ツグミ類は、ウグイスと違って日本へは冬の間だけ越冬のために渡来する冬鳥である。だから、繁殖活動はしないので、日本ではさえずりはまったくしない。しかし、秋に渡ってきたオスを捕えて、ウグイスと同じように電灯照明により日長時間を調節し、春と同じような長日状態にして飼育を続ける。そうすれば、カスミ網のシーズンである晩秋から冬にかけて、故郷のロシアと同じように、繁殖期特有のさえずりを始める。その鳴き声は、野鳥の研究者といえども、繁殖地のロシアに行かなければ聞けないものである。

カスミ網猟に用いるツグミのさえずりは、ウグイスのように美声だけでは評価されない。カスミ網の近くに置いて、上空を飛んでいる仲間の群れを寄せ集める声が上手な鳥が、囮としては優秀で価値がある。囮の鳴き声は、カスミ網の猟果に大きく影響する。優秀な鳥のさえずりは、テープレコーダーに録音され、それが利用されることも少なくない。しかし、生きたツグミのさえずりにはかなわない。そうした鳴き声の囮は、成鳥の寿命である八〜一〇年もの間、大切に飼われる。その餌として、ハチの子が与えられたのである。

岐阜県東濃地方では、かつてツグミを主対象としたカスミ網猟が盛んに行なわれ、その囮となるツグミに与える最適の餌として、クロスズメバチ類のハチの子が利用されていた。一九九一年に鳥獣保護法が改正され、現在ではこうした冬鳥を一網打尽に捕獲するカスミ網の使用はもちろんのこと、その販売、捕獲目的の所持も禁止されている。しかし、密猟は今も続いており、とくに岐阜県東濃地方は全国でも有数の野鳥の密猟地帯として、悪名が高い。野鳥の会や県の密猟担当者が行なう山地のパトロールと警察の取締りでは、カスミ網やテープレコーダーなどとともに、今なお鳥かごに入った囮のツグミがたくさん押収されている。新聞記事(一九九七年一月二一日付朝日新聞)によれば、全国野鳥密猟対策連絡会と日本野鳥の会岐阜県支部の調査では、一九九六年度は一二月までの中間集計でも、東濃地方で見つけたカスミ網は一二八枚で、一九九四年度の五五枚、一九九五年度の六四枚を大きく上回っていた。このほかにも、一三七枚の網を張った形跡が山中で発見されており、この地方だけでもカスミ網の総延長は約一・九キロメートルにも達したという。

野鳥の密猟はカスミ網の禁止直後は一時的に減少したが、根絶にはまだまだ時間がかかりそうである。捕獲された野鳥は、密猟者自身の食欲を満たすだけでなく、焼き鳥屋などに密かに販売されている。こうした店頭では一九九七年にはツグミ一羽四千数百円、トラツグミでは八〇〇〇円前後という高値で売られており、珍味として貴重品扱いされている。

野鳥の焼き鳥は、羽をむしったあとは頭骨やくちばしなどもまるごと食べるのであるが、食べ慣れた人でなければその姿は気持ちが悪いうえ、野鳥を食べるなど野蛮人のすることというイメージがあり、一般の人にはとても食べられるものではないという。

かつて南京袋にいっぱいのツグミを捕えては食べたことがあるというある地元の体験者が、「ニワトリなんぞの焼鳥とは全然味が違うんだ。とにかくうまい。罰金払ったって食いたいぐらいだよ」とその味を噛みしめるように目を細めて語ってくれたことがあった。

私はそれを聞いて複雑な心境であった。というのは世界的な反捕鯨運動により、一九八八年以降、国際捕鯨委員会が商業捕鯨を禁止し、それまで日本人の食卓に豊富に出回っていた鯨肉が姿を消したことが頭に浮んだ。長年、多彩な鯨料理に親しんできた日本人にとって、今まで日常的に口に入ったものが、食文化の異なる他の国の人々から否定されるのは、納得のいかない人も少なくないであろう。鯨肉の場合、まだ調査捕鯨ということで、その入手はまったく不可能というわけではない。しかし、ツグミなどの焼鳥の場合、密猟という法を侵したうえで、さらにそうした食文化が依然として消滅せずに存続しているわけだ。立場が変われば、鯨でも野鳥でも、動物に対する関わり方や観念が異なるのは、よく耳にすることである。

この地方でこうした鳥猟が盛んであったのは、かつては野鳥の個体数が豊富であり、さらに渡りの中継地として集団飛来という地の利があり、それらを活かした自然の産物の利用として、昔から受け継がれてきたものである。愛鳥家にとっては蚕食としかいいようのないツグミの焼鳥であるが、スズメバチ食と共通する伝統的食文化として、味覚への郷愁がこの地域の人々に根強く残っているのだろう。

Ⅳ

食材としてのハチの子

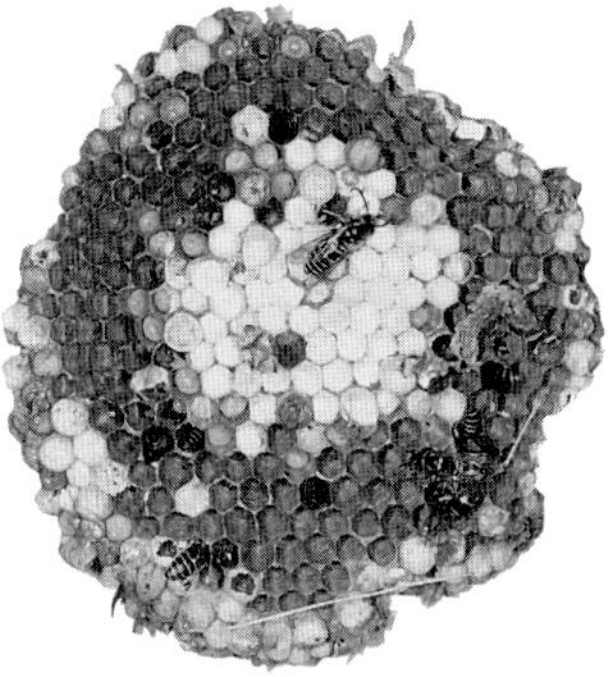

1　食用とするハチ・しないハチ

スズメバチと呼ばれるハチの仲間は、分類上はスズメバチ科スズメバチ亜科の四属、クロスズメバチ属、ホオナガスズメバチ属、スズメバチ属およびヤミスズメバチ属を指し、日本には熱帯産のヤミスズメバチ属を除く三属一六種が生息している。日本で食用の対象となっているのは、小型のクロスズメバチ属とスズメバチ属の一部の種である。ホオナガスズメバチ属は四種いるが、のちに述べるような理由で食用にはされない。

クロスズメバチ属には五種、すなわち、クロスズメバチ、シダクロスズメバチ、キオビクロスズメバチ、ツヤクロスズメバチおよびヤドリスズメバチがいるが、食用とされるのはクロスズメバチとシダクロスズメバチ（図55）の二種である。両種とも、北海道から九州まで広く分布し、平地から一〇〇〇メートル位の山地にまで生息している。どちらも黒地に白い斑紋をもち識別は難しいが、顔を正面から見ると紋様に微妙な違いがある（松浦、一九八八ａ）。

岐阜県東濃地方では、この両種をおもに巣の外被や巣盤の色から区別して、クロスズメバチは白巣、シダクロスズメバチは赤巣と呼ぶ。クロスズメバチ類は、

図55　土中のシダクロスズメバチの営巣後期の巣。外被を剝いだ状態

朽木や樹木の表皮を大顎で薄くかじりとって巣へ持ち帰り、それに唾液を混ぜてパルプ状に加工したものを薄く引き伸ばして巣をつくる。ハチの唾液は透明なので、巣の色はハチが運んでくる材料によってきまる。一般に巣の材料は、クロスズメバチはコナラ、スギ、カラマツその他の樹種で、朽ちた部分の白っぽい材を運んでくるが、シダクロスズメバチはヒノキやスギの幹の表皮などの褐色の材料をかじり取ってくることが多い。だから、シダクロスズメバチの巣をスギやヒノキのない場所に移して飼えば、巣はしだいに白い部分が多くなってクロスズメバチそっくりとなる。

栃木県那須地方では、シダクロスズメバチは「ブー」または「ブーブー」と呼ばれる。これは巣に近づいたときのハチの警戒音や、山野で餌を探して飛び回っているときの翅音がクロスズメバチよりも力強く、それによって両種を区別する。この地方では、クロスズメバチは土手など開放的な場所に多く営巣しているが、シダクロスズメバチは杉林や雑木林の中など、直射日光の届かない空間に見られることが多く、「山巣」と呼んでいる。また、シダクロスズメバチの方がクロスズメバチよりも一般に秋遅くまで活動を続け、巣も大きくなる。なお、シダクロスズメバチの名前のシダは、早くからこの仲間の生態研究に取り組み、『武蔵野のジバチ』などの著作がある信太《しだ》利智さんに因んで名付けられた。

この二種の他に、八〇〇〜一五〇〇メートルの高地には、体が黄色でやや小型のキオビクロスズメバチ（図56）がいる。「キスガレ」、「チョウセンバチ」などと呼ばれる。このハチは営巣活動の終息がクロスズメバチやシダクロスズメバチに比べて早く、九月中、

図56　掘り出されたキオビクロスズメバチの巣

下旬にはすでに新女王バチが育てられる。したがって巣は九月までに採取されるが、いずれの地方でもハチの密度が少なく、巣もそれほど大きくないので食材としてはあまり好まれない。

ツヤクロスズメバチは、クロスズメバチやシダクロスズメバチに比べても、いっそうつややかな黒い体で腹部に数本の白い帯を巻いているが、幾分体が細長くて大きめなことや、体の表面の毛が密で長いことなど形態的に異なる。飛び方は緩やかで、巣は地表から一〇センチ位の浅い土中につくられる（図57）。その巣の形や構造はクロスズメバチやシダクロスズメバチとは異なり、外被は繊維質に富んだふわふわした和紙状で、内部の巣盤はアシナガバチに似ていて、その数は三段を越えることはほとんどなく、営巣規模はクロスズメバチ類の中ではもっとも小さい（図58）。

長野県の佐久地方ではこのハチを「三皿バチ」と呼ぶが、それはもっとも発達した巣でも巣盤が三段だからである。また、同県の東部町あたりでは「能無しバチ」、「馬鹿バチ」、近隣の立科町では「ドウズリバチ」と呼んでいる。ドウズリとはこの地方で怠け者を指す。こうした不名誉な名称が与えられているのは、このハチの営巣規模が小さく、巣を掘り出しても、一個の巣から採れるハチの子の総重量は一〇〇グラムに達することが稀なためである。たとえ味の点で他のクロスズメバチ類と遜色がないにしても、食用にされることは稀である。

このハチは、他のクロスズメバチ類とは狩りなどの習性も異なる点が多い。たとえば、野外で餌を探しているこのハチを見つけ、カエルや魚の肉を目の前に持っていってもまったく見向きもされない。イモムシやアオムシなどを狩るが、たとえこれらの餌を与えても、他のクロスズメバチ類のようにすぐに勢いよくそれに飛びついてくることもない。また、活動も不活発で、巣穴からの出入りが少ないうえ、営巣期間が短く、九月末で活動は終わって、巣は空となってしまう。

このハチはクロスズメバチ採りの盛んな長野県などでは最近増えている。これは、このハチの姿形はクロスズメバチに似ていても、ハチを採る人達からは相手にされないからであろう。また、営巣場所や餌資源をめぐって競争関係にある近縁のクロスズメバチやシダクロスズメバチは、人に見つかりしだい巣を採られて

図 57　ツヤクロスズメバチの土中の巣

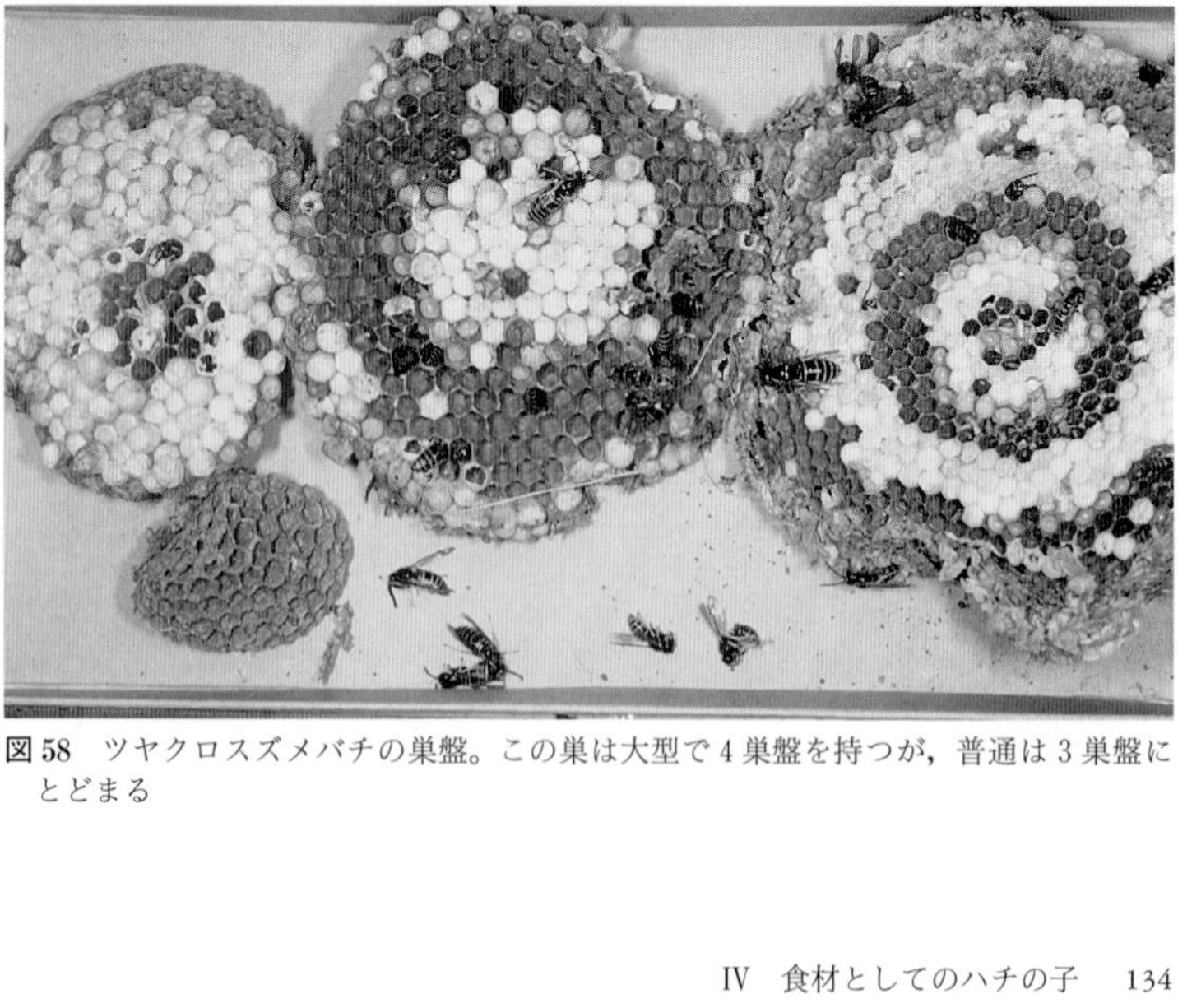

図 58　ツヤクロスズメバチの巣盤。この巣は大型で 4 巣盤を持つが，普通は 3 巣盤にとどまる

しまうので、ハチ社会での競争相手が少なくなり、勢力を伸ばしていることも考えられる。このハチにとっては、たとえ「馬鹿バチ」と呼ばれても、巣が見つかりしだいに採取されてしまう同胞よりは有り難いことといえるだろう。

ハチの巣の採集者であるヒトの行動は、動物の餌集め行動に関する「最適採餌理論」で理屈がつく。野外に多種類の獲物がある場合、捕食者（採集者）は餌探しの中で出会うそれらのすべてを、片端から捕えて食べるわけではない。食べようと思えば捕まえたり、食用可能な獲物に次々と出会うとしても、その中のほんのいくつかだけを選んで探し出す。食指の動かないものや嫌いなものは、出会うチャンスが多くても、はじめから眼中にないのである。「最適採餌理論」では、捕食者はそれを得るために要する労力やコストが最小となるように、もっとも効率の良い獲物だけを選ぶというものである。

この理論では「処理時間」というのが考慮されている。獲物を見つけて、追跡したり、捕えたり、ハチの場合には巣を掘ったり、さらにはそのあと食べられるまでに調理する時間までも含めて、それらに要する単位時間当りのカロリーの見返り率がもっとも高い獲物は、見つけしだい捕えようとする。しかし、第二、第三位に位置する見返り率が低い獲物に出会った場合、それを捕えるための「処理時間」が同じであるか、もっとかかるとすれば、カロリー収益率は低くなり、そんな獲物を捕えても時間の浪費ということになってしまう。だから、捕食者は獲物探し活動の総効率をあげるか、または下げない場合だけ、新しい獲物をメニューに加えていく。全体のカロリー収益率を下げる獲物は、たとえそれがどんなに豊富であろうと、獲物の対象としないのである。

この説でクロスズメバチの仲間を食用資源としてながめたとき、クロスズメバチとシダクロスズメバチの二種はほとんど差異のない効率良い獲物となるが、ツヤクロスズメバチの場合は、労多くして益少なしということで、食用対象からははずされるのだろう。

ヤドリスズメバチはクロスズメバチ属でも食材となることはまったく考えられない。ヤドリスズメバチは体の斑紋が黄色いクロスズメバチの仲間で、オスバチは八〜九月に一〇〇〇〜二〇〇〇メートルの高原で各種の花を訪れているのをよく見かける。しかし、その巣を見たという人はほとんどいないだろう。というのは、このハチはツヤクロスズメバチの巣に寄生し、働きバチは存在しない。女王バチは、六〜七月の頃になるとツヤクロスズメバチの働きバチの羽化間もない巣を探し出し、その女王バチを殺して自分が女王になりすまし、ツヤクロスズメバチの働きバチに自分の子（オスバチと新女王バチ）を育てさせる「社会寄生」

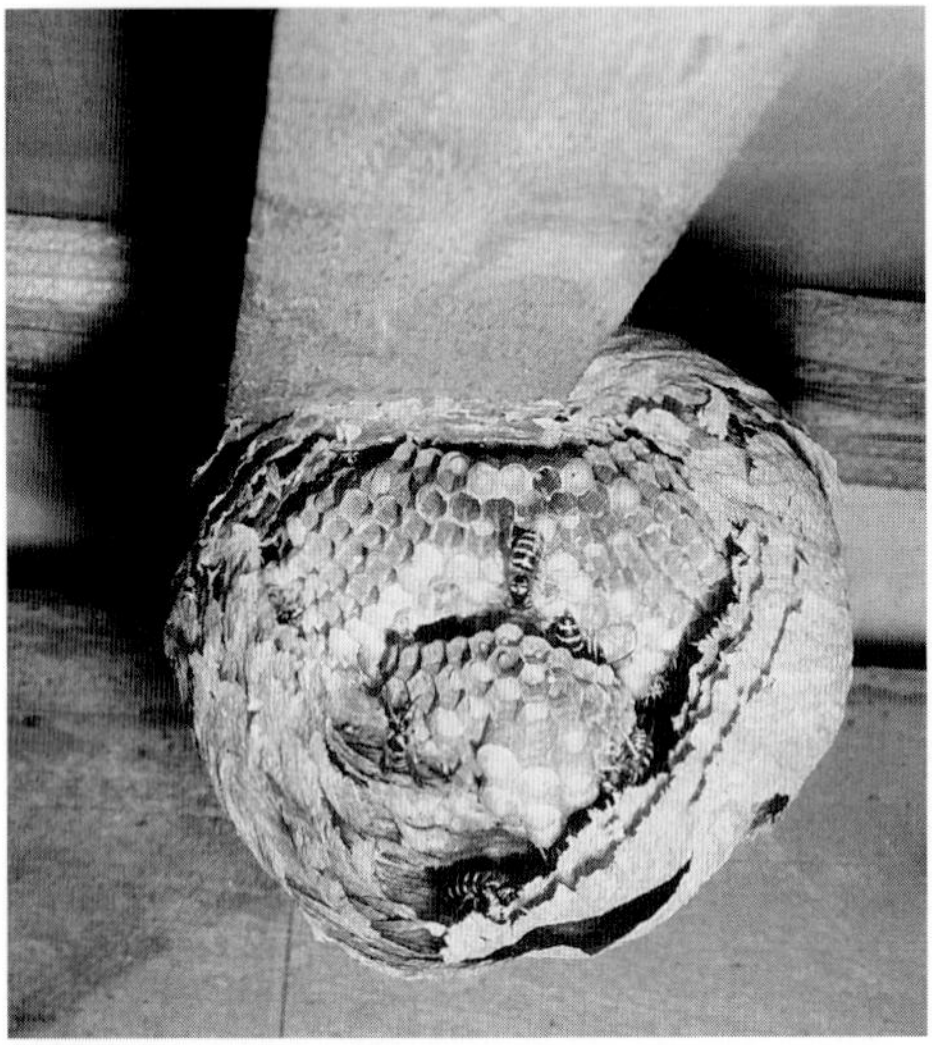

図 59　ニッポンホオナガスズメバチの巣とその内部

図 60　キオビホオナガスズメバチの巣

図 61　オオスズメバチの巣の内部。女王バチ（中央左）と働きバチ

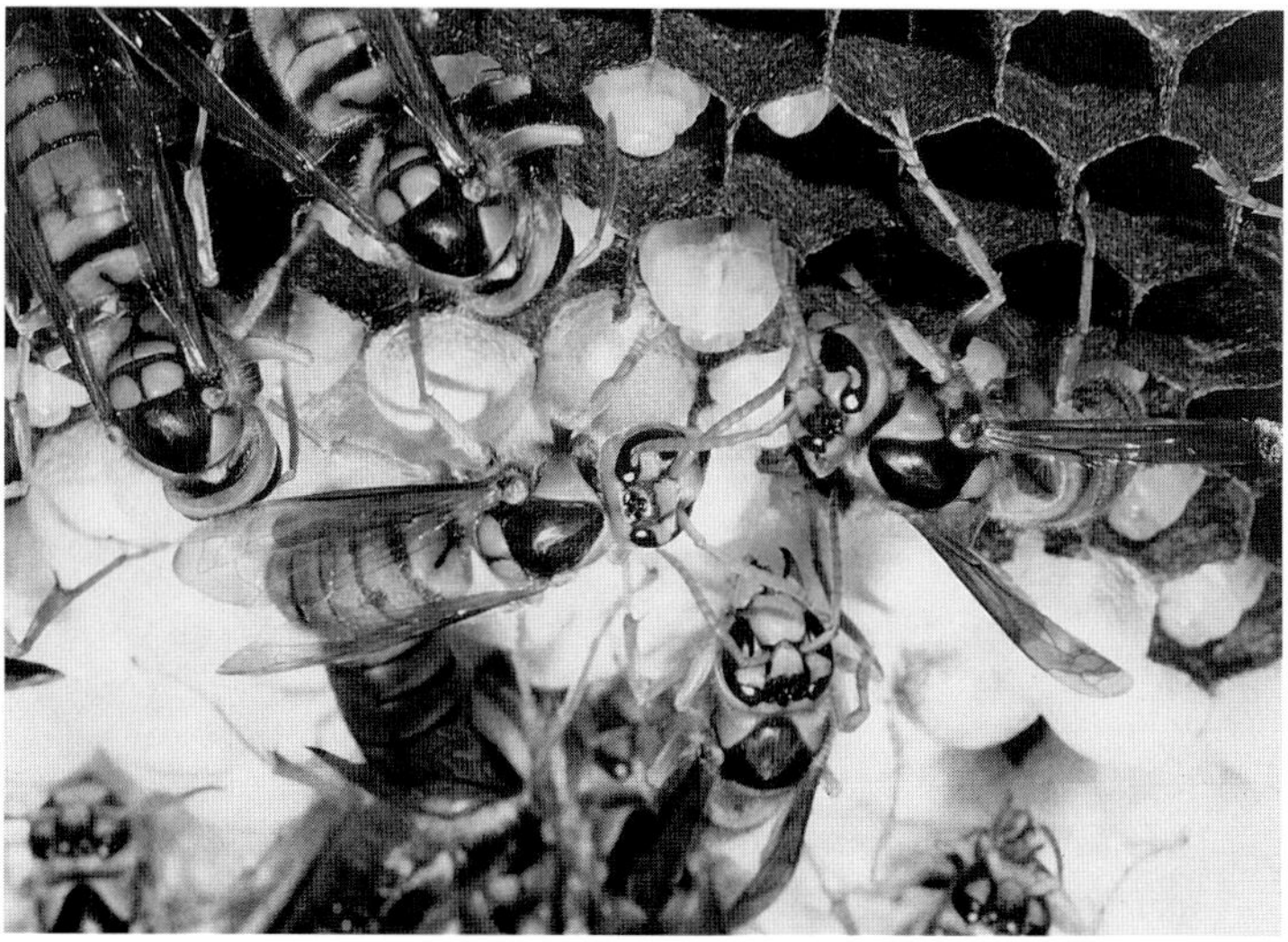

図 62　キイロスズメバチの巣の内部。女王バチ（右）と働きバチ

図 63　コガタスズメバチの巣

図 64　モンスズメバチの巣の内部

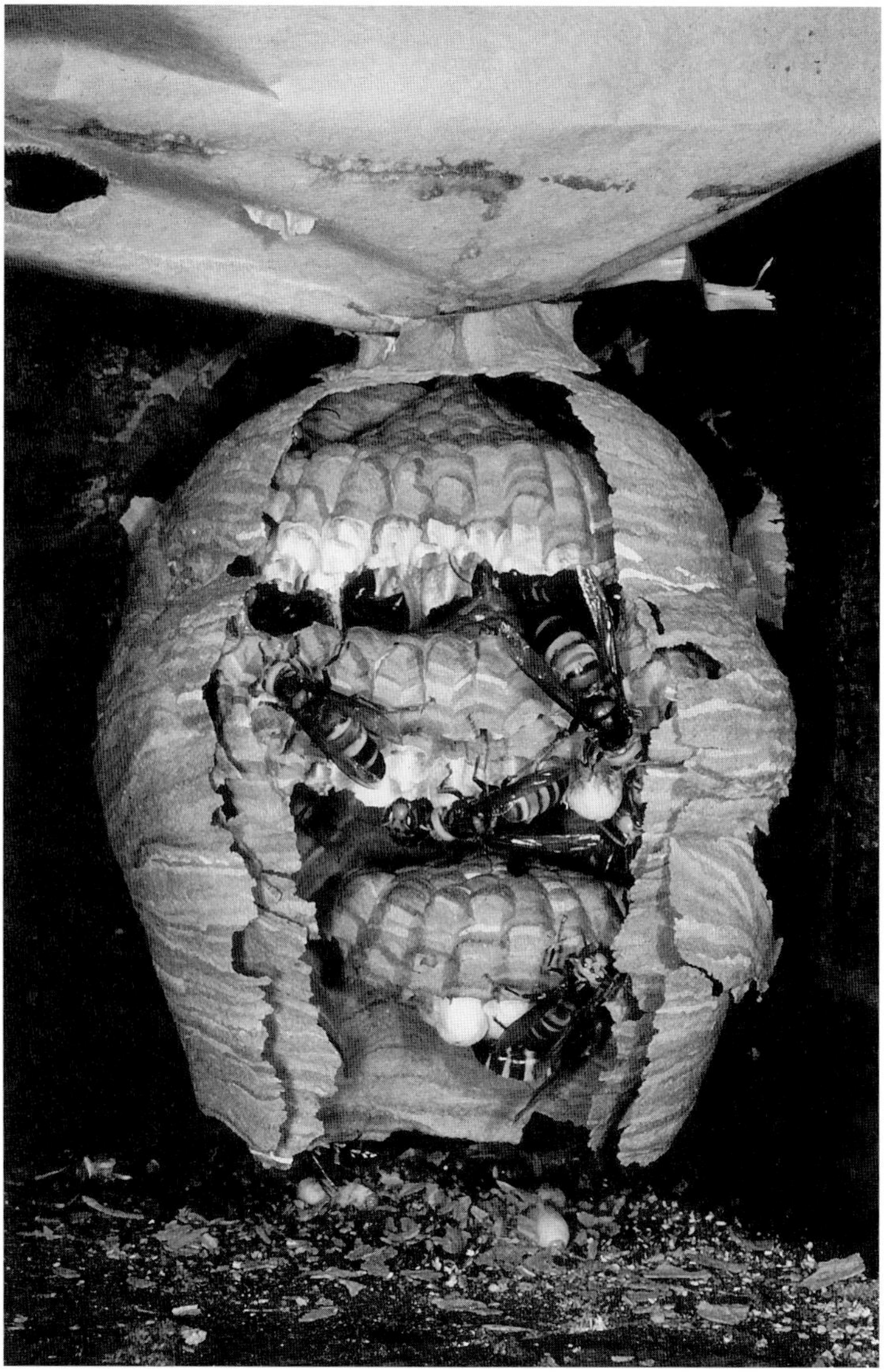
図 65　ヒメスズメバチの巣の内部

という習性を持っている。

もしもヤドリスズメバチに乗っ取られたツヤクロスズメバチの巣を掘り出したとすると、食用という点ではほとんど役に立たないが、珍貴さという点では数千人あるいは数万人に一人という幸運にめぐりあったといってよい。巣の外観や形状はツヤクロスズメバチのそれであっても、巣内には体色のまったく異なった黄色と黒色のヤドリスズメバチの女王バチと、つややかな白色と黒色の斑紋をもつツヤクロスズメバチの働きバチが共存している。長野県下ではこうした巣を「寄り合いバチ」といっている。しかし、寄生された巣は働きバチが数十匹どまりと少ないので大きくならない。ヤドリスズメバチの女王バチに乗っ取られたツヤクロスズメバチの巣からは、八月になると次世代を担うオスバチ数十匹と新女王バチ十数匹だけが羽化してくる（有賀、一九九〇、松浦、一九九五）。

ホオナガスズメバチの仲間はクロスズメバチ属に近縁で、分類上はクロスズメバチ属とされていたこともある。日本に四種、ニッポンホオナガスズメバチ（図59）、シロオビホオナガスズメバチ、キオビホオナガスズメバチ（図60）およびヤドリホオナガスズメバチが生息する。これら四種のいずれも食用とされることがほとんどない。ヤドリスズメバチと同じような習性を持つ社会寄生性のヤドリホオナガスズメバチはともかく、他の三種のいずれも営巣規模が小さいうえ、営巣期間も八月下旬～九月までと短かいが、攻撃性は強い。そのため、木の枝などにつくられた巣を苦労して採ったとしても、中身の幼虫や蛹の数がツヤクロスズメバチと同程度か、さらに少ないので、食用価値は低いからである。

大型種のスズメバチ属は日本に七種が分布するが、このうちもっとも食用例の多いのは最大型種のオオスズメバチ（図61）である。次いでキイロスズメバチ（図62）が多く、コガタスズメバチ（図63）、モンスズメバチ（図64）で、八重山諸島特産のツマグロスズメバチもしばしば食用とされる。この他の二種のうち、ヒメスズメバチ（図65）は、営巣規模が小さく、営巣期間も短いうえ、巣の発見も困難なので、これまで食用例は聞いたことがない。また、チャイロスズメバチ（図66）という種は数も少ないが、各種のスズメバチを食用とする長野県南部においてもほとんど食用対象とはならない。このハチはモンスズメバチやキイ

図 66　チャイロスズメバチの巣の内部。女王バチ（中央）と働きバチ

ロスズメバチの巣を乗っ取る社会寄生種で、巣は中規模であるが、幼虫や蛹が、成虫と同じような特異な臭いを持っているためといわれる。

アシナガバチ類は、人家やその付近にセグロアシナガバチやフタモンアシナガバチをはじめとしてたくさんの巣が見られる。それらの巣を採ることは、子供でも比較的容易だから、中・高年の男性なら、子供の頃に大騒ぎしながら巣を叩き落とし、ころころした幼虫をつまみ出してそのまま食べた経験を持っている人が多いだろう。しかしながら、この仲間は幼虫が巣に見られるのは八月中旬頃までと限られているうえ、巣がスズメバチよりもはるかに小さいので、まとまった食材として利用されることはない。

2　ハチの子とは

蜂仔ぬく先ずは巣盤に見とれおり

伊佐治芳子

「ハチの子」と呼ばれるのは、いったい何か（図67）?。長野県諏訪市で製造されたハチの子（クロスズメバチ）の缶詰（一〇〇グラム缶）二個を購入し、その中味を調べた結果は表2のようであった。二缶とも幼虫の割合が六割を越え、残りはさまざまな発育段階の蛹で、どちらも働きバチとオスバチが多いが、大型の新女王バチも混じっている。

食材としてのハチの子は、六角形の個室の中にいて、繭を紡ぐ前の大型の幼虫と（図68）、白い繭の内部にいる蛹などを指す（図69）。巣の中の幼虫は、卵から孵化したばかりの一齢と呼ばれる小さいものから、カイコと同じように脱皮を繰り返しながら成長していく二、三、四、五齢までの五段階がある。このうち食用とするのは、クロスズメバチなどの小型種ではもっとも発育の進んだ五齢幼虫だけで、オオスズメバチなどの特大種では四齢の幼虫も食用とすることがある。一〜四齢の幼虫は、若齢と呼ばれ、小さくて取扱いに手間がかかるうえ、オオスズメバチなどの大型種でも水っぽくて味が劣る。五齢幼虫は、四齢から脱皮後、繭をつくるまでの七〜一五日間に、体重は四齢期の八〜一二倍に達する。

ただし、スズメバチやミツバチなどすべての社会性ハチ類では、幼虫の摂食期間中は肛門が開かずまったく脱糞をしない。だから、体重の約四分の一は中腸内に溜まっている不消化物で占められている。こうした排泄のやり方は昆虫のなかでも特殊な例であるが、消化管のできあがってきた過程と関わりがある。スズメバチ幼虫の消化管は前腸、中腸、後腸の三部で構成されている。発生学的には前腸と後腸は、それぞれ幼虫の体の前と後ろの部分が陥没してできあがったものである。ところが、消化と栄養の吸収をうけもつ中腸だ

図 67　シダクロスズメバチの大きな巣盤からハチの子を抜く（加藤義雄氏提供）

表 2　市販の国内産ハチの子缶詰の内容（クロスズメバチ 100 g 缶）

缶詰番号	幼虫		蛹			合計
	オス・働きバチ	新女王	働きバチ	オス	新女王	
No. 1	561 (61.6)	40 (4.4)	149 (16.4)	120 (13.2)	41 (4.5)	911 (100)
No. 2	544 (53.1)	121 (11.8)	146 (14.2)	142 (13.9)	72 (7.0)	1025 (100)

*　上の数字は個体数で，判定不能な体の破片を除く。（　）内の数字は割合（%）。
**　幼虫はすべて終齢幼虫で，オスと働きバチの区別は困難。
***　蛹は蛹化直前の前蛹，繭内で羽化して成虫になった軟弱な個体を含む。

けは、それとは別個に体内で袋状にできあがったのち、食道となる前腸とはすぐつながる。しかし、それらが直腸である後腸とつながって全体が一本の管となり、口から肛門までが貫通するのは、繭をつくったあとの蛹になる直前というわけである。

　十分に成熟した五齢幼虫は、成虫から餌をもらわなくなり、カイコと同じように口もとにある絹糸腺から白くて弾力のある絹糸を吐いて繭をつくる。幼虫は繭をつくり終えるとその中で初めて肛門が開き、腸内に溜まっていた幼虫時代の不消化物を育房の底に一気に排泄したのち、腹端でもちをこねるように円く押し固める。これは数日するとセメント状に固まるので、育房の底、すなわち巣盤の背面全体を堅く丈夫にする機能を持っている。

　繭の中のハチの子は、形や色の異なったいろいろな発育段階のものが見られる。それらは、形のうえからは老熟幼虫、前蛹、蛹、羽化直後の成虫という四段階に区別できる（図70）。老熟した幼虫には二タイプがある。繭

図 68　シダクロスズメバチの幼虫と繭（手前）

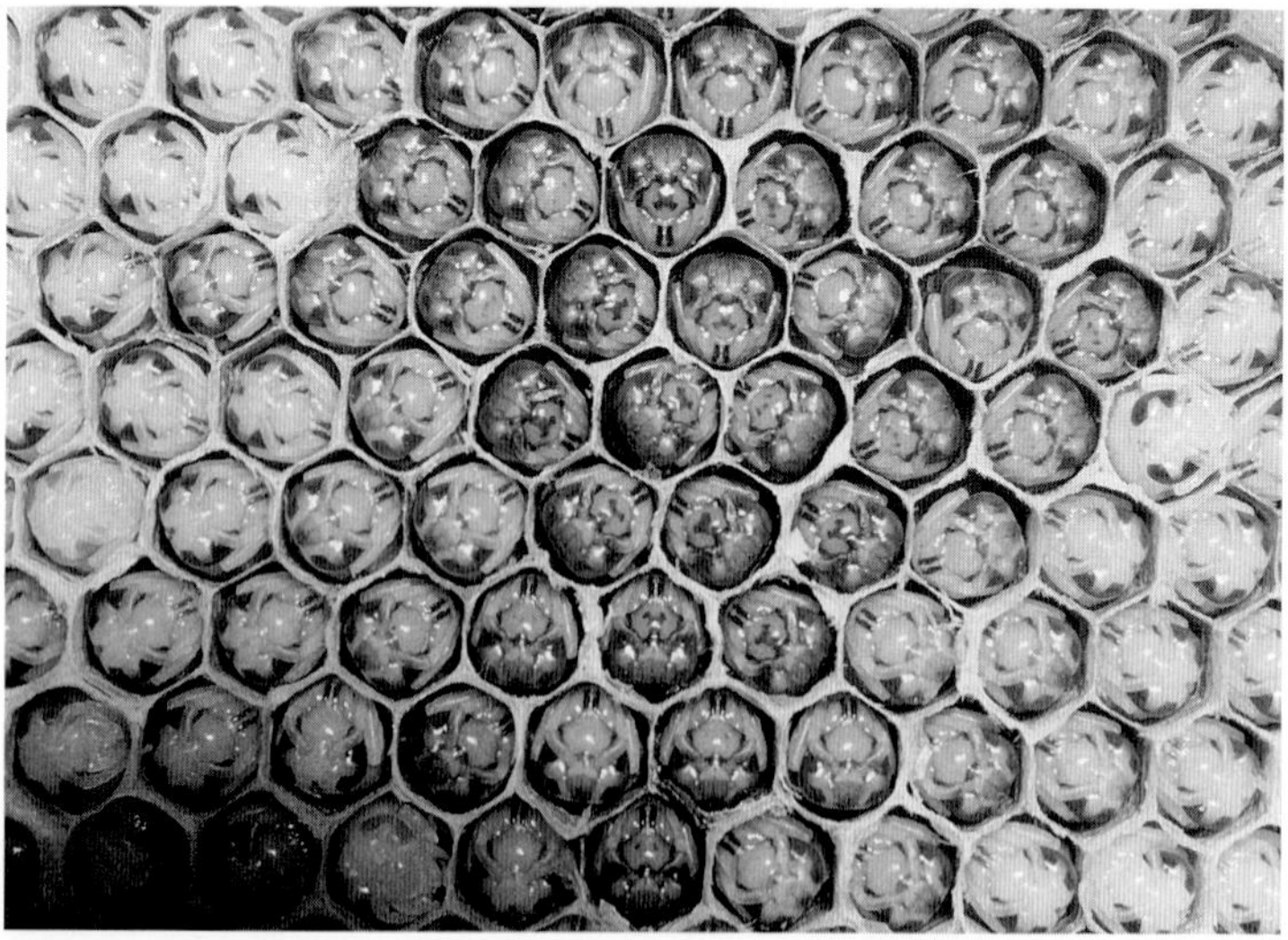

図 69　繭の蓋を取り除いたクロスズメバチの新女王バチの蛹の頭

をつむぎ終えたばかりの脱糞前の幼虫は青白くて、体の中央を芯のように固まった未消化物が棒状に貫いている。クロスズメバチのように体が小さくてやわらかな昆虫などの肉塊を食べている幼虫は、これをそのまま食べても気にならない。しかし、オオスズメバチのような大型のスズメバチでは、幼虫はコガネムシなどの甲虫の固い表皮をたくさん呑み込んでいるので、腸内の未消化物はザラザラとして文字通り砂を噛むような舌ざわりがする。

こうして繭の底に脱糞をすませた幼虫は、クリーム色を帯び、体は全体に丸みを持ち、まるで魚の白子のように弾力がある。この状態は昆虫の発育上は前蛹と呼ばれる。この状態のハチの子がもっとも美味とされるが、一つの巣から得られる「前蛹」状態のハチの子の数は少なく、食材として貴重品であり、最上級品として評価される。

前蛹は二〜三日後に幼虫時代の皮膚をすべて脱ぎ捨てて蛹になる。その体ははっきりと頭・胸・腹と三つにくびれ、それまで見られなかった六本の脚と小さな二対の翅を持つ。頭だけを見ても、糸のような細くて長い触角、大きな複眼と小さな三つの単眼、複雑な構造の口器など、細部にいたるまで成虫の姿と変わらないが、翅だけはカイコの蛹のようにまだ胸元に縮まってついている。蛹は発育に応じて、体色が次々と変わる。蛹化直後は白色で、羽化が近づくと毎日少しずつ種固有の色彩に着色され、それが進むほど表皮のキチン質は固くなっていく。

繭の内側では最後の劇的な変身として、蛹が頭を下向きにした逆立ちの宙吊り状態で、羽化に入る。丸くて平たい頭を柔らかい繭の内側に押しつけて体の安定を保ちながら、蛹の背中の中央にあるジッパーが一直線にひび割れると、セミやチョウと同じように、白いぶよぶよした成虫の姿が現れる。蛹時代の皮膚を頭部の方から尾端へと順に脱いでいき、最後に白い脱殻を育房の底にくしゃくしゃにして押し固める。

繭内で羽化した成虫は、水々しい柔らかな翅と自由に動く脚を持ち、未熟な状態のまま一〜二日間はじっとしている。そして、皮膚全体が固まり、大顎に繭をかみ破る力が備わると、ヒヨコが固い卵の殻を破って誕生するように、内側から繭に小さな穴をあける。それから数時間を要して少しずつかみ広げて、自分の体の太さと同じ大きさの穴にしたあと、すっぽりと繭か

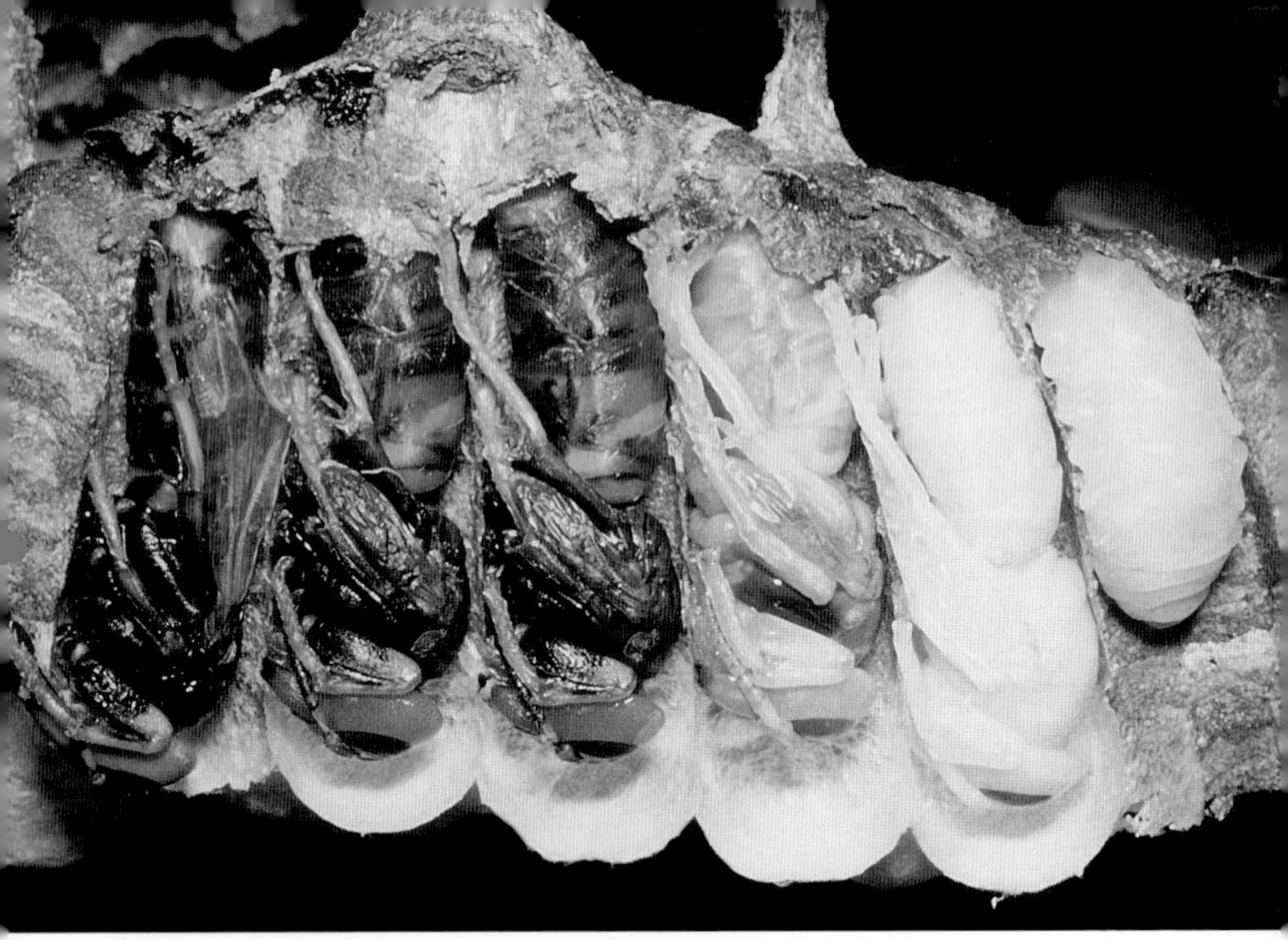

図 70　オオスズメバチのさまざまな発育段階の蛹と終齢幼虫（右端）

図 71　クロスズメバチの新女王バチの繭と羽化中のハチ

ら脱け出し、新成虫の誕生となる（図71）。

こうして巣の中には常にさまざまなハチの子が見られるが、食材としては季節的な食べ物であり、秋になって穀類の収穫を終えた頃、ハチの子も食べ頃となる。山里の人々は、こうした栄養価の高い食物を摂って、きたるべき冬への体力をつけていたのだろう。それでは、なぜハチの子は秋にならないと入手できないのだろうか。これは、スズメバチの生活史と深く関わっている。春たった一匹の女王バチによってつくられた巣は、初夏に働きバチが羽化してその数が増えていき、秋になって働きバチの数がピークに達した時に、はじめて次の世代を担う新女王バチとオスバチの幼虫が、下段の数巣盤で育てられる。その頃の巣内のハチの子は、食材として量的にもまとまったものが得られるばかりではない。新女王バチの幼虫は、働きバチやオスバチのそれに比べて、ひときわ大きな体をしており、体重も三倍以上あるうえ、腹の中には越冬中の栄養分となる多量の脂肪を貯えている。越冬しない働きバチやオスバチでは脂肪はほとんどないか、ごくわずかである。

これは食材としての評価のうえで重要な特性で、「旬」の状態、つまり魚でいえば産卵前の脂ののったもっとも美味な状態にあたる。同じハチの子でも、真夏に採った巣では脂肪分のない働きバチの幼虫や蛹ばかりであるから、けっして「旬」の味とはいえない。旬の味は季節と結びついたものであり、秋に食卓にのぼるハチの子は、ハチ食文化を持つ人々の生活の中に季節感とともに深く入り込んでいる。本当においしいものは旬の食材であるとよくいわれる。その季節を待ちわびる山村の人々と、伝統的なハチの子料理をつくる人の真心がこもっているから、料理のおいしさがこみあげてくるのであろう。

3 ハチの子の栄養と幼虫の栄養液

ハチといえども動物である以上、いろいろな栄養を必要とする。親バチが巣の外から集めてくるさまざまな食物は、その多くが幼虫のためのものである。育ち盛りの幼虫は、蛋白質、炭水化物、脂質、微量栄養素、ビタミンなど、ヒトにとって必要な栄養分と同じようなものを、体に取り入れ成長する。またハチも含めた昆虫の幼虫や蛹の血液中には遊離アミノ酸と呼ばれる蛋白質が、ヒトに比べて五〇〜一〇〇倍も多く含まれているし、生体活動を調節する機能性アミノ酸もタウリンをはじめ多種類が知られている。

クロスズメバチとオオスズメバチについて、それぞれ幼虫と成虫の体成分を分析し、蛋白質、炭水化物、脂質、灰分などの主要成分の割合について、三重大学人文学部の野中健一さんの調査された未発表の資料がある（表3）。

これによれば、両種の幼虫・成虫とも、蛋白質の割合が、約三〇〜七四％ともっとも高く、次いで脂質または炭水化物がほぼ同率となっている。クロスズメバチとオオスズメバチで、蛋白質をはじめとするすべての栄養素の割合が幼虫と成虫で逆転しており、たとえば脂質ではクロスズメバチの場合、幼虫約二九％に対し成虫は一九％であるが、オオスズメバチは幼虫八％に対して成虫二三％となっている。これは、分析に用いた幼虫や成虫が働きバチ・オスバチであるか女王バチであるかによって、体内に貯蔵されている脂質含量が著しく異なるためである。残念ながら供試材料はそれが明らかでないが、数値から判断すると、クロスズメバチでは、幼虫は新女王バチ、成虫は働きバチ（またはオスバチ）を、またオオスズメバチでは幼虫はオスバチ（または働きバチ）、成虫は新女王バチであったと推定される。

ハチの子（クロスズメバチ）の缶詰の中の栄養成分に関しては『日本食品標準分析表』（科学技術庁編）

表3　ハチの子の栄養成分の割合（%）

種類	発育態	状態	蛋白質	炭水化物	脂質	灰分	水分
クロスズメバチ	幼虫	生	29.4	28.5	29.2	2.5	10.4
	成虫	生	50.5	17.2	18.5	7.1	6.7
オオスズメバチ	幼虫	生	73.5	9.0	8.3	4.2	5.0
	成虫	生	44.7	14.8	23.3	2.5	14.7
	幼虫・成虫	煮付	34.5	30.9	16.1	7.9	10.6
イナゴ	成虫	甘露煮	31.1	45.2	5.1	5.1	13.5

＊ 資料提供は野中健一氏。

という七〇〇ページを越える分厚い資料の中に、分析結果が示されている。それによると、牛、豚などの肉に比べると、ビタミン群が豊かで、とくにビタミンA類は四〇倍以上、ビタミンB_2は六倍以上も含まれている。ナイアシンやビタミンB_1はそれらより少ないが、鶏肉に比べると多い。蛋白質、脂質やカルシウム、リン、鉄、カリウムなどの無機物なども、牛、豚、鶏などの肉に匹敵するか、より多い。また、缶詰を材料に分析している関係から、味付けに使っている砂糖や醤油の影響で、糖質やナトリウムの値が高くなっている。

さらに、スズメバチの幼虫に関しては、栄養的に見て興味深い現象がある。それは幼虫は成虫との間に「栄養交換」と呼ばれる相互の食物依存システムを発達させていることである。老熟した幼虫は働きバチから餌をもらうだけでなく（図72）、それらの食物を体内でいったん消化したのち、その一部を透明な栄養液として貯え、成虫の要求に応じて口もとからこぼれるばかりに反吐する（図73）。この液体が女王バチや働きバチ、それに営巣後期に羽化してくる新女王バチやオスバチのもっとも重要な食物となっている。この栄養液は主成分として糖分五〜一〇%、蛋白質一・三〜二・〇%を含むが、これは人乳の糖分約七%、蛋白質一・五%とよく似た栄養価である。糖分としてはグルコース、フラクトース、シュークローズ、マルトース、トレハロースなど、また蛋白質では一七種のアミノ酸を主とする成分がバランスよく含まれている。幼

図 72　幼虫に食物を与えるオオスズメバチの働きバチ

図 73　幼虫から栄養液を受け取るクロスズメバチの働きバチ

虫が分泌するこの液体は、成虫だけでなくヒトも含めた動物にとって、体内の脂質をエネルギー源として利用する代謝系を活性化する作用があり、筋肉の疲労物質となる血中の乳酸と血糖値の濃度を著しく低く抑えることが明らかになっている（阿部、一九九五）。

だから働きバチにとっては、野外で餌集めなどのため数キロメートルの距離を休みなしに飛ぶパワーの秘密とみなされる。こうしたスズメバチ幼虫の持つ機能に注目して、日本のある乳業会社はその唾液と同じアミノ酸組成を持つ人工唾液をつくり、スズメバチサイエンス飲料として売り出している。オリンピックのマラソン選手で、アトランタ大会の有森裕子選手やシドニー大会の高橋尚子選手などのそうそうたるメダリストたちが、これを愛用しているという報道を憶えている人もいるだろう。

女王バチと働きバチはたえず幼虫を訪れては、その口もとを軽く噛んで、栄養液の分泌をうながす。女王バチはそれを産卵などのための栄養物として、また働きバチは巣の内外での活動のエネルギー源として利用しているのである。それらの栄養液は、幼虫の体内に網の目のようにはりめぐらされた左右一対の唾液腺でつくられ、体内の太い管の中に貯えられている。そして、働きバチが巣の外から運んでくる肉団子やアブラムシの甘露蜜など、幼虫に与える餌の量が豊富な時は、成虫の要求に応じていつでも吐き戻すことができる。しかし、働きバチからもらう餌の量が少なくなると、その分泌量も急激に減って、成虫の要求に応じられなくなる。だから、スズメバチの社会では、働きバチが幼虫に餌を与えるというのは、相手の幼虫のみならず働きバチ自身の餌も確保し、貯食しておくという意味がある。幼虫は自分自身の成長に必要な栄養素ばかりか、成虫のエネルギー源までも体内で生産し貯えている。だから、ハチの子は他の昆虫食材、たとえばイナゴやカイコなどに比べても高い栄養価を持つといえる。

一方、社会性ハチ類でも、ミツバチの幼虫ではこうした唾液腺はほとんど見られず、幼虫の方から成虫へ栄養物を与えるということはけっしてない。ミツバチでは、女王バチの食物は働きバチが分泌したローヤルゼリーを口移しに受け取り、働きバチの方は蜂蜜を活動エネルギー源としている。スズメバチとミツバチでは成虫の栄養源の供給元はまったく異なるのである。

ところでハチの子が美味しくて栄養があるといっても、一度にたくさん食べると体に変調をきたすことがある。かつて私の研究室で、調査用に採取したオオスズメバチの巣に動めく大きな幼虫を見て、学生たちがハチの子を食べてみたいといい出した。そこで、調べ終ったあと、幼虫や蛹のびっしりとつまった直径五〇センチほどの巣盤数個を、好きなように調理してごらんといって渡したことがある。長野や岐阜の出身者で、スズメバチ食の経験のある学生を中心に、数名で早速ハチの子を大鍋一杯も取り出し、それらをさっと油で炒めてから砂糖と醤油を使って自分達で味付けをした。できあがった幼虫や蛹の油炒めをめいめいがドンブリ一杯ほど食べたのち、一人が鼻血を出して卒倒し、病院にかつぎ込まれたのである。ハチの子がいかにおいしくとも、一般の家庭ではドンブリ一杯もの量を一度に食べることはありえない。しかし、滅多に手に入らない貴重な食材が目の前に山盛りにあって、好きなだけ食べてもよいといわれれば、ふだん空腹気味の学生ならずとも、飽食したいと思うのは当然のことかも知れない。私もそれ以後は、ハチの子は大食いをしないように、学生に注意をすることにしている。

1　クロスズメバチの働きバチ羽化直前の女王バチの巣

2　同じ巣の巣内の状態と女王バチ

3　クロスズメバチの働きバチの羽化後の巣

4　地表に開いたクロスズメバチの巣の出入り口

5　土中のクロスズメバチの外皮を剥いだ状態の巣

7　クロスズメバチの巣盤の一部

6　クロスズメバチの新女王バチの老熟幼虫と繭

8　離巣間近いクロスズメバチの新女王バチ(右)。左２頭は働きバチ

9　餌付用のコオロギを肉団子にするシダクロスズメバチ

10　クロススズメバチのソフトボール大の巣を掘り出して，飼育のため移巣箱に移す

11　杉皮の巣材をくわえて細長く引き延ばしているシダクロスズメバチ

12　掘り出されたシダクロスズメバチの土中の巣

13　川魚を肉団子にするシダクロスズメバチ。体に付いている黄粉はチャの花粉

15　シダクロスズメバチの巣を掘り出したトリコ

14　アオムシを狩るシダクロスズメバチ

16　キオビクロスズメバチの巣内。女王（中央）と働きバチ

18　秋のオオスズメバチの巣の出入り口のにぎわいと土中から運び出された土砂

17　コガネムシを肉団子にするオオスズメバチ

19　オオスズメバチの土中の巣

20　オオスズメバチの繭と黄色の頭をもつ老熟幼虫

21　幼虫に与える肉団子をかみくだくオオスズメバチの働きバチ

23　軒下のキイロスズメバチの巣。巣口は上部にある（夜間の状態）

22　土中から掘り出したオオスズメバチの巣

24　キイロスズメバチの巣の内部

25　韓国から半加工状態（塩漬け）で輸入されたクロスズメバチ類のハチの子。大型の幼虫は新女王バチ。黒っぽいのは蛹で，オスバチと新女王バチ。

26　巣単位でひとまとめにして卸売りされているオオスズメバチの巣（岐阜県中津川市）

27　庭先で空樽を利用して飼われているクロスズメバチ。上部に入り口がある（長野県立科町）

28　クロスズメバチのハチの子飯（愛知県豊田市）

29　クロスズメバチのハチの子の煮付け（左）を山採りのフキ（右）とともに味わう（岐阜県山岡町）

30　皿に盛られたハチの子の押しずし。手前はオオスズメバチ，奥はクロスズメバチ（愛知県瀬戸市三宅亭）

31　串焼きにしたオオスズメバチの幼虫・蛹とギンナン（愛知県瀬戸市三宅亭）

32　スズメバチ類のハチの子料理 10 品（愛知県瀬戸市三宅亭，1997 年）

33　山で生捕りにしてきたツマアカスズメバチの巣を庭のマツにくくりつけて飼う（中国・雲南省）

35　巨大なウンナンオオスズメバチの巣を売る露天市場の商人（中国・雲南省昆明市，10 月）

34　各種のスズメバチの巣を売る露天市場の商人（中国・雲南省昆明市，10月）

37　スズメバチ商人が巣の運搬に使う竹籠（中国・雲南省，10 月）と山盛りのウンナンオオスズメバチの巣（約 30 kg）

36　農村ではさまざまな民族衣装の女性が，夫の採集したスズメバチの巣を露天市場で売っている（中国・雲南省）

38　食堂で仕入れたスズメバチの巣から羽化したハチを地酒の瓶に漬ける（中国・雲南省）

39　各種スズメバチの成虫を地酒に漬けて民間薬として売る（中国・雲南省）

40　中国・雲南省イ族のスズメバチ（働きバチ）の幼虫・蛹と唐辛子の油炒め料理

4　なぜスズメバチ食か

出奔の日ぞ遙かなる
伊那谷に地酒ほめつつ蜂の子を食う
飯田市・熊谷茂雄

農耕民族として日本人をながめる時、住みついた地域の自然から得られる利用可能な食物資源は、植物、動物を問わずできるかぎり採取し、その季節に対応してより好みせずになんでも利用してきたといってよい。そうしなければ食生活そのものが不安定で成り立たなかったであろう。とくに、海に囲まれたわが国では、海に近い人々は海の幸に恵まれ、古代から魚介類はもっとも入手しやすい動物性の蛋白源として重要な役割を果たしてきた。たとえば、海の生産物として、クジラ、サメなどの巨大なものから、アサリ、エビ、ウニ、ナマコ、ホヤなどにいたるまで、特異な形態も、また動物の分類上の地位もまったく問わない。西欧人の多くが食べないイカ、タコも好物であるし、日本人独自の刺身などの生食とともに、塩辛、干物などに加工して保存食とする。また、多種の海草も多彩な調理と利用が見られるが、西欧人の食卓のメニューにはほとんど登場しない。これは西欧人が日本人のような海洋民ではなく、牧畜民であることと深く関わっているのだろう。牧畜に依存した食では、飼育している家畜が動物性蛋白のすべてということになるから、おのずと対象とする食の範囲は狭くなってしまう。

一方まわりを山に囲まれた地域では、植物資源は多様であっても、動物性の食物は種類も量も少ない。川や池の魚類や貝などの水産資源は限られているし、鳥獣などの肉類もそれほど容易には手に入らなかったであろう。今日のように交通手段の発達していない時代には、身近に得られる昆虫は、自然が提供する動物性蛋白源として、食生活の一部に当然加わっていたと考えられる。今日でも長野県に見られる伝統的な昆虫食、イナゴ、ザザムシそしてハチの子などはその名残りで、かつての日本人のもっとも自然な生き方を伝えるものではなかろうか。これらの地域では、昆虫食はけっしてゲテ物食いではなく、魚や貝に代わる動物性蛋白源としての価値を持っているのである。

昆虫を食物として利用する場合、種類はたしかに多いが、体が小さくて、敏捷なものも多く、まとめて捕えるには種類が限られてしまう。イナゴなどのように単独生活しているものが大部分なので、食べるに必要な量を集めることはなかなか面倒である。その点、大きな巣をつくるスズメバチは、ひとつの巣だけで幼虫や蛹を数百グラムから数キログラムも擁しているので(図74)、量的にも申し分がないうえ、栄養価もある。ただ、毒針という強力な武器を持っているので、だれでも簡単に巣を採るわけにはいかなかったであろう。

現在日本のスズメバチ食は、長野県、岐阜県東濃、愛知県奥三河という互いに隣接しながら高い山々に囲まれた中部地方と、そこから遠く離れた九州の中部山間の二地域に残った伝統的な郷土食として、受け継がれている。中部地方の場合、ジバチ、スガレ、ヘボとハチの方言名は異なり、調理法などでそれぞれ独自の地域差を持ちながら、巣の採取技術やその後の飼育法

図 74　巣盤から取り出されたクロスズメバチのハチの子

などにおいては、共通する要素を持っている。これは、この地域が険しい山路でつながっていても、昔から相互の往来があり、ひとつの食文化圏を形成していたのである。

ハチの子と呼ばれる幼虫や蛹のその姿は、ハチ食を知らない人にとっては嫌悪感さえ持つものだが、伝統的なハチ食文化の中で育った人にとっては、逆にそれが郷愁となる。ハチの子は栄養に富んだ食材としての価値だけにとどまらない。人々は幼い頃から慣れ親しんできたハチの子の味覚を確かめながら、ハチを夢中で追いかけた故郷の山野の自然情景や出奔の日を思い出し、懐かしい味が全身に蘇るのである。

一方でハチの幼虫といえば、その形や動きがそっくりのハエなどの幼虫であるウジ虫を思い出して気持ちが悪いという大人も多い。これは、水洗便所が普及する以前に各家庭などで一般的であった汲み取り式便所の便槽や、戸外のごみ捨て箱に群がっていたハエやアブの幼虫を想い浮かべる世代である。それはウジ虫そのものよりも、その生息場所と一体になった連想が不潔感、不快感に結びつくのであろう。

またスズメバチ食も含めて、昆虫を食べることが一般の人に受け入れ難い最大の理由は、身近に目に付く昆虫の多くが、現在では不快昆虫として嫌悪感を持たれていることと関わりがあるのではなかろうか。台所でゴキブリが現れれば家人総出で大騒ぎとなるし、ハエ、カ、ノミ、シラミなどの衛生害虫は、誰しも見つけしだい殺さなければ気がすまない。また、軒下に巣をつくったアシナガバチやスズメバチは、新聞などでハチに刺されて死亡したという記事や、遠足の児童がハチの集団に追いかけられて大勢が入院したなどというマスコミの報道を思い浮かべ、刺症害虫という恐怖感が先にたってしまうのである。

5　商品としてのハチの子

スズメバチ食の中でも主流ともいうべきクロスズメバチの食文化の歴史で、食材としての商品化およびその継承と発展に貢献した特筆すべき事柄がいくつかある。それは、年代順にいうと(1)一九一〇（明治四八）年の長野県佐久におけるハチの子の缶詰製造の始まり、(2)一九二〇年代の栃木県那須地方におけるトリコの発生、(3)一九八八年以降の韓国、ひき続いてニュージーランドなどからの外国産のハチの子の輸入の三件である。

とくにハチの子の缶詰化は、クロスズメバチ食文化の革命といってよい。これによって、郷土食としてのハチの子は商品化された食材としての道を歩むこととなり、当時より昆虫食でも独自の地歩を固めたのである。加熱・封缶による殺菌と幼虫蛋白の凝固によって保存性や輸送・取扱いの便利性などが備わり、それまで季節的に限られていた食材の周年供給が可能となり、味付け済みによる調理の簡略化が進んで、生巣のハチの子とは異なる特色を持った商品として、都市でも流通するようになった。

一方、クロスズメバチにとって、缶詰業の勃興は受難の幕開けであった。市場で高価に取引される巣は、地元やその近辺はもとより全国的な規模で採取されるようになった。それまでこの仲間の自然界における最大の天敵として君臨してきた猛禽のハチクマや虫界のギャング集団であるオオスズメバチに代わり、ヒトがもっとも恐ろしい天敵となったのである。ハチクマやオオスズメバチはいったんクロスズメバチの巣を発見すると、すべてのハチの子がなくなるまで同じ巣を訪れる。それらは自分たちの巣で待っている子供の餌となるが、必要とする以上の巣を襲うことはない。

ヒトもかつては自分たちが食べるだけの巣を採り、あとは見つけても野山に放置して必要があればまた巣を掘っていた。利用しないままに終わった巣もたくさんあったことだろう。また、ハチは刺症害虫であるから、刺されるのが嫌な人は、巣を採取せずに食べるだけという場合もあるだろう。ハチ食文化のある地方でも、すべての人達が、ハチの子を自分達の食材として採取したり利用するわけではない。

ところが、ハチの子が缶詰材料となることによって、ハチの巣の商品的価値が高まり、高値で売買されるようになると、資源としての価値は一変した。ハチの子を食べる者ばかりでなく、それまでハチの子に見向きもしなかった者にとっても、所有権のない山野のハチの巣は、商品としての価値を持つようになった。人々はこぞって巣を探し出し、換金化するようになったのは当然であろう。その中で、巣の採取に長じた者はそれを生業とする場合もあっただろうし、有利な副業として巣の発見に精を出す人も多くなる。それまで、刺されるのが嫌でハチには手を出さなかった人でさえ、多少の犠牲は覚悟のうえで採取技術を覚えることもあっただろう。

自然界の産物が、あるとき突然に商品価値を持つようになり、それまで無関心であった人々がその採取に狂奔するという事態は、今日では世界各地で頻繁に起こっている。たとえば、日本人が珍重するマツタケは、他の国ではほとんど食材としての価値はなかった。一九七〇年代後半に、日本ではマツタケが庶民にとっては、その匂いもかぐことができないほどに生産量が減少した。その頃、はるか北アフリカのチュニジアの赤松林で、日本の商社の現地駐在員が、色も香りもそっくりのセイヨウマツタケが群生しているのを発見した。その後の経過はよく知られている通りで、日本の商社によってマツタケの買付け競争が始まり、現地では思わぬ現金収入となってマツタケ長者が続出した。

しかし、商社にも現地の人々にも資源管理という発想がなかったため、ほどなくこの地域のマツタケは乱獲によって姿を消してしまったのである。その後も、マツタケは色・形は同じでも香りの乏しい韓国・中国産はもとより、香りだけはそっくりでもカナダやアメリカ北西部産の白いアメリカマツタケまでも大量に輸入されるようになった。おそらく、これらの国々においてもチュニジアと同じことが繰り返されることであろう。

缶詰材料としてのクロスズメバチも、今日では、韓国、ニュージーランド、中国などそれらを食用としない国から大量に輸入されている。こうした自然界の産物は、たとえ食文化の違いから、その国の人々にとって資源的価値が乏しいものであっても、野にある資源の回復が無理という状態にまで収奪するということは問題があろう。生物的な資源は、石油などの鉱物資源とは異なり、ある程度の回復力は持っているとはいえやはり限界があるからである。

こうしてハチの子は他の多くの食材と同様に、外国からの輸入品が大きな割合を占めるようになっている。外国産のハチの子の輸入は、それまで高価格に推移していた国内産のハチの子価格の低落化と価格の安定にも影響し、とくに加工用の原材料として供給が安定するようになった。外国産のクロスズメバチ類は日本産とは別種であっても、甘露煮などの加工専用なので、生きたハチの子がつまった生巣とは異なった商品となっている。

食材としてのハチの子は、缶詰または瓶詰として醤油や砂糖で味付けされたある程度調理済みのものと、生巣として生きたまま巣の中に入っている幼虫や蛹の二タイプがあり、用途に応じて使い分けられている。

また、日本のハチの子食はその料理内容の多彩さにおいて、他の昆虫食には類を見ないものであり、こうした例は世界中の昆虫食の中でも珍しい。これは食材としてハチの子をながめた場合、単なる珍味や嗜好品にとどまらず、日本料理の素材としても優れたものであることを示している。それはこくのある脂肪や独得の旨味をもつアミノ酸の組成、他の食用昆虫ほど表皮のキチン質が食感として苦にならないなどといった味覚の良さがある。

6 ハチ食文化の二極化

一方で、日本のスズメバチ食文化は全国的なレベルでは衰退または消滅が著しい。かつては、「山に近ければ山を食い、海に近ければ海を食う」という自分の身の回りで採れる産物が食文化の中心であった。ところが、一九六〇年代以降の急速な経済成長によって、交通・輸送手段の発達、冷凍食品と冷蔵庫の普及による保存革命、テレビなどのマスコミの食情報の氾濫、外国からの多種類の安価な食料品の輸入など、時代の大きな潮流は、全国的な食の共通化を推し進め、日本人の食生活はすっかり変わってしまった。

食材としてのハチの子に関心が高く、多彩なハチ食文化を伝えていた中部地方と九州の一部地域以外には、全国的にハチ食は急速にメニューから落ちてしまったのである。これには、農林業人口の激減、ハチの生息する自然環境の悪化による減少、刺症害虫として巣を採取する際の危険性の認識の高まり、など他のさまざまな要因も関わっていることだろう。

こうして、日本ではスズメバチ食は全国的には衰退化をたどりながら、一方で郷土食として、一般の家庭料理ばかりでなく料理旅館などの高級料理においても、さらに多彩な調理法の工夫がなされている地域があり、両極化が起こっている。

　個人の食に対する願望は、単に空腹を満たすという生理的な欲求段階では、食用になるものならば手近に得られるものをあまり選ばずに口にする。しかし、適当な充足が行なわれると、やがて美味なものを高い代価を払ってでも選び求めるという美食願望へ転ずる。日本における最近のテレビなどで、美食珍食を紹介した番組が隆盛を極めているのもそうした時代を繁栄しているのであろう。

　一方で、郷土食とされている伝統的な食べ物がある。特別な高級食や珍味ではないが、ながめただけで郷土を彷彿とさせるなつかしい食べ物であり、その味、その匂い、つくった人の真心、それにまつわる思い出が、ふつふつとよみがえってくる。スズメバチ食というのは、それらを兼ね備えた不思議な魅力を持っているといえるだろう。

V

外国のハチの子食

ハチの子を食べる習慣は東南アジアに広く見られ、
とくに中国の雲南省からタイに連なる山岳地帯では、少数民族を中心にスズメバチ食が盛んである。
これらの国の市場では、巣に入った状態の生きたハチの子が高価に取引され、
その料理も一般家庭だけでなく、食堂やレストランのメニューとしてごく普通に見られる。
仕入れ先の産地では飼育も行なわれており、日本を遙かに凌ぐ世界最大のスズメバチ消費地となっている。
東南アジアは、スズメバチ類の中でも体が大きくて大型の巣をつくるスズメバチ属の宝庫で、
古くからヒトがそれらを食用としてきたと考えられるので、
スズメバチにとって、ヒトは重要な天敵となっている地域も少なくない。
また国や民族によっては在来種のミツバチの蛹も好まれる。
ここでは、中国、台湾、タイ、ラオス、ミャンマー、ブータンなどの、
東南アジアのスズメバチ食文化圏の現状、
それにインドネシアなどにおけるミツバチも含めたハチの子食についてながめてみよう。

1　中国、世界最大の消費地雲南省を中心に

古代のスズメバチ食

この国にはスズメバチ食に関する世界最古の記録が存在する。『中国昆虫学史』（鄒、一九八一）には「食用昆虫」の一節が設けられ、古代から現代にいたる中国各地の昆虫食の歴史が述べられている。

それによると、古代の中国周代の帝王食について述べられている『礼記』・『内則』には牛修（干し牛肉）で始まる一節の中に「爵、鷃、蜩、範」という四種の動物が登場する。「爵」と「鷃」は鳥類で、「蜩」と「範（范）」は昆虫であり、「蜩」は「蝉（セミ）」、「範」は「蜂」すなわちハチのことである。『内則』には、周代帝王が食用とした一二〇品目のうち五七品が記録されているが、その中に蚳、蜩、範（蟻、蝉、蜂）の三種の昆虫が含まれている。『礼記』・『内則』の正確な年代は確定できないが、これら三種の昆虫が、泰代以前の帝王の食品とされていたのは確かであると述べ、さらに、これらの昆虫を食用とする習慣は、その後も中国の各地、各民族においてずっと守られてきたという。

同じような記述は、周堯によって出版された『中国昆虫学史』（周、一九八八）にも引用されており、紀元前一二世紀の書籍にセミ、ハチの子、アリの子などの昆虫が食用とされていたとしている。その例として、上記の『礼記』・『内則』とともに、『尓雅注』には「土蜂啖其子、木蜂、亦啖其子」とあり、土中や木の枝に営巣する大型スズメバチの子を食べると記され、巻末の参考文献では、『尓雅』は紀元前五〜二世紀、『礼記』は紀元前三世紀の書物として示されている。歴代の文献でも、食用昆虫としてアリ、セミ、ハチなどが取り上げられ、各時代において、君子、貴人だけでなく、一般の人々にも利用された例が紹介され

ている。たとえば唐昭宗時代の劉恂（八七七）の書いた『嶺表録異』巻下では、次のような記載がある。

「劉恂がかつて安徽省宣歙に行った時、地元の人で蜂の子を好んで食べる人達に出会った。蜂の子は蚕の蛹のような形で白い。土地の人が蜂の子を採取する方法は次のようである。すなわち大蜂は山林間に巣を作る。その大きさは巨鐘のようで、中は数百もの層（巣盤）からできている。地元の人は巣を取る時に、まず草で体を包み、毒針で刺されるのを防ぐ。そして煙で親蜂を追い出す作業を繰り返したあとで、崖や木に上り、蜂の巣の根元の部分から切り取る。一個の巣から得られる蜂の子は五～六斗（一斗＝一八リットル）から一石（一石＝一〇斗）もある。それらを塩で炒めて干し、地方の物産として京洛（洛陽の別名）に送る。しかしながら採集時に巣内にあった蜂の子は、約三分の一が羽化してしまい、それらには翅や脚があるので食用にならない」とある。蘇頌（一〇一八）は『図経本草』にこの記載を引用し、このハチをスズメバチの一種「大黄蜂」であるとみなし、「これらのハチは樹上に巣をつくり、ウリ類の皮のように外被で巣房を覆う」といっている。

日本で出版された『中国の食文化』（周、一九八九）には、雲南省の小数民族であるタイ族の昆虫食に関して、中国の民俗学者江応梁による研究を紹介している。それは、交通手段が今日に比べてほとんどないに等しかった時に、現地へでかけて調査されたもので、『傣《タイ》族史』として一九八三年に刊行された。それには「土蜂、黄腰蜂、草蜂、白脚蜂、黒蜂、葫蘆蜂など、どんなハチの蛹も食べられる。蛹は油で炒めて食べる」とある。これらの中国名のハチ類は、中国の本草書ではスズメバチ類やアシナガバチ類などの集団生活をする社会性ハチ類を指しており、「どんなハチの蛹も食べられる」とはあるが、実際には中国に産する数万種のハチのうちのスズメバチとアシナガバチというごく限られたグループの各種を指す。

周達生さんによれば、調査は江応梁氏の若い頃に行なわれたもので、「特殊食品」の部分に並べられているハチ食や他の昆虫食も、「今日的にはあまり頼りにできるものであるとはいえない」と述べている。周氏はまた「中国における昆虫食は、文献資料に現れるところは僅少で、自ら調査しないことには、現状を知ることはたいへん困難であるといえるだろう」としている。

また、同じ筆者による『食文化から見た東アジア』（周、一九八八）の中では、雲南省西双版納《シーサンバンナ》のタイ族自治州のタイ族や、貴州省黔東南ミャオ族トン族自治州などでは、小型種のクロスズメバチ属の幼虫や蛹を油で揚げて食べているという。しかしながら、この地域に豊富にいる大型スズメバチの食用については触れられておらず、最近の事情がどうなっているのか、中国の人々にとってさえ明らかでなかった。

雲南でスズメバチ食を体験した日本人

中国雲南省は、ミャンマー、ラオス、ベトナムと国境を接した山岳地帯で、世界的な動植物の宝庫として知られている。この地域は、スズメバチも種類、個体数ともに豊富で、とくに大型のスズメバチ属一四種が生息し、最大型種のオオスズメバチグループから最小種オウゴンスズメバチまで、また本属中では唯一の夜行性の大型種クラヤミスズメバチも分布している（松浦・山根、一九八四）。この地域には二五族の少数民族が生活しているが、ごく最近まで中国人さえも容易に入境できなかった秘境である。省都昆明市を中心とした一帯は年中春のような気候で春城と呼ばれ、緯度は沖縄とほぼ同じであるが、標高は一九〇〇メートル前後の高原となっている。

一九九〇年代になって、日本の昆虫学者でこの地域へ出かけ、自らスズメバチ料理を体験してきた人が現れた。元農林省果樹試験場長の梅谷献二博士は『虫の民俗誌』や『虫の博物誌』などたくさんの昆虫に関する著書があるが、一九九六年一一月中、下旬に雲南省南部の西双版納《シーサバンナ》を訪れた折、景洪市の夜市で売られていたスズメバチ（図75）を見つけて試食し、それらの一部をアルコール漬けにして、私のもとに同定のために送ってこられた。現地の市場では、スズメバチの巣から取り出されたばかりの生きたままの終齢幼虫、前蛹、蛹、羽化直後の成虫が、皿に三〇〜四〇匹ずつ盛られて売買されており（図76）、値段は三〇元（当時の日本円で四〇〇円）内外で、同じ市場内で売られていた牛や豚などの肉類よりも高価だったという。

夜市で売られていたスズメバチは二種類で、大きい方がスズメバチでも世界最大種のウンナンオオスズメバチであった。このスズメバチは日本に分布している

図 75　中国・雲南省景洪市内の露店で売られているスズメバチの巣（左：ヒメスズメバチ，右：ウンナンオオスズメバチ）（梅谷献二氏提供）

図 76　巣から取り出されたウンナンオオスズメバチのオスの幼虫と蛹（梅谷献二氏提供）

オオスズメバチに近縁で、腹部は全体に漆のような黒い光沢を放ってなかなかに凄味があり、この地域の特産種である。他の一種も、スズメバチとしては大型種に属するヒメスズメバチで、この種は日本にも分布するが、雲南ではとくに体が大きく立派である。

梅谷さんが持ち帰った二種のハチの子は、いずれも新女王バチとオスバチであった。ウンナンオオスズメバチの場合、新女王バチの蛹や羽化直後の成虫は体長四・五センチほどで、人の親指ほどの太さがある。ヒメスズメバチも新女王バチの蛹の体長は四・〇センチあり、どちらも重さでいえば日本のクロスズメバチの二〇倍以上ある。こんな大きなハチの子を口にほおばった時は、嚙みごたえ、食べごたえの食感はクロスズメバチなどの小型種とはかなり異なったことだろう。

これらのハチが市場に出回っていた一一月中、下旬という時期は、日本でもオオスズメバチの巣内では新女王バチやオスバチが育てられている。中国南部の熱帯〜亜熱帯圏に属するこの地方の市場で、一年性の生活史を持つスズメバチの新女王バチやオスバチが売られていたことは、温帯とほぼ同時期にこれらのスズメバチの巣が最大に発達し、ハチの子がもっとも多くなる営巣後期に、巣ごと捕獲されたものであることを示している。

梅谷さんは上記の旅行の際に、同省の省都昆明市内の中華料理店にも立ち寄って、そこでもメニューの中にスズメバチを見つけている。それはスズメバチの蛹を油で揚げたもので、一皿三〇元であったという。そこで、すぐその料理を注文して試食したうえで、このスズメバチ料理も一部を日本に持ち帰り、私に送ってこられた。

それらは上記のウンナンオオスズメバチやヒメスズメバチほどは大きくないが、いずれも体長二・五〜三センチの三匹の中型種で、調理に用いた油が体全体に浸み込んでいて、斑紋が不明瞭であった。そこで、体を覆っている油をていねいにふきとってみたところ、三匹ともまったく違った斑紋が浮びあがってきた。いずれも羽化直後の個体で、体が硬化しておらず、翅もまだ充分に伸びていないことから、繭内にいた羽化直後の成虫を繭を破って抜き出し、それを油で揚げたものであろう。

スズメバチは、肉眼でも種特有の斑紋などから同定は比較的容易であったが、驚いたことに同じ皿にあったという三匹はみな種が異なっていた。一匹は日本にもいるコガタスズメバチの働きバチであったが、他はキイロスズメバチに近縁のミナミキイロスズメバチのオスバチ、それにウンナンスズメバチの働きバチが含まれていた。後の二種はいずれも雲南を中心とした中国南部地域にしか生息していない珍種で、私にとっては初めて実物を見るものであった。

この結果を梅谷さんに伝えたところ、サンプルのハチはほぼ同じ大きさであったうえ、油で揚げた状態で食卓に出てきたから、斑紋などは不明だったという。皿の中のスズメバチはてっきり同じ種類と思い、持ち帰った三匹以外はその場で胃袋に収めたということだった。また、同じ皿の中のものは味に違いがあったかどうか、そこまでは気がつかなかったとのことである。

たまたま持ち帰った三匹のスズメバチがそれぞれ異なった種ということになれば、皿の中のハチの子は、その他にも別の種類がいっしょに料理されていた可能性もある。梅谷さんは昆虫食に造詣が深く、関連の著書や評論もあるから、中国のスズメバチのカクテル料理に気がつかなかったことをおおいに残念がっておられたことはいうまでもない。

雲南省でのスズメバチ食の調査

梅谷さんの持ち帰ったスズメバチ料理のサンプルは、私自身を是が非でも雲南行きの決行へと駆り立てた。雲南省は中国の中でも、外国人の生物調査や採集をもっとも厳しく制限している。この地域が世界のスズメバチの発祥地であり宝庫であるといっても、現地でスズメバチの生態調査や採集を行なうことは非常に困難であるとかねてから聞いていた。私にとっては、スズメバチ研究の憧憬の地であったが、その道程は単なる距離だけではない遙かなる秘境だったのである。

しかし、農産物市場にスズメバチの巣が出回っていて、日常的に食用が見られるとすれば、昆虫食文化という観点からスズメバチを調査するのは可能かも知れない。そこで、私の勤めている三重大学生物資源学部で、大学院留学生として省都昆明市から研究のため来日されていた程士国、高鷹さん夫妻に早速相談した。程さんはこの地域の少数民族の農村生活について、のちに学位論文をまとめて三重大学で博士号を取得し、奥さんの高さんも漢方薬の研究で修士論文を仕上げている。二人は通訳と道案内を引き受けてくれることになり、一九九七年〜九九年と三回にわたり、私は念願の雲南を訪れ、スズメバチ食文化に接することができたのである。一九九七、九八年はハチシーズンの一〇月上旬、九九年はシーズン前の六月下旬であった。

中国の近年の市場経済化の波はこの秘境の地へも押し寄せており、かつては少数民族などの自給食であったスズメバチが、農産物市場で食材として高価に取引され、ハチの子料理が家庭料理としてだけでなく、一般の食堂などでも広く普及していることが明らかとなった。ここでは、その折に私が体験した食材としてのスズメバチ市場、巣の採集や飼育の方法、各民族の調理法などを紹介する。

食用としてのスズメバチの種類と産地

昆明市内とその周辺の市場で売られていたスズメバチの巣は、秋のシーズンではいずれもスズメバチ属の種で、最大型種では日本にも分布しているオオスズメバチと近縁のウンナンオオスズメバチの二種、中型種はツマアカスズメバチが圧倒的に多く、ネッタイヒメスズメバチ、コガタスズメバチ、ビロウドスズメバチなども見られた。いずれの種も、巣内の幼虫や蛹は、オスバチと新女王バチが主で、働きバチが含まれる場合でも、オスバチと新女王バチの両カストが同時に見られた（図77、図78）。一方、六月下旬の昆明市内の市場では、ツマアカスズメバチの小さな巣（直径一五〜二五センチ）が三露店で売られていたが、この時期は働きバチ房のみで、食材としてもっとも好まれる新女王バチやオスバチの幼虫、蛹はなく、他種の巣もまったく見られなかった。

昆明市の中心部より八〇キロ離れた近郊の馬過河村の道路沿いの食堂では、夏の終りから秋には、近接して並ぶ八店でスズメバチの巣が調理用として仕入れてあった。いずれの店にもツマアカスズメバチが共通して見られ、一店当り三〜五巣が調理用のために店頭に置かれていた。このうちの一店ではウンナンオオスズメバチの巣のみが入った二〇キロ詰めのダンボール箱が二箱も見られ、普通は一日でそれらのすべてを調理してしまうという。

図 77　中国・雲南省昆明市内で売られている各種のスズメバチの巣

図 78　中国・雲南省昆明市内のスズメバチ売りと巣を吟味する買い手の夫婦（左）

ウンナンオオスズメバチとネッタイヒメスズメバチの産地は、昆明市から東南部へ約三〇〇キロ離れた文山や、南部へ二六〇キロ離れた石屏や紅河などであった。とくに、市場でもっとも人気の高いネッタイヒメスズメバチは、いずれの市場においても文山で採集されたものが入荷していた。文山は本種に関しては、雲南省最大の供給地で、土地の人によって採集されたり飼育されている巣が集荷されている。昆明市の仕入商人は三〇キロは入る大型の竹籠数個をバスに積んで出かけ、そこで二~三日滞在して農民から巣を買い付けて回る。仕入れが済むと、その日の夜行バスにそれらを積載して翌朝には昆明へ戻り、すぐ食堂や市場へ売るという。一方、この二種を除いた他の七種のスズメバチの産地は、東部の宜良、路南や北部の禄勧、南部の石屏、紅河で、これらの地域は昆明から五〇~二六〇キロ離れた地方である。また雲南各地にもっとも普通のツマアカスズメバチは、昆明周辺の山地で農民から直接買い付けたり、現地の農民市場で仕入れたものが大部分であった。しかし、このハチも六月には昆明周辺では入手できず、南部の邱北など産地は限られるという。

巣の販売者は、ハチの子だけでなく、同時にアルコール度の強いコーリャン酒やソバ酒などの蒸留酒に漬けこんだスズメバチ成虫を薬用酒として売っている（カラー図38、カラー図39）。これは、ハチの子を売るために仕入れた巣から、次々と羽化してくる若い成虫をピンセットなどで捕えて、瓶などに詰め込み、蒸留酒を注ぎ込んでつくったものである。これを買って中味を調べると、市場でそれまでに売られていたハチの種名が分かる。そこでいくつかを買って、宿の机の上にすべてを取り出して広げてみたところ、スズメバチ属は上記の五種に加えて、同属の珍種クラヤミスズメバチ、この地方特有の二種ウンナンスズメバチ、ミナミキイロスズメバチなどの他、中・小型種のヤミスズメバチ属の一種、ホオナガスズメバチ属の一種、クロスズメバチ属の一種など、スズメバチ亜科四属のいずれもが含まれていた。これらは雲南省の各地で採集されて昆明へ集められたもので、大小すべてのスズメバチ類が食用とされていることを物語っている。

ハチの子の販売

昆明市の中心部にあるいくつかの農産物市場は、どこへ行っても道の両側に露店が軒を連ね、新鮮な野菜、果物、穀類、鳥獣魚肉類、その他この地方の特産の名前も分からない各種のきのこなどの産物が売られている。どこの市場でも、スズメバチや、竹虫と呼ばれるタケノメイガ、イナゴなどの昆虫食材を売る露店が集まっている一角があった（図79）。ハチの子の場合、販売のシーズンは六月～一〇月末で、最盛期は八月中旬～一〇月上旬であるという。

図79　中国・雲南省昆明市内でイナゴを売る農家の主婦

昆明駅に近い和平村市場では、九～一〇月には五～八人のスズメバチ専門の販売者がいた。そのうちもっとも取扱い量の多い男性商人（五一歳）の場合、毎年八～九月の約二カ月で、各種のスズメバチの巣約一・五トンを売るという（カラー図34、カラー図35）。昆明市の中心には他に竜翔街農貿市場と華昌路市場がある。竜翔街農貿市場では、男性のスズメバチ商人二人（各三四歳）がいて、五月より一〇月末まで販売し、七～八月には多い時で一人一日三〇キロを売るという。華昌路市場には男性商人（四〇歳前後）が一人いて、最盛期には一日五〇キロを販売するという。また昆明市郊外にある呈貢市場の男性のスズメバチ商人（二九歳）によると、六月中旬から仕入れを始め、八月下旬～九月中旬の最盛期には、一度に四〇〇～五〇〇キロを仕入れるが、九月下旬以降は七〇キロ前後に減少するという。昆明市近郊の路南県農産物市場は規模が小さく、スズメバチの販売者は一九九七年にはイ族の三人であった。彼らは周辺の山村の農民で、自分や家族が採集した一～二個のツマアカスズメバチの巣を市場へ運び路上で販売していた（カラー図36）。

昆明市とその周辺のスズメバチ市場で、もっとも規模の大きかったのは宜良県農産物市場で、同市の中心部から約七〇キロメートル離れているが、二〇人（女性一三人、男性七人）のスズメバチ商人がいた。販売時期は七～一〇月で、八～九月がピークであるという。販売者は一人で一回に一〇～一八〇キロ、平均四〇～五〇キロを仕入れる。それらはピーク時には販売当日の午前中で売り切れるが、天候等によっては翌日以降に売れ残ることもあるという。一九九七年一〇月一日にこの市場を私が訪れた時、もっとも販売量が多かったイ族の女性（五〇歳前後）は、前日仕入れてきたばかりの七個の籠に入ったウンナンオオスズメバチの巣二〇〇キロあまりを昼食前にはすべて売り切り、意気揚々として市場から引き上げていった。

昆明市内の市場で売られていた巣は、一〇～三〇キロの小規模な販売者の場合、ほとんどがスズメバチの巣を専門に取り扱う市内の業者から仕入れたものである。昆明市とその周辺の仕入れ業者は、毎年七月末～一〇月中旬まで、農業経営のかたわら地元の農村や近郊の市場で巣の仕入れを行なっている。一方、五〇～一〇〇キロ以上の大量販売者は、一〇〇～数百キロメートル離れた東南部の文山などの産地へ行って直接購入するという。

各産地の仕入れ業者は、農家や地元の市場からスズメバチの巣を集めて一定の量に達すると、昆明市内の商人や販売人に電話で知らせる。この連絡を受けると、販売人は定期バスで産地の仕入れ業者のところへ行き、巣を買い取る。また、現地に行って二～三日滞在し、自分自身で直接農民やその地域の市場から買い付ける場合もある。彼らはこうして仕入れた巣を夜行バスに積載して、朝には昆明市やその近郊の市場の売場へ戻り、すぐに売り出すという。

いずれの市場でもスズメバチの巣の運搬、保存、販売には、竹で編んだ長さ約九〇センチ、幅四〇センチ、高さ三五センチの籠が利用され、これにはスズメバチの巣が約三〇キロ入る（図80、カラー図37）。仕入れの際は多い時は一回に十数籠、巣の重さで約三〇〇キロを購入する。その際バスの運賃として、当時で往復六〇元（当時の為替レートは約一六円／元）の他にハチの巣の籠代として一個（三〇キロ）当り約一〇元を支払う。

こうして仕入れた巣の販売ルートは、得意先の食堂などの料理店またはホテルの食堂などへ直接運び込ん

図80　籠単位で買い取られたオオスズメバチの巣を計る（約30 kg）

で買い取ってもらう場合と、市場に巣を並べて一般市民や料理店などが買いに来るのを待つ場合とがある。大口の販売者の場合、料理店やホテルなどへ売った残りを市場で売りさばくこともある。料理店では一度に一籠（約三〇キロ）以上をまとめて購入することが少なくないという。

市場での販売は、ハチの子の入った巣盤のままで売る場合と、幼虫や蛹をピンセットや手で巣房からつまみだして合成樹脂製トレーなどに一〇〇～二〇〇グラムをひとまとめにして売る場合とがある（図81、図82）。一キログラム以上の売買はほとんどが巣単位で行なわれる。こうした巣付きのハチの子の販売は、老熟幼虫や蛹のつまった巣盤を、屋台上や路上に敷いたシーツ上に仰向けにした状態で積み重ねたり、一個ずつ広げて並べる。客は食用にならない卵や若い幼虫の入った巣盤を避けて、食材となる老熟幼虫や蛹の入った蛹が多い巣を買おうとする（図83）。小口の巣の売買では、客の要望に応じて売り手が一個の巣盤から蛹の入った繭や大きな終齢幼虫の入っている部分だけを手で剝ぎ取って、それを計量して売る場合も見られた。巣から取り出した幼虫や繭だけを売る場合、繭や幼虫の少ない巣盤や、中心部に繭が少ない巣盤を選び、そこから大きな幼虫や蛹を引き抜いて、長さ一五センチ、幅一二センチ前後のトレーや、皿などに集め、空になった巣や小さな幼虫だけの巣は捨てる。

巣から取り出されて売られているハチの子は、発育段階によって次の四タイプに区別できる。すなわち老熟した幼虫のみ、繭の中にいる幼虫によく似た体型の前蛹、白色を帯びた成虫に似た若い蛹、および成熟が進んでやや黄色や褐色に着色した蛹で、それらは働きバチ、オスバチ、新女王バチに分けられる。全体の量が少ない場合は、それらを混ぜて商品とするが、客の好みに応じて幼虫や前蛹というようにそれぞれの発育態を別々に売ったり、大型の新女王バチの前蛹だけを所望する買い手もいる。羽化途中で翅が伸びかかっている繭内の未熟な成虫や、羽化直後で翅が白色または淡褐色となっているもの、また卵や一~四齢の若い幼虫、五齢でも若い小型の個体は一般に商品とはならないが、食堂では若い成虫も食材に利用されていることが多い。

市場での販売値は、もっとも人気のある大型種のネッタイヒメスズメバチ、ウンナンオオスズメバチ、オオスズメバチの三種の場合、昆明市和平村市場では、一九九七年一〇月上旬には巣付きでキロ当り九五~一一〇元、中型のビロウドスズメバチ、ツマアカスズメバチ、コガタスズメバチなどは六五~八〇元であった。

市場で売られているスズメバチの巣の仕入れ値は、ウンナンオオスズメバチなどの大型種の場合、東南部の文山で現地の農民や集荷業者から六八~七五元で買い入れるが、それらを一〇〇元で売らないと利益はないという。大型種の場合、巣付きでキロ当り一〇元の販売利益を見込み、一シーズンで一人当り一五〇〇~二〇〇〇キロ以上を販売する。また、一九九九年に、スズメバチのシーズン前の六月下旬に同市場を訪れた時は、ツマアカスズメバチの働きバチ房のみの巣が、巣付きで八〇~九〇元、幼虫や蛹を取り出したものが一〇〇~一二〇元で、これははしりの値段である。

販売値は、都市部から離れるほど安くなる傾向がある。昆明の中心地から約一〇キロメートル離れた呈貢市場では、中型種のツマアカスズメバチの場合、キロ当り六〇元（一九九七年一〇月一日）で、仕入れ値は

図 81　巣から取り出して売られているスズメバチの子（1998 年 10 月中国・雲南省昆明市内）

図 82　巣から取り出して売られているスズメバチの子（1999 年 6 月中国・雲南省昆明市内）

図 83　若い夫婦が巣盤 3 枚を買い，秤量を真剣に見入っている（中国・雲南省昆明市内）

五〇元であるという。一九九七年には、この市場での大型種も含めたシーズン中の販売値は六〇〜一四〇元で、仕入れ値は五〇〜一二〇元であったという。

雲南省で最大のスズメバチ市場である宜良市場へは、一九九七年一〇月一日に出かけた。ここでは大型種のネッタイヒメスズメバチ、ウンナンオオスズメバチなどはキロ当り六〇〜七〇元、ツマアカスズメバチを中心とした中型種は三〇〜四〇元であった。また、一九九八年一〇月九日では、ウンナンオオスズメバチなどは、得意先の食堂には四五元、一般の人には六〇元で、ツマアカスズメバチの場合、食堂には三〇元、一般の人には四〇元であった。この市場で売られていたウンナンオオスズメバチはすべて文山で仕入れたものので、その仕入れ値は三二元ということであった。

嵊南市場では、路上で三人の販売者が、周辺農家が採集したツマアカスズメバチの巣をキロ当り五〇元で一〇〜二〇キロを仕入れ、六〇〜七〇元で売っていた。

昆明から北に約三〇〇キロメートル離れた山村部の鉄鎖郷では、毎週日曜日に農産物の市場が開かれ、この地方に多いイ族が七月中旬〜一〇月まで、おもに自分自身で捕えたツマアカスズメバチなど中型スズメバチの巣を売るが、一九九七年一〇月にはキロ当り一〇元であった。このように安価なのは、一帯にスズメバチが豊富で、イ族の人達はハチを食べたいときは山で容易に巣を採集できるから、多くの人はハチの巣を買う必要がないという。

ハチの価格を他の食用動物と比べるため、和平村市場で一九九七年一〇月四日に調査した結果を表4に示した。ハチの子の価格は、この地方の代表的な食肉動物である豚、牛、羊、鶏などの肉に比べて、キログラム当りで二〜四倍と高くなっている。しかし、スズメバチの産地である山村部では、たとえば鉄鎖郷のように、同市場で売られている豚肉（一二元）より二元安い。また、一九九九年六月の和平村市場では、この地方の昆虫食材である竹虫と呼ばれるタケノメイガ幼虫（図84）と、大型野蚕の柞蚕《さくさん》の生蛹も売られていたが、キロ当りの価格は前者が三五元、後者が一〇〇元で、この時はツマアカスズメバチが七〇元であった。

スズメバチの巣は仕入れ後約一週間は販売できる。しかし、巣内の幼虫は絶食状態なので、仕入れ後は日ごとに色艶が衰えて体が痩せる一方で、繭からは次々

表 4　中国雲南省昆明市におけるスズメバチと動物・魚肉の価格
（昆明駅前和平村市場，1997 年 10 月 4 日調べ）

肉　の　種　類	価格（元[1]/kg）
巣付のスズメバチの幼虫・蛹	
ウンナンオオスズメバチ（大型種）	90-100
ツマアカスズメバチ（中型種）	70-80
豚	
背　肉	16-18
腿　肉	13-16
腹　肉	10-12
羊	13-16
牛	13-16
鶏	18-20
淡 水 蟹	18
食 用 蛙	25
スッポン	140
鯉[2]（約 40 cm）	13

1）当時の両替で，1 元は日本円で約 15 円。
2）鯉は 1 尾の価格。

図 84　タケノメイガの空揚げ料理（中国・雲南省）

と成虫がその表面を食い破って羽化してくる。そのため、巣を仕入れてから日数が経つほど、食材部分が減って巣全体が軽くなり、商品価値がどんどん下がる。多くの客は、幼虫の色艶や動き、空房となった繭の状態から巣が新鮮かどうかを判断できるので、購入する時は巣を手に取ってじっくりと時間をかけて品質を吟味する。また、巣ごと購入する時は、食用にならない小さな幼虫や死んだ幼虫が含まれている場合、少しでも安く手に入れようと価格を交渉することが当り前となっているようだ。

巣の販売者は、巣を売るだけではない。巣の仕入れ直後から、新成虫が繭をかみ破って次々と羽化してくるが、それらは薬用として利用される。販売者は巣を保管中および販売中に羽化した成虫を、ピンセットや指先で次々とつまんで、アルコール濃度が四八〜五〇%以上あるソバ、トウモロコシ、コーリャンなどでつくられた蒸留酒の瓶（二〇〇〜三五〇ミリリットル）中に放り込んでいく（カラー図38）。それらは巣とともに並べられ、薬用酒として販売される（カラー図39）。販売価格は、昆明市内ではウンナンオオスズメバチやオオスズメバチの大型種三〇〜六〇匹が入って五〇〜六〇元、ツマアカスズメバチ、コガタスズメバチなどの中型種五〇〜一二〇匹入りで三〇〜四〇元であった。しかし、六〜七月は大型種の仕入れがなく、中型種のみでは強壮剤としての効能がいまひとつということでほとんど売れないという。また昆明市でも郊外にある市場では、こうしたアルコール漬けの成虫は秋になっても需要は少なく、大型種も中型種も一本当り一〇〜二〇元と安価で、まったく売られていないことも多い。

調理法

昆明市近郊の馬過河という農村では、道路沿いに日本のドライブインともいうべき食堂街があり、長距離バスや自動車などの乗客を顧客としている。どの店頭にもシカ、キジなど付近の農民から買い入れた野生鳥獣をそのままの姿で吊り下げ、スズメバチの巣もたくさん並べられている（図85）。付近の農民が採取した普通種のツマアカスズメバチや、「草蜂」と呼ばれる小型種クロスズメバチ属の巣などとともに、数百キロメートル離れた産地から仕入れた「黄頭蜂」と呼んでいるウンナンオオスズメバチの巣も、ダンボール箱や竹篭に詰められた状態でいくつも積まれている。

こうした食堂でスズメバチ料理を注文して、調理の現場も見たいといったところ、どうぞどうぞと調理場に案内してくれた。驚いたことに、調理場には次々と男性客が入ってきて、自分の注文した料理の味付けなどにあれこれと指示を与えていた。この国では男性が日常の料理でも女性と対等に手がけるので、「男子厨房に入らず」などという日本の古い諺など通用しないようである。

目の前で行なわれたハチ料理というのは、雲南地方でもっとも一般的なハチの子料理であった。客からの注文があると、好みのハチの種類を客に尋ね、幼虫、蛹のいずれにするかも聞いてから、店の前に積んであるハチの巣まで行って、そこで幼虫や蛹を抜き皿に盛ってくる（図86）。

調理はまずナタネ油を幅四〇センチ、深さ一五センチ位の柄のついた半球形の深鍋にたっぷりと入れて、一分ほど加熱する。その後、幼虫や蛹の一皿分二〇〇グラム位を油の中に入れると、ハチの子は鍋内に浮き沈みし、体内に含まれている水分がパチパチと音をたてはじける。五〜七分位そのまま放置したあと、底と側面にたくさん穴のあいた幅三五センチ位の深鍋状の容器に、油とともにハチの子をあけて油を除く（図87）。それから元の大きな鍋にハチの子を戻して、手際よく塩を振りかけて味付けしながら軽く炒め、表面が少し黄味がかってくると料理は出来上がりである。これを直径三〇センチほどの平皿に山盛り状態にして、客のテーブルに運んでくる（図88）。見ていると指先で一匹ずつつまんでいる人や、長い中国箸で日本人と同じようにして、はさんで食べる人もいる（図89）。たいていの店では、ハチの子料理というのはこの調理法だけという。料理の値段はハチの種類によって異なり、一皿が大型種で二五元、中型種とクロスズメバチなどの小型種では二〇元であったが、いずれも一人ではなかなか食べ切れる量ではない。

昆明市内でも市場の近くや市場内にある大小の食堂では、ハチの子の在庫がなくても、またメニューにのっていなくても、スズメバチ料理を味わうことができた（図90、カラー図40）。注文をすると、店員がすぐに市場へでかけて材料を手に入れ、空揚げ料理に仕上げてくれる店が多いのである。時には、客を待たせながら、自転車で片道一五分ほどを要する市場へ行く場合もあった。昆明市内での価格は一皿一〇〇グラム前後と量は減って二〇～三〇元である。

雲南省西南部の西双版納《シーサンバンナ》では、ハチの子料理の価格は昆明やその周辺よりもかなり安く、幅二〇センチほどの皿に盛られた約二〇〇グラムの空揚げ料理で、大型種でも一皿一〇～一五元である。

この他に、雲南各地の人々から聞き取ったスズメバチ料理として、次のようなものがあった（松浦ら、一九九九）。

(1)　生食　幼虫や蛹を生でそのまま食べることもある（大理白族自治州白《パイ》族）。

(2)　成虫の擂りつぶし　成虫を鍋に入れ、油なしで炒って乾燥させ、研臼で細かく砕き、それらに塩、唐辛子を混ぜ込んでスプーンで食べる（雲南省西南部の嘛西＝景頗《チンポー》族）。

(3)　生ハチの子の擂りもの　幼虫や蛹を擂って汁状にしてから、塩あるいは砂糖をかけて味付けし、生の状態で食べる（大姚県鉄鎖郷イ族）。

(4)　卵入り生ハチの子の擂りもの　幼虫、蛹をドロドロに擂りつぶしてから、ニワトリなどの卵を入れて混ぜ、塩で味付けして、生の状態で食べる（拉祜《ラーフー》族）。

(5)　ニラスープ　油を鍋に入れて熱くなってから、ハチの子を入れて炒めたのち、すぐ水を注いで真白いスープ状とする。水の量は人によって異なる。そこへ、ニラを細かく刻んで入れ、同時に塩で味付けする（雲南省西南部の墨江とその周辺）。

(6)　卵スープ　鍋に水を注いで、沸騰してからハチの子を入れ、二～三分経つと生卵を割って入れ、かき混ぜて塩で味付けする（大姚県鉄鎖郷イ族）。

(7)　ショウガ風味の炒めもの　巣をそのまま熱湯中に入れ、幼虫や蛹が凝固した状態になってから、巣盤を逆さにして、底を叩いて下に落し取り出す。それらを集めてナタネ油で炒め、塩、サンショウ（実および葉）、ショウガで味付けする（西双版納《シーサンバンナ》タイ族自治州景洪県基諾《チーヌオ》族）。

(8)　ハチの子の油炒め①　熱した鍋の中に幼虫、蛹を入れて水分を取り除き、いったんハチの子を笊で取り出す。鍋に油を少し入れてからハチの子を戻し、塩などの調味料を入れて炒める（西双版納タイ族自治州景洪県基諾族）。

図85　食堂前に並べられたスズメバチの巣。後方に屠殺したばかりのシカの一種も見える（中国・雲南省）

図86　客からの注文後，巣から客の好みのスズメバチの子を抜く（中国・雲南省）

図87　スズメバチの子を空揚げにする（中国・雲南省）

図88　できあがった空揚げ（左：オオスズメバチ類，右：ツマアカスズメバチなど中型種）（中国・雲南省）

図89　他の料理とともにハチの子の空揚げ（奥の2皿）をつまむ中国人（中国・雲南省）

図90　鯉料理などとともに，赤唐辛子のたっぷり入ったスズメバチ料理（中央）をつまむ中国・雲南の女性達（中国・雲南省）

(9)　ハチの子の油炒め②　鍋にナタネ油を注いで油が熱くなってから、幼虫や蛹を入れて炒め、六〜八分経って、笊で幼虫を取り出して皿に盛り、塩と唐辛子などで味付けをする（大姚県鉄鎖郷イ族、大理白族自治州白《パイ》族）。

(10)　チーズ包みの揚げもの　チーズを溶かして液状とし、それで幼虫や蛹の表面を覆ってから、油で揚げる（昆明市内）。

(11)　おにぎりのまぶし　幼虫や蛹を蒸したのち擂りつぶし、塩と唐辛子を入れてドロドロの状態にする。これを手で丸めたおにぎり状のご飯につけて食べる（タイ族）。

(12)　空揚げハチの子のおにぎり　おにぎり状にしたご飯をいったん平らにして、油で揚げた幼虫や蛹を巻いて食べる（タイ族）。

中国の農村における人々の生活は、かつては貧しく、ナタネ油は貴重品であったから、スズメバチを炒めるのに食用油を用いる余裕がほとんどなかった。それゆえ、昔はスズメバチの幼虫は主にスープにして食用にしたという。油でスズメバチの幼虫を炒めて食べるようになったのは、農村でも市場経済が進んで生活が向上したためで、ここ十数年のことである。またハチの子の調理は男性、女性を問わず行なうが、男性の中にはハチだけは自分で調理する人も少なくないという。

雲南地方は漢民族が人口の三分の二（二七〇〇万人）を占めるが、省内各地には少数民族二五族約一三四八万人が生活している。そのうち、回教徒である回族だけはスズメバチを食べないが、他の民族はいずれもスズメバチを好んで食用とするようである。都市の漢族もごく普通に食用とし、とくに男性は年齢に関わりなく食べるが、女性の中には食べない人もおり、とくに最近の若い人、都市で育った人にこの傾向が見られる。これは、その形態が気味が悪いというわけでなく、自ら刺症体験を持っていたり、ハチに刺されてひどい目にあった人を見たり聞いたりしたことによる恐怖心が原因となっていることもあるという。

巣の発見・採集・飼育

発見方法

一般には、野外で活動中の働きバチを見つけると、餌づけを行ない、餌場と巣の間を往復するハチを何度も追跡して巣にたどりつく。大型のオオスズメバチ類は一〇〇メートル以上離れていても肉眼で追うことができるが、ツマアカスズメバチなどの中型種ではその距離に限界がある。そこでハチに目印をつけるため、バッタやセミなどの大型昆虫を潰してハチの目の前に持っていき、ハチがそれに飛びついてきて肉団子にしている間に、白いニワトリの羽毛やティシュペーパーなどを先端に結びつけたシュロなどの繊維の一端を輪状にして、ハチの胸部と腹部の間にすばやく括り付ける。この目印によって、ハチの飛んでいく姿を遠方まで視覚的に追うことができる。

スズメバチは各種の樹液に集まるが、樹液を溢出する樹は毎年きまっている。そうした場所をシーズンになると見回って、そこから巣へ戻るハチを追うことも多い。ウンナンオオスズメバチなどの大型スズメバチは、樹液を同じ巣の働きバチが独占し、縄張りとして死守する習性がある。巣から数百メートルの距離にある樹液には二〇～三〇匹のハチが集まっていることがあり、それらの個体間には、樹液の運搬や縄張りの維持などで分業が見られる。運搬係のハチは、自分の体重とほぼ同じ一～一・五グラムの樹液を胃袋に納めて巣へ戻るので、そのあとを追うのである。樹液の豊富な場所では、そこに集まっていたハチの巣を取り除くと、すぐに別の巣のハチがやってきて縄張りとするので、次々と巣を見つけることができる。

地形を熟知した土地では、ハチが餌場や樹液へ戻ってくる時間が短い場合、巣の位置のおおよその見当をつけて、その現場へ直接行って巣を探すこともある。ハチを追跡する距離、すなわち餌場から巣までは五〇〇メートル～一キロメートルが普通で、まれに一キロを越えることもある。山を歩き回って巣を発見することもあるが、そうした機会は少ないという。

採集方法

巣を市場で販売するには、秋に野外で採集したものをすぐ出荷する場合と、夏に働きバチがまだ数十匹しかいない小さな巣を見つけ、それを自宅に持ち帰って庭先など身近な場所に移して、大きくなってから出荷する場合とがある。また自家用とする場合にも両方のケースが見られる。

巣の採取時期は、ツマアカスズメバチなど樹の枝に巣をつくっている場合、昆明市周辺では、六〜七月には巣の形は瓢箪のようでハチの数も少ないが、八月になると働きバチが増えるので巣は急速に発達して大きくなり、九月になるとハチの数も巣の大きさもピークに達してちょうど良い食用の時期となるといわれている。飼育する場合には、六〜八月に生け捕りにすることが多いという。

ツマアカスズメバチ、コガタスズメバチなど樹の枝に営巣する種の場合、巣を採るには次のような方法がある。

(1) 松明の利用　長い棒の先に、松の葉、椰子の葉、綿などをひもでくくりつけてつくった松明に点火して、通常ただ一個ある巣の出入り口の手前に持っていく。すると、巣内の働きバチが怒って次々に出てくるので、それらを松明の火で焼き殺したのち、木へ登って巣を採る。もし火力が弱いと、働きバチはその棒に沿って飛んできて人を刺す。松明の火力を強くするために、最近では灯油などをしみ込ませることもある。

(2) 殺虫剤の利用　脱脂綿を丸く絞め込んでつくった直径数センチの綿球に速効性の殺虫剤（DDVPなど）を浸み込ませる。夜にそれを持ってハチの営巣している木に静かに登っていき、巣の出入り口にその棉球を突っ込んで完全に塞いでから、すばやく木を下りる。内部ではゴオーというすさまじいほどのハチの翅音が唸りをあげているが、成虫は巣外へ出ることができず、翅音は徐々に弱くなり二〇〜三〇分ほど経つと内部ですべて死ぬ。それから木へ登って巣を採る。

(3) 袋への封じ込めによる生け捕り　巣がまだ小さい場合や、持って帰って飼育する場合、殺虫剤を使わない。夜になってハチが皆巣へ戻った頃を見計らって、巣がすっぽりと入るような麻袋やビニール袋を持って木に登る。下の方から静かに巣を枝ごと袋に取り入れて口を塞ぎ、すばやくその枝の根もとを切り落として採取する。

ネッタイヒメスズメバチやウンナンオオスズメバチなど土中の巣の場合、おもに夜間、時には日中に巣を採取する。静かに近寄って入り口付近に陣取るが、わずかな地表の振動によりすぐに異変を察知したハチが次々と巣から這い出てくるので、それらを松明で焼き殺す。頃合いをはかって火をつけた松明を内部に突っ込んで、巣内を燻す。松明の代わりに導火線を使う人もいる。傍らで火を燃やしながら、スコップ、鍬などで、巣を掘り出しにかかる。目覚めて体当りしてくるハチもおり、木の枝などで叩き落として焼き殺したり、踏み潰す。これらの大型種はとくに攻撃性が強いうえ、直径七〇~八〇センチはある土中の巣を掘り出すために相当の時間を要するから、木の枝につくられた巣に比べてはるかに手間がかかる。そのため普通は男性が二~三人で、巣掘りと反撃してくるハチの処理などの作業を分担することが多い。

スズメバチを食用とする少数民族の場合、大部分の男性はスズメバチの巣を採る技術を身に付けている。しかし、漢族のほとんどの男性は、自分達で巣を採ることはできないという。

飼育

雲南省では各地の少数民族の農村で、四~九月に働きバチの個体数が十数匹~数十匹という小さい巣を、自宅の庭など身近な場所に持ち帰って、飼育することが広く行なわれている。

ツマアカスズメバチやコガタスズメバチなど樹の枝に巣をつくっている場合、前述のように巣を枝ごと切り落とし、女王バチと働きバチを巣内に閉じ込めたまま持ち帰る。巣のついている枝を庭木などに固定し、働きバチを野外で自由に活動させて、巣内のハチの子が多くなる秋まで放任する(図91、カラー図33)。その間、日本で行なわれているような砂糖液や魚肉などの給餌は行なわれない。こうして、秋まで待ってから巣を採取し、家族で食べたり、仲買人に売り渡す。またリンゴ園などの果樹園では、子供などが園内に侵入して果物を盗るのを防ぐことも兼ねて、果樹の枝に樹上営巣種の巣をおどしとして取り付けることも多いという。

土中営巣性のウンナンオオスズメバチやネッタイヒメスズメバチも、産地では五~九月に野外で巣を発見して成虫ごと採集し、自宅付近の土中に移して飼育する。昆明市の西南にある楚雄イ族自治州双柏県では双柏県毒蜂研究会が組織され、約三〇〇戸の農家がこれらの大型種を飼育している。ハチの子の詰まった巣を売るだけでなく、働きバチの毒嚢から蜂毒を取り出して漢方薬を試製しており、食用と薬用のいずれにも利用する。

図 91　家の近くの松の幹に取り付けて飼っているツマアカスズメバチの巣（中国・雲南省）

雲南省東南部の文山地方でも、各種のスズメバチの飼育が盛んである。昆明市和平村市場において巣を販売していた壮族農民（男性二九歳）の場合、自宅は文山にあり七～九月の間に四〇～五〇個のスズメバチ類の巣を見つけ、それらの大部分を自宅やその近辺に移して、目の届く所で飼育するという。文山地方でもっとも普通種のツマアカスズメバチの場合、庭にある高さ十数メートルの木に一本当り十数個の巣をそれぞれ一～二メートルの距離をおいて枝に取り付け、三～四カ月たって大きくなった巣から順に採取して販売している。また、ウンナンオオスズメバチやネッタイヒメスズメバチの場合、雨の当らない樹の下の浅い土中に空間をつくり、そこに女王と働きバチのいる営巣初期～中期の巣を移して、秋まで飼育するという。この男性の場合、妻と子供の三人家族で、年間の総収入は七〇〇〇～八〇〇〇元であるが、そのうちの半分はスズメバチの巣を販売して得ているという。

ハチ食文化とハチ市場

中国雲南省は世界的な動植物の宝庫として知られて

いるが、スズメバチに関しても分布の中心地である。世界中のスズメバチ亜科四属六七種のうち、この地域には小型種のクロスズメバチ属八種、ホオナガスズメバチ属二種、ヤミスズメバチ属一種、それに大型種のスズメバチ属一一種と、スズメバチ四属のすべてがあわせて二三種も生息している。この種数は世界中でもずば抜けて多く、たとえばこの地域に次いでスズメバチの多い隣接のヒマラヤ東部の四属一八種と比較しても抜きん出ており、この地方特有の種も少なくない。とくに大型のスズメバチ属は世界中で一六種しかいないのに、三分の二がこの地域に集中的に分布している。この属は、スズメバチ亜科の共通祖先とみなされており、雲南省の亜熱帯山岳地帯はスズメバチ類の発祥の地と考えられる。

こうした大型のスズメバチ属は省内の各地で個体数も多く、巨大な巣の中のハチの子は、この地域の人々にとって栄養豊かな蛋白資源としての価値を持つ。スズメバチも含めた昆虫は、山間地の人々にとって、自然が提供する食用資源であり、海の近くに住む人々が利用する多種類の魚介類に代わる動物性蛋白源として重要である。とくに、山岳地帯の厳しい自然環境に住む人々は、その地域の自然が提供する食用可能な資源はあらゆるものを自給自足的に利用し、その都度必要量だけを採取してきたと考えられる。現在もスズメバチ食を伝統的に受け継いでいるタイ北部、インドネシアのスマトラおよびジャワ東部、日本の中部地方は、いずれもスズメバチの分布の集中した地域の山岳地帯という共通した自然的背景を持つ。また、これらの地域では、スズメバチ食だけでなく、タケノメイガ、タガメ、イナゴなど各種の昆虫が食用として利用されており、昆虫食文化の歴史は古いとみなされる。

市場で売られているスズメバチの巣には、オスバチや新女王バチの子が含まれていたが、これは熱帯〜亜熱帯圏でも、食用時期は巣が最大に発達する営巣後期から末期となることを示している。雲南地方におけるスズメバチの生活史は、東南アジアの亜熱帯や温帯と同様に、四〜五月に巣が創設され、六〜七月以降は働きバチを生産しながら巣が発達を続け、八〜一〇月になって初めてオスバチと新女王バチを育てると考えられる。したがって、食材としてのスズメバチは、日本と同様に、夏の終わりから晩秋までの約三カ月間が旬で、この時期の巣は年間を通じて最大に発達し、脂肪に富んだ新女王バチの幼虫や蛹が詰まっている。

雲南各地の少数民族にとっては、スズメバチは自然の産物として自給的な食用資源であったものが、近年の中国における市場経済の発達とともに、市場に出せば高価格で売れる商品となった。その流通量は、昆明市とその周辺の市場だけでもあわせて一日に二～三トン以上と推測されるので、雲南省全体では想像もつかないほどの膨大なスズメバチの巣が採集・消費されている。食材としてのスズメバチに関しては、タイや日本の市場を遙かに凌ぐ世界最大の消費地とみなしてよいだろう。とくに最近は、これまでのように巣が大きくなるのを待って採取するばかりでなく、所有権のない野外の巣を小さなうちに採集して、それが大きく発達するまで自宅などで飼育管理して販売することが、各地で行なわれるようになったのである。とくに商品価値の高い大型種のオオスズメバチ類の生息地では、農民が積極的に飼育に取り組む傾向が見られ、家族経営の重要な部門として家計収入に占める割合も大きい。

一方で有毒の刺症昆虫として、スズメバチがこの地域の人々に日常生活で与えている被害も少なくないだろう。日本でも、毎年三〇～七〇余名の人が、スズメバチを中心としたハチに刺されて死んでいる。雲南省内でも、各地でスズメバチによる犠牲者がたくさんいることを見聞している。この地域のスズメバチとヒトとの関わりは、有用な食用昆虫としてばかりでなく、時にヒトを死に至らせるほどの刺症害虫としても恐れられているのである。

この地域のスズメバチ食の中でも、もっとも好まれている大型種のオオスズメバチとその近縁種のウンナンオオスズメバチの二種は、その攻撃性と毒力においてスズメバチ類中でも最強であるが、特有の威嚇行動による防衛力の誇示はヒトも含めた大型捕食者に対する防衛戦略として発達したとみなされる。また、ハチの体の大型化と営巣規模の巨大化は巣の防衛力を増す一方で、捕食者としてのヒトにとっては、食用資源としての価値が高まることになる。こうした両者の攻防はハチの攻撃性や毒性の進化にも深く関わっていると考えられる。たとえば、スズメバチ属は黒色を攻撃の標的とし、ヒトが巣に近寄った際はまず頭髪や瞳を狙って集中的に刺しに来る。これはこの地域を含めた東南アジアの諸民族が黒い瞳と黒い髪を持つことと関である。

東南アジアに特有の大型スズメバチが示す激しい攻撃性は、東南アジア諸民族のハチ食文化と深い関わりを持っていると考えられるのである。

中国では雲南省以外にも、スズメバチ食の盛んな地域があるかどうか明らかでない。私は、北部の吉林省、中部の福建省、南部の広西省などへスズメバチ調査にでかけた折に現地の人に聞いたり、中国各地から日本に来ている留学生数十名に聞いてみたが、誰も知らないという。ただ次の一例が記録されている。それは、北東部の黒竜江省にあるロシアと国境を接する同江県において、一九八六年八月上旬に同地方を訪れた当時北海道立農業試験場の関谷長昭さんが、中国側の歓迎宴席の豪華多彩な料理の中に、中型種のスズメバチの幼虫や蛹が、皿に盛られて出されたことを述べている（関谷、一九八七）。この地方産のスズメバチとすれば、モンスズメバチかキイロスズメバチとなる。本人に直接問い合わせたところ、スズメバチは食用体験がなく、口に入れるとブチュと潰れそうな気がして気味が悪かったため、まったく手を付けることができず、味も調理法も不明であるという。魚介類など海産物が豊富なこの地域で、一般の人々が、スズメバチをどの程度食用としているか明らかでないが、スズメバチ食の記録としては、これまで知られている限り世界でも北限の地ということになる。

2　台　湾

台湾では大型のスズメバチ類は虎頭蜂と呼ばれ、南方系の先住民族で狩猟・採集生活を行なっていたアミ族やタイヤル族、それに中国の福建省などから渡来した漢民族などは、スズメバチの巣を採って食べる習慣があるといわれる（山根、一九九六）。中部から南部ではツマグロスズメバチ、ツマアカスズメバチ、ビロウドスズメバチ、タイワンオオスズメバチ、コガタスズメバチなどの幼虫や蛹の入った巣が、稀に市場で売られていたり、料理店では、幼虫や蛹を野菜とともに炒めた「炒蜂蛹」という料理が、一皿約五〇〇元程度で味わうことができるという（趙、一九八九）。

ところで、台湾の中南部において、「炒蜂蛹」が料理店などに登場するようになったのは、それほど古いことではない。私は一九六九年秋に初めて台湾を訪れ、中・南部を中心に多くのスズメバチの巣を採集した（松浦、一九七〇）。その頃は、山地への外国人の入山規制が厳しくあまり奥地へは入れなかったが、中部山地の埔里や、台南などでは、現地の人にスズメバチの食用の有無を訪ねたり、市場を回ってみた。しかし、スズメバチを食用としたり、販売している例は見られなかった。

戦前の台湾において長年にわたりスズメバチの生態研究を行なった故南川仁博博士（旧姓楚南）にも、生前の一九七〇年代にハチとヒトとの関わりを尋ねたことがある。その時のお話では、スズメバチは刺症害虫として恐れられているが、食用例についてはまったく知らないとのことであった。一九八〇年代には、台湾中部にある国立嘉義農業専門学校の郭木傳教授らにより、台湾産のスズメバチの生態に関する精力的な研究が行なわれた。そこでもスズメバチとヒトとの関わりについては、森林害虫に対する捕食性天敵としての有用性と、刺症害虫として毒蛇以上の被害の恐ろしさやミツバチの捕食害虫としての有害な面を持ったハチであることは強調されているが、食用昆虫としてはまったく記述がなかった(郭、一九八四、郭・葉、一九八五、一九八七)。

ところが、一九八九年一一月、私は高雄市にある高雄医学院の林俊清教授とともに、嘉義農林専門学校を訪れた際、郭木傳教授に地元の郷土料理店へ案内された。そこで、ツマグロスズメバチの幼虫を長葱、唐辛子などの野菜とともに油で炒めた「炒蜂蛹」の皿盛りを思いがけずご馳走になった(図92、図93)。私にとっては初めて口にするものだったが、油で炒められていてもさらりとした風味があり、ハチの子はシャコエビのような甘みとプリプリとした食感があり、郭教授の心配りに感謝しながら賞味したのである。

林教授や郭教授によると、スズメバチのハチの子料理が台湾で料理店などに登場したのは一九八〇年代初め以来のことで、その頃からスズメバチ成虫の焼酎漬けが民間薬としてブームとなり、その巣が大量に採取されるようになってからとのことだった。

この料理店では、台湾の昆虫食として有名なタイワンオオコオロギの空揚げなどの昆虫料理も皿に盛られていた(図94)。このコオロギは体長四センチで、日本で普通に見られるエンマコオロギよりも遙かに大型で黄褐色をしており、「土爬仔」または「土猴」と呼ばれていた。コオロギの翅はむしり取られ、腹部の背面前方から腹端に向けてサツマイモを細く短冊状に切ったものが突き刺してあり、腸などは取り除かれていた。このオオコオロギはタイや中国南部の昆虫食の盛んな地方では、どこでもポピュラーな昆虫食メニューとして登場する。土中に穴を掘って生活しており、その穴を見つけて水を流し込み、捕えるという。

ところで台湾では、一九八〇年代から、スズメバチの成虫を漬けた焼酎が血行を促進しリウマチに対する薬効があるといううたい文句で民間薬として脚光を浴びるようになり、商売として盛況を極めた(趙、一九八九)。高雄医学院の林俊清教授は台湾の漢方薬・生薬研究の第一人者で、スズメバチの成虫や巣の漢方薬としての薬効を研究していたが、薬用の目的で利用されたのは、タイワンオオスズメバチ、ツマグロスズメバチなど台湾に生息するスズメバチ属七種のすべてであるという。それらは三〇〇ミリリットル程度の焼酎に成虫五~一〇匹を漬けたものが、日本円で当時二〇〇〇~八〇〇〇円という高価格で売られていた。このため、台湾各地でスズメバチの巣は乱獲されて、いず

図 92　台湾のハチの子料理「炒蜂蛹」（台湾・嘉義市）

図 93　ツマグロスズメバチのオスバチや新女王バチの終齢幼虫と蛹が素材となっている（台湾・嘉義市）

図 94　タイワンオオコオロギの料理（台湾・嘉義市）

れの種も生息密度は急減した。林教授が研究用としてスズメバチを入手する場合も、ツマアカスズメバチなどの大きな巣では、日本円で当時一〇万円程度を払っても、手に入れることが困難になったという。

こうした薬用としてのスズメバチの利用は、台湾へ旅行した日本人によってわが国へも伝えられ、一九八〇～九〇年代にはとくにミツバチの養蜂業者などにより採集されたオオスズメバチ、キイロスズメバチなどの焼酎漬けが、民間薬としてつくられるようになった。

台湾ではスズメバチが薬用や食用以外にも、民間信仰としての利用が盛んである。それは福建省出身の人々を中心に行なわれているもので、民間で使用される神仏像は供養の前に「入神」という儀式を行ない、その時に獰猛なスズメバチを生きたまま神仏像の体内に入れることにより、その神仏像がさらに霊験を増すと信じられている。このため、台湾では毎年「入神」の儀式に使用されるスズメバチの生きた成虫が売買され、少なくとも六〇〇万元以上にのぼる経済活動に貢献しているという（趙、一九八九）。

3　タイ

タイは世界でも有数の昆虫食文化の発達した国として知られ、オランダ人ブリストウエの詳細な報告がある（Bristowe, 1932）。その後、半世紀以上を経て、経済発展の著しい同国では人々の食生活もずいぶんと変わったが、現在でも各種の昆虫が北部や北東部の市場を中心に商品として流通している。たとえば、調味料としてのタイワンオオタガメ、カブトムシの肉詰め（中尾、一九六四）、オオコオロギ、バッタ類、ガムシ、カマキリなどを油で揚げたものや魚醤で調味したものが、日常食として利用されている（渡辺、一九八五、桑原、一九九七）。

大型スズメバチの食用も盛んで、すでに七〇年前にこの国がシャムと呼ばれていた時代のハチ食が記録されている（Bristowe, 1932）。

「ネッタイヒメスズメバチは、現地語で〝トゥアトール〟と呼ばれてシャムの全域に分布し、その幼虫や蛹は、南はファヒム、西はスーハン、東はバッタンバン、北はチアンライなど各地で食用とされる。このスズメバチは、腹部に幅広い黄橙色の帯をもち、樹の洞に営巣する」とある。また「北部の民族の話では、このスズメバチ一匹に刺されても髪は白化し、数匹の場合には死ぬこともあるといわれており、その巣を採取することは並大抵のことではない。巣を作っている場所を燻煙して、すべてのハチを焼き殺してから、巣を外へ引っ張り出す。そのあと、巣盤から幼虫と蛹を抜き、成虫は脚と頭を取り除く。それらを少量の塩とともに油で炒めて食用にする。」と。さらに著者は人家の柱などに大きな穴をあけて生活している大型ハナバチのクマバチ類について、現地の人が彼の目の前でそのハチを叩き落とし、頭と翅をむしりとって、生のまま呑み込んだことも驚きをもって述べている。

この国におけるスズメバチ食について、その後の報告はなかったが、一九九〇年代後半に昆虫食の盛んなタイ北部の都市の市場を実際に見てきた三人の日本人、梅谷献二、野中健一、梅林正直さん達から、その様子を直接に聞く機会があったので、年代順に紹介する。

梅谷献二さんは中国雲南省のスズメバチ食のところで紹介したが、昆虫食調査のため、タイ北部にも何度か出かけている。一九九四年八月には北部の都市チェンマイ郊外の露店市場で、バナナの葉に山と積んで売られているスズメバチの幼虫や蛹を見つけ（図95）、その一部の同定を私に依頼された。それは中国南部のタイ族も食用としているウンナンオオスズメバチで、スズメバチの中でも最大型で、しかも凶暴な種として知られている種であった。

野中健一さんは三重大学人文学部教授で、国内はもとより、毎年アジア・アフリカなど国外各地をフィールドとする民族学研究の専門家である。一九九六年三月タイ北部の市場で売られていたスズメバチの巣を持ち帰ったので、見せてもらったところ、腹部が鮮黄色の光沢を持つオウゴンスズメバチの働きバチの幼虫と蛹であった。これは、営巣中期頃の手の平大ほどの巣盤で働きバチしか育てられていない時期に採取されていた。

この種は、タイ北部から、ベトナム、ビルマ北部、中国の中・南部、インド北東部などに分布し、働きバチの体長は二センチとスズメバチ属の中ではもっとも小さいグループであるが、どのような巣をどこにつくるかなどについてはまったく分かっていない。乾期のこの時期は、熱帯といえども一般にスズメバチの巣は小型で、腹部に脂肪をたっぷりと含んだ新女王バチなどの蛹はまだない。タイにおいても、スズメバチが市場に見られるのはおもに八月以降なので、この時ははしりというよりも時期はずれに採集されたものであったと思われた。

梅林正直さんは三重大学生物資源学部名誉教授で土壌学の専門家であるが、タイを研究のフィールドとして渡航歴は数十回に及ぶタイ通である。タイ東北部のコンケン市や上記のチェンマイ市などの市場で、大きなザルに並べられたスズメバチの蒸した幼虫が食用として売られている写真を撮ったり（松浦、一九八八a）、現地で雇用したメイドのスズメバチ料理も試食されている。一九九六年一一月中旬に、チェンマイ市へ学会出席のため訪れた折、多忙な仕事の合間を縫ってチェンマイ大学近くにあるトン・パヨム市場などにでかけて、市場で売られている昆虫類やスズメバチについて、次のような情報を伝えてくれた。

そこでは、巣に入ったままの大型スズメバチの幼虫や蛹をルン・タウと呼び、巣付きでキロ当り四〇〇バーツ（当時の日本円で約一八〇〇円）であった。この値段は、同市場でその時に売られていたタイワンオオコオロギ、ツチイナゴなどの大型バッタ類、ゲンゴロウ・ガムシなどの食用昆虫に比べるとかなり高価である（表5）。また、チェンマイ郊外のマー・リム市場では、巣に入ったままのスズメバチの幼虫と蛹はキロ当り二五〇バーツ（約一一二五円）であったが、これは地方市場なので、価格がやや安くなっているという。

これらのスズメバチは巣ごと日本に持ち帰ってもらったので、私がもらい受けて白い繭を破って内部で死んでいた羽化直後の成虫を取り出したところ、クラヤミスズメバチという珍種であった。このスズメバチは中国の東南部、ミャンマー、インド北部などに生息するが、スズメバチ研究者はまだ誰も巣を見たことがない。同じ巣盤の中央部にあった約二〇〇個の蛹はすべてオスであったので、営巣後期の巣である。大型ス

図 95 タイ北部のチェンマイ市郊外の露店でバナナの葉にのせて売られているハチの子（ウンナンオオスズメバチ）と巣盤（1985 年 8 月：梅谷献二氏提供）

表5　タイ北部市場における食用昆虫の種類と価格

市場（調査日）	種　類	内　容	価　格
コンケン市公設市場（1996/11/12）	①コミツバチ	生　巣	40バーツ/個
	②コオロギ・クツワムシ・ゲンゴロウ・カメムシ等の混合袋入り（20匹前後）	ナンプラー漬	20バーツ/袋
チェンマイ市トンパヨム市場（1996/11/18）	①コオロギ・ケラの混合	空揚げ	40バーツ/kg
	②クツワムシ・クビキリギス・イナゴ・トノサマバッタ等の混合	空揚げ	60バーツ/kg
	③コオロギとバッタの混合	空揚げ	50バーツ/kg
	④コオロギ・ケラ・バッタ・ゲンゴロウ・ガムシ等の混合	ナンプラー漬	300バーツ/kg
	⑤タケノメイガ	生　虫	250バーツ/kg
	⑥タケノメイガ	空揚げ	800バーツ/kg
	⑦クラヤミスズメバチ	生　巣	400バーツ/kg

＊いずれも梅林正直さんの調査による。なお当時1バーツは日本円で約5円である。

ズメバチの中では唯一の夜間活動性で、夜行性のハチに共通する形態的特徴として、弱い光でも感知するための大きな三個の単眼と、昼行性のスズメバチに比べてはるかに長い触角を持つ。巣は、松明を用いて働きバチを焼き殺して採取するといい、巣盤の一部が焼けこげていたが、詳しいことは明らかでない。

夜行性のスズメバチとして、他にヤミスズメバチ属というグループがあり、この地域にも二種が分布している。いずれもハチはアシナガバチ程度と小型で、巣もせいぜい人頭大であり、上記のクラヤミスズメバチとは分類上は別属である。ブリストウエの報告には、ヤミスズメバチのハチの子の食用例がのっている（Bristowe, 1932）が、タイをはじめ東南アジアの市場では、食材として売られているのを見た日本人はいないようである。

タイ北部には、スズメバチ属は八種が分布しており、おそらくいずれの種も現地の人によって食べられているだろう。山岳地帯には、日本のクロスズメバチの仲間も三種生息しているが、それらの小型種についての食用例は今のところ知られていない。市場で売られているのはすべて大型スズメバチ属で、この仲間が食用の中心になっている。これらのハチの子をバナナの葉に巻いて、調味料なしに蒸し焼きにしたり、油で揚げて食用にするが、とくに男性が地酒、ビールの肴として好むという。

この国の昆虫食を扱った日本人による主要な報告、すなわち「タイ国の昆虫に関する習俗」(中尾、一九六四)、「東北タイの食虫習俗およびコンケンの公設市場で売られている食用昆虫」(渡辺、一九八五)にはスズメバチはまったく登場しない。最近になって桑原(一九九七)が食用ハチ類として、ヒメミツバチ類の巣蜜とともに、スズメバチ食に関して次のように述べている。「田舎ではミツバチで最大種のオオミツバチやスズメバチ類も、まれにレストランで賞味できる。軽く炒ったり油で揚げた幼虫や蛹はとても香ばしく、これらのナンプラー漬けは蕩けるチーズにマヨネーズを少し加えたようなわずかに酸味のある、こってりした感じの珍味だった」として、オオミツバチとスズメバチのハチの子を同じように調理できるように述べている。しかし、オオミツバチとスズメバチでは、幼虫や蛹はどちらも六角形の巣房に入っているが、調理する時の取扱いは同じようにできない。なぜならオオミツバチは幼虫や蛹の皮膚が非常に柔らかいので、体をピンセットなどで挟むと、すぐに皮膚が破れて体液が溢れ出るので、ドロドロに崩れてしまう。一匹いっぴきを育房から取り出して、それらをまとめて調理することは非常に難しい。その点、スズメバチの幼虫や蛹は皮膚が強くて弾力があり、手でつまんでもオオミツバチのように形が崩れることがないから、巣から抜き出していろいろな調理に用いることができる。

ところで昔から昆虫食の盛んなタイでも、地域によっては昆虫食に衰亡の兆しが見えている。前述した一九三〇年代のオランダ人による調査では、北部・東北部を中心に中部・南部でも広く昆虫食が行なわれていたことが明らかになっている。しかし、一九九一年から三年余りタイに滞在し、各地を回って食虫習俗を調査した当時農水省農業環境技術研究所の桑原雅彦さんによれば、昆虫食は北部・東北部を中心とする地域には依然として存続しているが、中部以南のほとんどの地域で、食用として昆虫類が売られていることはもとより、聞き取り調査によっても、ほとんど全員が、食虫は未経験かその習俗を知らなかったという。南部では、ただ一人だけ食虫体験者と出会ったが、それも二〇年ほど前からはいっさい食虫をしておらず、周囲にも食虫者はいなかったというのである（桑原、一九九七）。

桑原さんは、中部以南の地域で昆虫食がすたれてしまった原因として、一九七〇年以降のこの地域における目覚ましい経済成長との関わりをあげている。所得の増加によって魚や肉、加工食品などの利用の機会が増えたことにより、昆虫のように量的・時期的に制約のある食材の利用は急速に低下したと指摘している。一方、北部・東北部を中心とする地域は、経済発展から取り残されていたが、それでも所得は徐々に増加しており、これらの地方でも昆虫食がいつまで存続するかは今後の経済発展次第ではないだろうか、と推察している。

こうした経済発展にともなう昆虫食文化の衰退傾向は、とくに日常食として昆虫を利用している地域では、今後おそらく世界各地に共通した現象となることが予想される。しかしながら、一部の昆虫食は経済発展に関わりなく、今後もすたれることはないだろうと私は考える。その根拠は市場で売られている多種類の食用昆虫の中でも、ひときわ高価格のグループの存在である。東南アジアの昆虫食圏では、市場で取引されている最高価格の昆虫はスズメバチ類のハチの子で共通している。それらは、中国南部、タイ北東部、それに日本の中部地方などでも食材として高い評価が与えられ、いずれの国においても市場では牛肉などの肉類よりも高い価格となっている。スズメバチ類が高価なのは、どこの国でも需要と供給が釣り合わぬからで、日本人に人気のあるマツタケやアワビと同じように、たとえ広い分布域を持つ自然の産物であっても、誰でも探せば見つかりそれを手にするというわけにはいかないからである。

また、タイのオオタガメのように、郷土の伝統料理の調味料として欠かすことのできない昆虫は一般に高価であり、それだけの代価を払っても手に入れたいという食に対する思い入れやこだわりがある。一方で、入手しやすい安価な昆虫類の食用は、所得が増えれば衰退していく運命にあるといえるだろう。オオタガメの場合、価格は一九八〇年頃でも東北部のコンケン公設市場ではオス一匹三～五バーツ、メスで二バーツ（当時一バーツ一〇円）であった（渡辺、一九八五）。これはタガメのオスのみが持つ腹部の臭線から出る特有の臭いをタイ料理の調味に用いるためである。しかし、メスは増量材とするか、虫体そのものを食べるだけで、その価値が低い。タガメ以外の他の昆虫の価格は、同じ市場で、コオロギは一皿二五匹で五バーツ、カイコの蛹はざるに山盛り一キロで二五バーツであり、またラーメン一杯が五バーツというから、タガメのオスはかなりいい値である。一九九七年二月のチェンマイ市場では、タガメのオスが三〜五バーツ（当時は一バーツ四・八円）であったという（梅林正直、私信）。

また、タイ東北部では、筍に食入するタケノメイガが、現地では「急行列車」と呼ばれて根強い人気がある。これは中国の雲南でも主要な昆虫食となっており、空揚げなどで食べるが、チェンマイ市場ではその値段はコオロギやバッタの空揚げに比べて十数倍から二〇倍もしている。この虫はかつては竹の重要害虫であったが、現在では食用昆虫としての人気があり、価格も高いので各地で養殖されている。レストランなどではシーズンになると大量に仕入れて冷凍庫で保存し、長期間利用するという。

タイでも北部や東北の内陸部では、かつて交通手段の貧弱であった時代には、食用昆虫は海に接した中部や南部の魚介類に匹敵する蛋白源であり、伝統的な郷土食として、主要な食材となっていたことだろう。しかし、鳥獣魚肉が比較的容易に流通する現代には、一部の昆虫のみが嗜好品として高価格で利用されているのであり、それらは魚肉や鳥獣肉類に代わる蛋白源ではなく、独自の食材として今後も人気が続くのではないかと思われる。一方、タイ中南部では海岸部が近く、もともと魚肉類への依存が昆虫よりも高かったので、スズメバチやタケノメイガなどの高価格な昆虫は、東北部に比べて利用されず、また安価なほかの昆虫も、所得の増加とともに魚肉類や加工食品へと転換されたのであろう。

4 ラオス

タイや中国雲南省と国境を接するこの国も、世界的に有数の昆虫食地域として知られている。しかしスズメバチ食文化については、これまでほとんど知られていなかった。最近スズメバチの巣の採集と調査のため現地を訪れたアマチュアのスズメバチ研究家中村雅雄さんは、この国におけるスズメバチの食習慣について、次のような興味深い体験を手紙で知らせてくれた。

それは二〇〇〇年八月三～六日に、この国の首都ビエンチャンより東に一五〇キロほど離れたメコン川沿いのパクサンに滞在し、ツマグロスズメバチ三個、ウンナンオオスズメバチ一個、ネッタイヒメスズメバチ一個の巣を採集した折のことだという。

「スズメバチの巣は記録をしたのち、現地でスズメバチの巣の情報をもらったラオ族の村の名士、ガイド、ドライバー、食事に通ったレストランの主人やゲストハウスの管理人の方などに差し上げました。私が巣を調べているときなども、近所のお爺ちゃんが上がり込んでじっと見ていました。その様子から幼虫を食べるのか聞いたところ、『欲しい』というので、巣盤一枚を分けて差し上げました。現地では、巣が運良く手に入れば良く食べるとのことでした。たまたま巣を採る人が入院中で、ウンナンオオスズメバチの巣については、その人が採ろうと思っていたらしいことが、後でわかりました。現地では、こうした大型のスズメバチにより水牛が殺されたこともあるということで、恐れられていました。

巣を採りにいくときは、現地の方が必ず手製のシャベルやクワをもって手伝ってくれました。（土中の）巣を採るのに何が必要か知っているのでしょう。現地では夜に松明を燃やして、出てきた成虫を焼きながら、機を見て掘り出す（樹上の場合は、穀物を入れる袋を巣にかぶせる）ということでした。巣を掘り出すと、現地の方が数キロもある巣盤をずっと大切そうに

図 96　ラオスにおけるスズメバチ料理（中央右）（中村雅雄氏提供）

運んでくれました。

レストランでの酒盛りでの調理法は、油を使用せず、塩を入れて茹でていました（図96）。また、羽化間近な色付いた蛹もお皿に並べられました。とてもおいしかったです。現地で巣の情報をくれて案内していただいた方は、差し上げた巣盤を親戚や近所の人にも分けたと言っていました。その方は私が持っていったハチ防護用の網付き帽子がぜひ欲しいと、ガイドに話していたそうです。

付け足しになりますが、ミャンマー中部のタウンジー周辺のシャン族の村では、ハチ採り名人が数名いて、八月以降はよく採りに出かけるとのことでした。また、市場でも巣が並ぶことが多くなるそうです。滞在中の市場では見付けることができませんでした」。

この他、ラオス国内ではミツバチやツムギアリとともにスズメバチ類が広く食用とされており、ビエンチャン近郊では野外の働きバチに目印をつけて追跡し、巣まで到達して採集する「ハチ追い」が行なわれているというが（野中、一九九九）、スズメバチの種名など詳しいことは分かっていない。

この国の昆虫食は未知の点が多く、とくに山岳地帯の小数民族とハチとの関わりについて、私もいつか現地に出かけて自分の目で確かめたいと思っている。

5　ミャンマー

ビルマと呼ばれていた当時のこの国の昆虫食は、七〇年以上も前にインドで開催された国際昆虫学会において、ゴシユにより次のように紹介されている（Ghosh, 1924）。

「東部シャン高原の少数民族は、樹上などのスズメバチの巣に夜近づいて、外被上にある一個限りの巣の出入口を煙でいぶして、ハチを巣内に閉じ込める。そのあと、巣を割って巣盤を引き出し、その内部につまった幼虫や蛹を引き抜いて食用にする」と。

この国は、現在もスズメバチ食の見られる中国雲南省、ラオス、タイ北部と国境を接しているが、最近の様子については不明である。三重大学生物資源学部の大学院に在学している数人のミャンマー人留学生に尋ねたところでは、自分達の出身地であるミャンマーの南部や南西部では昆虫食の体験はまったくないが、東部高原では今もスズメバチ食の慣習があると聞いてはいるが、詳しいことは分からないという。

6 ブータン

ヒマラヤ山脈の東に位置するこの国は、大森林と岩山に覆われた秘境で、敬虔な仏教国として知られている。これまでこの国のスズメバチも含めたハチ食については、まったく知見がなかった。ところが、サル類の生態研究のため、最近この国を訪れた京都大学霊長類研究所の相見満さんは、滞在中に体験したスズメバチと人々との出会いについて、次のように知らせてくれた。

二〇〇〇年一〇月二八日の野外調査で、相見さんは現地の人と渓谷の吊橋を渡っていた折、橋の下に巣をつくっていたスズメバチの集団攻撃を受けた。そこでそのハチの巣を皆でタイマツを用いて採取し、帰国後ハチの標本を私のもとへ送ってこられた。そのスズメバチは東南アジアの亜熱帯から熱帯に広く分布するツマアカスズメバチであった。相見さんは、地元の人が巣の中のハチの子を食べたいといったので、巣の内部を割ってみた。しかし、巣は直径三〇センチ以上もあったのに、内部には小さな巣盤が一個のみで、数匹の幼虫しかいなかった。おそらく、その巣は、他から引越してきたばかりの巣で、外観は立派でたくさん働きバチがいても、幼虫はまだあまり育てられていなかったのであろう。そのため残念ながらハチの子を食べることはできず、どのように料理するかも分からなかったという。

相見さんによれば、ブータンの人達はスズメバチの巣を採取してハチの子を茹でて食べるとはいっていたが、市場などでそれらが売られているのを見たことはなかったという。この国では、生き物はすべて自分達の先祖が転生したものと考えられているから、殺生を嫌うといわれる。この仏教王国の人々とスズメバチとの関わりについても、私自身でいつか現地を尋ねてみたいと思っている。

7　インドネシア

赤道直下に大小多数の島と多様な民族を擁するこの国では、ハチ食に関する知見はスマトラ島とジャワ島の一部に限られているが、私の体験を中心に紹介したい。

スマトラ島のスズメバチ料理

私は一九七九〜八三年の間、スズメバチ調査のために数カ月ずつ三回にわたり、スマトラ中部の西スマトラ州パダン市で過ごした。この地域は女系社会として知られているミナンカバウ族が原住民で、スズメバチ類の豊富な地域でもあった。私は、海岸沿いの平地から二〇〇〇メートル以上の高地まで、毎日のように現地の人とともにハチを追って過ごした。しかし、ミナンカバウ族の間では、オオミツバチの蜂蜜の利用以外には、スズメバチも含めた昆虫食文化はまったく見られず、土地の古老に聞いてもそうした習俗はないということだった。また、山地ではジャワ島から移住した開拓者による新村の建設も少なくなかったが、それらの人々もスズメバチ類を刺症昆虫として怖れてはいたが、食用とする話は一度も聞けなかった。

スマトラ島では北部のバタック族が、大型で土中に営巣するネッタイヒメスズメバチなど数種のスズメバチ類や、木の枝に営巣する中型種で夜行性のヤミスズメバチ類の巣を採取して、幼虫や蛹を塩、エシャロット、胡椒などとともに茹でたり、砂糖やその他のものを入れてヤシ油で炒めて食用とすることが、六〇年以上も前に報告されている（Meer Mohr, 1941）。

私自身もヤミスズメバチについて、バタック族の食用例を体験したことがある（松浦、一九八八ａ）。それは一九八一年にパダンでオオヤミスズメバチの生態調査をしていて、採取した巣を宿に持ち帰った時のことである（図97）。たまたま隣に泊まりあわせた北部原住民のバタック族の姉妹がそれを見て、食べるとう

図 97　夜行性のオオヤミスズメバチの巣を持つ子供（スマトラ）

まいという。そこで、調べ終わった巣をそっくり彼女達に渡して、その場で調理してもらった。小学校の先生をしているという二〇歳代の姉は、バタック族特有の精悍な顔立ちの美人であったが、手慣れた様子で、巣盤の底を火で軽くあぶったのち、巣穴を下向きにして、飛び出してきた幼虫や蛹を、中学生の妹とともに手でつまんで抜き出した。それらを鍋に入れて、チョウジ、塩、胡椒、エシャロットその他名も知らぬ各種のスパイスをたっぷり利かせ、ヤシ油でさっと炒めあげた。

できあがったハチの子料理は、日本で食べたクロスズメバチなどの煮付け料理に比べて香ばしく、淡白でカリッとした食感があり、とても美味であった記憶がある。それは熱帯料理に特有の豊富なスパイスの使い方によるのかもしれない。その女性によれば、スマトラ北部のバタック族はその当時でも、各種のスズメバチの巣を見つけると、男性が中心となって日中に巣を火でいぶして採取し、そのあとは女性が先に述べたような調理法によって「ハチの子」料理に仕上げ、最上のご馳走として皆で賞味するという。

スマトラの他の地方でのハチの子食は、見聞したことがない。私は一九八三年一二月には、スマトラの北部都市メダンから、小型ジープを自ら運転してバタック族の生活するいくつかの地方都市や村落を経て、西スマトラの州都パダンまで約一〇〇〇キロを、スズメバチ調査のため旅行したことがある。この時、食料調達を兼ねて、途中の地方都市ではパサール（市場）があればたいてい立ち寄ってみた。しかし豊富な地方の産物の中に、オオミツバチの蜂蜜売りを除いて、スズメバチはもとより他の昆虫も食材として売られているのを見ることはなかった。

スマトラ島でも、スズメバチ食文化の有無は民族によっても異なっているのであろうし、たとえあっても、タイや中国雲南のように市場で商品として流通するほどではなく、採集者が自分自身やせいぜい身近な人達と分かち合って食べる程度ではないかと思っている。

ジャワ島東部のハチの子料理

スズメバチのボトッ料理

ジャワ島東部における私の見聞では、ハチの子料理は、後述のようにトウヨウミツバチを中心とした野生ミツバチが主で、大型のスズメバチも、巣を発見すると採集して食用にすることがあった（松浦、一九九八）。

東ジャワには、コガタスズメバチ、ツマアカスズメバチ、ネッタイヒメスズメバチなど三種の大型スズメバチが分布する。これらのスズメバチはヒトに対する攻撃性が強く、地元では頭バチと呼ばれている。これは、この仲間が巣を刺激するとヒトの頭をねらって刺しにくるところから、この名前がつけられているという。

東ジャワの農村の男性は、これらのハチの巣を見つけると、小さい場合は採らずにそのままにしておき、その後巣が発達して大きくなりハチの子が多くなってから採取するという。巣を採るには、ヤシの枯れ葉などを束ねてつくった松明をつくり、日中か夜に巣の出入り口にその火をあてて、次々と飛び出してくるハチを焼殺する。反撃するハチがいなくなったら、巣のついた枝を切り落として巣を手に入れる。この地方のスズメバチは、コガタスズメバチが他種に比べて圧倒的に多い。この種は樹上営巣性で、ハチの子は一匹当りでは大きいが、営巣規模が小さいので一個の巣から得られる量は少なく、巣を採ると親族や知人で分けて食べる程度で、市場でハチの子が売られることはほとんどない。

私の体験では一九九七年七月三一日にマラン市郊外ラワン区の民家の庭で、約一五メートルの木の枝の頂部に、コガタスズメバチが営巣しているのを発見した。木の幹が細く営巣場所まで登ることが難しかったため、孟宗竹に似た大型の竹を三本つなぎ、その先端に大型の草刈鎌をつけて、巣を枝ごと切り落とした。

この巣は高さ五〇センチ、直径二五センチで外観は立派であったが、熱帯のコガタスズメバチ特有の発達した雨除け構造を持ち、巣の上部の約三分の二は外被状の構築物となっており、そこにはハチの子はまったくない（松浦、一九八八b）。巣盤は下方に三段あり、七二五育房があったが、卵、幼虫、蛹（繭）はあわせて九四育房にすぎず、残りの六三一育房は空房であった。この巣の場合、働きバチは約五〇匹で、女王バチはすでにいない営巣末期の状態であった。村の人によればスズメバチの場合、外観の大きさから、ハチの子の量を推定するのは非常に難しいようで、一般にスズ

図98　ハチの子のボトッ料理。採ったばかりのコガタスズメバチ（左の巣）と，トウヨウミツバチの２種のハチの子をミックスしたボトッ料理（インドネシア・マラン市）

メバチの巣は可食部が少ないという。スズメバチのハチの子の料理法は、「ボトッ」と呼ばれるバナナの葉に包んだ蒸し物料理が一般的である（図98）。この時採集したスズメバチの巣は、近所の人が早速、幼虫や蛹を引き抜いて調理した。調味法は後に述べるミツバチのボトッ料理とほとんど変わらない。調味料に、胡椒、エシャロット、ニクヅクの葉、コブミカンの葉、それにキャンドルナットと呼ばれる油分のないナットなどを擦りつぶして混ぜ、キャッサバの若葉の茹でたものを混ぜて、バナナの葉に包み、二〇分ほど蒸したものである。後述のプジハルジョ村ではスズメバチのハチの子料理では、ミツバチの場合よりも唐辛子をより多く入れるといっていた。

ミツバチの子の食用と市場での販売

松香・榎本（一九九三）はアジア一七カ国の養蜂事情を紹介した中で、インドネシアにおいてのみミツバチの子の食用のあることを述べている。それによると、トウヨウミツバチの飼育群の場合、貯蜜が少なく、蜂児圏ばかりのときは、ハチの子を副食として食べ、良質の蛋白源と考えられているという。しかしながら、この記述が広大で多様な民族からなるインドネシアのどの地方の例を述べたのかは明らかでない。

私が、インドネシアで在来種のトウヨウミツバチのハチの子の食用について見聞したのは一九九七年、九八年と二度にわたり、ジャワ島東部の中部高原（海抜約五〇〇メートル）にあるマラン市とその周辺の農村を訪れた時のことである。この地方ではトウヨウミツバチのハチの子がごく一般的に食用とされており、市場における巣付きのハチの子の販売、一般家庭での調理例、および市中のレストランでのメニューとしての取扱いなどを実際に体験することができた。

マラン市内の最大のショッピングセンターであるマタハリデパートの地下街はパサール（市場）になっており、ここでは肉、魚、青果物、香辛料、乾物、その他あらゆる食料品を一〇〇軒余の個人業者が軒を接して売っている。一九九七年七月下旬〜八月上旬に、私がここを三回にわたり訪れた折は、二軒でトウヨウミツバチの巣を販売していた。一軒は七二歳の老婆が、直径四〇センチのプラスチックのボウルに入った十数枚の蜂児部分の巣板を、他の一軒では五九歳の女性が、直径約五〇センチの浅い竹ザルに厚手の大きな紙を敷いて、その上に約二〇枚の蜂児の巣板を山盛りにして販売していた（図99）。

これらの巣板は、貯蜜はまったく含まない有蓋および無蓋の蜂児圏で、長さ、幅とも十数センチの小型のものが多く、巣内のハチの子を食用とする目的で販売されていた。価格は、商品として入荷した当日の七月三一日は、巣が新しくハチの子も新鮮な状態で、売買の呼称である一オンス（約一〇〇グラム）当り巣付きで二万ルピア（当時は一〇〇ルピアが日本円で約五円）であった。買う人は、巣板を手にして、無蓋蜂児のハチの子が大きくて新鮮なものや、有蓋蜂児の蓋を指先で少し剝いで、内部の蛹の品質をかなり吟味したうえで購入していた。三日後に行ってみると、両店とも上記の売れ残りが三分の一ほどあった。販売は続けられていたが、無蓋蜂児の幼虫は黒褐色化してほとんど死亡しており、有蓋蜂児も内部のハチの子の品質が劣化している様子で、巣板全体は臘質物がやや溶けた状態で黒褐色を帯びていた。価格は一万二五〇〇ルピア／オンスまで値下げしていたが、その後も売れた様子はなかった。

この市場では、ニワトリ（地鶏）は一羽約四〇〇〇

図 99　市場で売られているトウヨウミツバチの巣板。蛹（繭）が主体になっている（東ジャワ・マラン市）

ルピア、牛肉は通常六〇〇〇ルピア／キログラムで売られていたから、ミツバチの巣はこれらの肉類に比べてはるかに高く、一般の人々にとっては非常に高価な食材となっている。

翌年二月一五日に再び同市場を訪れると、ハチの子の販売は見られなかった。前回、ハチの子を売っていた六〇歳の女性は、ドリアン、パパイア、夕顔、シルサックなどの果物や野菜などを販売していた。この女性によれば、トウヨウミツバチの巣はこの時期には入荷はほとんどなく、東ジャワではどこでも売られていないという。市内にある他の数市場を回っても、二月中はミツバチの巣やハチの子は売られておらず、雨季の終わりの五月頃より市場に出回るという。

ミツバチのハチの子の採り方

マランとその周辺のトウヨウミツバチの飼養者やハチの子売りの商人によれば、この地方では、乾季と雨季がはっきりしており、雨季（一二〜六月）の終わりの五月頃になるとトウヨウミツバチのハチの子が、巣内にもっとも多いという。

一九九七年七月三〇日に、マラン市の中心部から南に約九〇キロ離れたプジハルジャ村の養蜂家三人に、ハチの子の採取現場を見せてもらった。この村は陸の孤島といわれ、南はインド洋に面し、他の三方は一〇〇〇メートル以上の山脈に取り囲まれ、戸数約六七〇で人口約五〇〇〇人の村である。交通不便の地であるため、外国人はオランダ統治時代にオランダ人が数度訪れた程度で、日本人は私が初めてであるという。この村は、トウヨウミツバチの野生群が至るところに営巣しており、飼養者も四〇〜五〇人はいるというが、セイヨウミツバチはまだ導入されていない。村人は大人から子供までハチの子を好み、年に一〜二度は野生のミツバチの巣を採ったものや、親戚、知人から分けてもらったものを調理して食べる機会があるという。

巣の採集や飼育は男性に限られ、女性はハチの刺症を恐れ手を出さないが、料理は手がける。ハチの子を採るには、飼育巣箱の場合、タバコの煙を巣口に吹きつけてハチをおどしたあと、巣板の表面に群がるハチを素手で隅に押しのけ、ハチの子のいる巣板を手でちぎっていた。

同年八月三日に訪れたマラン市近郊のケドッ村では、五〇歳前後の男性が、軒先に吊るした丸太の内部にトウヨウミツバチを飼養しており、ハチの子を目の前で採取した。この時は、最初に丸太を手で軽く叩いてハチを警戒させ、活動を止めた後に丸太を地面に降ろした。丸太は真中で二つに割ってあるので、手で両側に広げると内部の巣が現れた。巣は長さ八〜三四センチ、幅六〜一八センチの一一枚の巣板があったが、食用となる大きなハチの子（幼虫・蛹）の入った巣板は中央付近の三個のみで、それらを手でひきちぎったのち（図100）、丸太を元の状態に戻し、再び軒下に吊るした。

この地方のトウヨウミツバチは、日本産の同種（別亜種）のニホンミツバチと同様に、性質は温順である。慣れた者が扱えば、巣板を取り出すために巣を壊しても、働きバチは巣板の陰や巣箱の裏側に一斉に移動して隠れるような行動をとり、ほとんど反撃することはなかった。

ハチの子は、蛹になった有蓋のものや、無蓋でも発育の進んだ幼虫の多くが、中央近くの巣板に集中している。一方、食用とならない若齢幼虫や卵はその外側に分布しているので、それらは不用部分として手でひ

図 100　飼育中のトウヨウミツバチの丸太内の巣からハチの子の巣板を取り出す

きちぎって捨てていた。中央にある発育の進んだハチの子を取り出すには、その外側の食用とならない部分をまず取り除く。トウヨウミツバチの巣板は柔らかくて、いったん巣の付着部から取りはずした巣板は元の巣に戻すことができないので、ひきちぎった若い小さなハチの子は犠牲になってしまう。だから余程大きな巣でない限り、ハチの子を採取すると、その後の巣の発達に与える影響は大きいと思われた。

ボトッ料理の調理法

東ジャワでも、ハチの子料理の内容は地域によって、また人によっても多少異なっている。しかし、代表的なジャワ料理であるボトッと呼ばれるバナナの葉に包んだ蒸し物の料理が中心であることや、熱帯特有の豊富なスパイスがふんだんに使われていることは共通している。ここでは、私が滞在中に体験した養蜂業を営む中国人家庭での調理、農村出身の若い女性および地元の元大学教授夫妻からの調理法に関する聞き書き、および市内のレストランのメニューにあったハチの子料理について紹介する。

中国人家庭での調理

一九九七年七月三日にマラン市郊外で、トウヨウミツバチ、セイヨウミツバチおよび数種のハリナシバチを飼育し、ハチミツやローヤルゼリー等のミツバチ生産物を販売している中国人グナワン（中国名＝陳長寿）さん宅を訪れた。その折、私の目の前で、この地域で一般的に食べられている、トウヨウミツバチのハチの子をバナナの葉蒸しにしたものを調理して、ご馳走になった。これはハチの子のボトッ料理で、巣箱から取り出したばかりのトウヨウミツバチの主として若い蛹を食材にし、調味料として胡椒、ニンニク、エシャロット、塩、ニクヅクの実の皮、コブミカンの葉（葉の香りを利用）を用いていた。このうち、ニクヅクは中国原産なので中国人の料理によく利用される。

家庭料理としての調理

マラン市内には日本政府派遣のＪＩＣＡ職員で元北海道農業試験場に勤めていた関谷長昭さんが夫婦で滞在しており、その家には、一九九七年六月から料理や家事をする若い女性（二四歳）が住み込みで働いていた。彼女はジャワ島東部のインド洋に面したプジハルジョ村出身である。前述のように、この村では昔からトウヨウミツバチのハチの子を好食している。以下の調理法は、この女性が同村に住んでいた時に、母親から教わったもので、関谷さん宅で、私も数回その料理を味わうことができた。

まず熱湯にハチの子を巣ごと入れてかき混ぜると、蜜臘でできている巣房の壁は液状に溶けて、幼虫と蛹が浮いてくる。それらをザルで掬ったり、巣のカス（主に繭の部分）を手で取り除く。巣をつくっている蜜臘は、熱湯で溶けるとザルの網目を塞ぐので、これは後に熱湯をかけて溶かし、目詰りを防ぐ。蛹は熱湯に入れると、蓋の部分の臘が溶けて浮き上ってくるので、冷水をかけて蓋と蛹を分別し、蛹を掬って集めていた。

調味料はキャンドルナッツ（マカダミアと呼ばれる油分の多い調理用ナッツで、つぶして用いる）、チャベメラ（あまり辛くない大型の赤い唐辛子）、ニンニク、ショウガ、コブミカンの葉、クニィッ（ウコンの一種で、香りと黄色の着色剤として利用）などである。

ハチの子とこれらの調味料を擦りつぶして混ぜあわせたものに、キャッサバの若い葉の茹でたものを混ぜ、それらをバナナの葉に包んで、一五〜三〇分蒸す。この地方の一般家庭では、巣を採った時や入手したらすぐ、新鮮なうちに食べるが、市場で売っている高価なハチの子を買ってまで食べることはほとんどないという。

この女性はハチの子のスープもつくるのが上手であった。ニクズク（粉末、または切片）、エシャロット、ニンニク、コリアンダー（ドライスパイスとして種子を利用）、香葉（小葉のセロリの一種で一般に葉と種を香辛料とするが、この場合は種子を使う）を擦りおろす。フライパンにバターまたは食用油をひいて、これらの調味料を擦りおろしたものを狐色になるまで炒める。それから水を入れて市販のチキンの固型スープの素を溶かしたのち、ハチの子を入れてさっと煮るとできあがる。ハチの子のほかに野菜類を入れることもあるという。

地元の元大学教授夫妻からの聞き書き

マラン市のブラビジャヤ大学で、一年前まで植物生理学を専攻していたスギアント博士は当時六一歳の男性で、北海道大学理学部を卒業し、在日中に睦子夫人と結婚している。夫妻によればハチの子の代表的な料理は、ココナッツ風バナナ葉蒸しで、その調理法は、以下のようであるという。

ミツバチの子は巣ごと熱湯に入れると、無蓋の幼虫は熱で凝固して、表面に浮いてくる。蛹も蓋が熱で溶けて外へ出てくる。これを巣のカスや繭などの残骸と選り分けて掬いとり、湯は捨てる。調味料として、塩、ニンニク、エシャロット、バワンメラー（小さな赤い玉葱）、コブミカンの葉、ケンチュール（ショウガ科で、根の干したものをスパイスとして利用）などを用いる。ココナッツの実の内側の白い皮を擦り鉢で擦り、上記の調味料を混ぜる。その際、ココナッツは若い実を使うと美味しいが、擦りにくいという。そこへ、選別したハチの子を入れ、バナナの葉で小さなオニギリ大に包み、それを約一五分間蒸したのち食べる。

この地方では他の昆虫食として、九〜一〇月に発生するシロアリの一種の羽蟻（インドネシア語＝ラロン）があり、巣穴から次々と出てくるのを手で捕えるが、食材として市販されることもあるという。その調理法は、ナシ（ご飯）といっしょに油を用いずに炒め、インドネシア料理として有名なナシゴーレン（炒めご飯）とする他、ボトッ料理にもつくる。また、農村では、昆虫食として大型のコオロギ（タイワンオオコオロギ?）を土の穴の巣から捕え、塩味で焼いて食べることもあるが、水田のイナゴは食べないという。

なお、この地方では愛玩用の小鳥の餌として、マラン市内の鳥市場ではツムギアリの幼虫や蛹を年中売っており、私が確認しただけでも一六軒の露店があった。八月上旬には大型の女王アリの蛹が多数含まれていたが、価格は二五グラム（この地方では一／四オンスという）当り五〇〇ルピアで、私が見ていると一人一回に二五グラムを買っている人が多かった。

レストランでのメニュー

一九九八年二月一五日、マラン市内のインドネシア料理店ケルタ・サリで、ハチの子のボトッ料理がメニューにのっていたので注文した。メニューにはインドネシア語でボトッ・タワン（ハチのボトッ料理）、英語でココナッツとチリの蒸しものと書かれていた。チリとはやや大型の赤いトウガラシで、斜め輪切りにして調味料として使われていた。この時期の市場では、ミツバチのハチの子はシーズンオフで売られていない。そこで、店員に入手先を尋ねたところ、この店では五月頃のシーズン中に多量に調理したものを冷凍保存し、一年中販売しているという。客の注文があった時に電子レンジで解凍したものを、小皿にのせてもってくる。ボトッ料理特有のバナナの葉が本来は鮮やかな緑色であるのが、この店では茶褐色に変色していたのはそのためであろう。価格は一個二〇〇〇ルピア（この時はルピアの急落で一〇〇ルピアが約一・四円となっていた）であった。

このボトッ料理の一部を持ち帰り、その内容物を調べたところ、一個分として、トウヨウミツバチの繭塊（前蛹・蛹・羽化直後の働きバチ）七〇〜八〇匹分、バラバラになった繭十数個分のほか、営繭前の老熟幼虫数匹も含まれていた。前述のように、家庭料理としてハチの子を調理する場合は、繭内の前蛹や蛹を取り出し、繭殻などは含めない。しかし、この店で出された「ボトッ」は、口にした時、その中に含まれていた巣殻などはほとんど異物感はなく、よく吟味しなければば、その混入は気がつかないほど苦にならなかった。また、花粉房も十数房〜三十数房単位の固まりが五〜六個混入していたが、見た目には花粉と判断できず、地元の人もそれらを花粉の塊とは気がつかずに食べているようであった。

さらに、この料理にはオオミツバチの繭内の蛹および老熟幼虫十数匹が混入していた。この地方では、オオミツバチは非常に稀で、私の滞在中も巣はもとより野外で活動中の働きバチもまったく目に触れなかったので、食材として他地域から購入していると考えられるが、その産地は明らかにできなかった。

Ⅵ

どうやって巣を見つけるか

ハチの子を食用にする人たちは、その味の美味なことに魅せられているわけだが、
ハチ採りに夢中になるのはそればかりではない。
私がこれまでに出会った多くのハチ採り名人達が異口同音に口にするのは、
巣を探し出し、それを掘りとるという行動もまた情熱をかきたてられるという。
それは魚釣りや狩猟、
あるいはきのこ狩りや山芋（じねんじょ）掘りに熱中する人達の心理と共通するようだ。
山野峡谷を思いのままに歩き回って、目指す獲物の豊富な場所を見つけ出す能力は、
人それぞれの長年にわたる経験の蓄積と、
全身にたたみ込まれた勘ともいうべきものに裏打ちされたものだ。
期待した獲物に出会ったときの陶酔感はなんともいえないものである。
くわえて、獲物が大きいほどに、また、自分がかねてから狙っていたものであれば、
それを掌中に収めた瞬間の興奮は極に達して、胸の動悸は高まるばかりである。
そして、獲物を籠なり魚籠なりに納めるとき、またひとしきり満足感に満たされて、
いま手にしたばかりの獲物の感触を確かめるようにひとりで悦に入っている。
この心理というのは、かつてわれわれの祖先が山野を駆け巡って狩猟生活をしていた頃、
さまざまな獲物と出会ったときに全身を沸き立たせたであろう興奮と同じものではなかろうか。

1　いつ採るか

クロスズメバチの場合、巣の採取時期は掘りとった後の巣をどうするかによって異なる。すぐに食用としたり、商品として市場や買付け人に引き取ってもらう場合と、巣を持ち帰って家で飼育する場合とである。前者の場合、巣はできるだけ大きくてハチの子がもっとも充実しているのがよいし、後者の場合には、働きバチが数匹でもおれば、巣が小さくてもよく、六月から八月の早い時期に採取されることが多い。

クロスズメバチの女王バチが巣をつくるのは、関東や中部地方の平野部では四月、山間地では五月頃で、働きバチは五〜六月から羽化し、以後増え続けて、巣は新女王バチやオスバチの現れる一〇月頃まで発達を続け大きくなる。営巣活動は一一月末まで、暖冬の年には一二月頃まで続くが、とくに巣が大きくなるのは九月〜一〇月頃で、働きバチが五〇〇〜一〇〇〇匹もの数にもなると活動も活発になる。そのころの女王バチは、一日に一〇〇〜一五〇卵を産み続けるので、日に日に巣は大きくなり、幼虫や蛹の数も飛躍的に増えて、いよいよ食用の適期となる。したがって巣を採取してすぐ食用とするならば、九〜一一月が最適となる。

とくに巣の下方部の巣盤で育つ新女王バチの幼虫や蛹は、大型で脂肪分に富み、働きバチやオスバチのそれに比べて体重比では二〜四倍に達する。したがって、巣内に新女王バチの幼虫や若い蛹がもっとも多くなった時期が、食べ頃となる。ところが、この新女王バチの育児の最盛期は、同じ地方でも巣によって一〜一カ月半のずれがある。また、秋になって育てられる新女王バチとオスバチの割合も巣によってかなり異なる。

ハチの出入りが多く外観は立派な巣でも、下段にある巣盤がまだ卵や若い幼虫であったり、新女王バチよりもオスバチの幼虫や蛹が多いと、思ったほど中身は詰まっていない。また、早くから新女王バチの育児が行なわれている巣では、それらが羽化してしまったあとの空房が多い場合もあり、食用の対象となる中身が減って巣は軽くなる。

野山にある巣の採取は、早い者勝ちの競争社会である。とくに最近では、巣を探す人々は身近にある巣はできるだけ早めに採取し、その後は遠隔地に足を伸ばすということが多い。だから、巣は見つけしだいに掘りとるので、それが大きくなるまで待つという余裕はない。

昔からクロスズメバチの場合、「月夜はハチの子が多い」、また逆に「闇夜がよい」といって、月齢により巣内のハチの子の量が異なることをいう場合がある。江戸期に書かれた『想山著聞奇集』にも、「岐阜の郡上《ぐじょう》辺りでは、月の一五日に掘ればハチの子は巣内いっぱいに充満しているが、二〇日頃では悉く空になっている」と述べられている。しかし、巣内のハチの子の量は女王バチの産卵力や巣の発達程度と密接な関わりがあり、これは各々の巣によって異なるので、月齢との関係はまったくないと思われる。

山野でクロスズメバチの巣を探し出して、これを掘りとるのは、いつの時代の人々にとっても、年中行事の一環であり、待ち遠しい秋のライフスタイルの中に組み込まれていたことであろう。明治期の長野県南部では、村の若者などが農作業の休みに、山野にでかけて巣を探すことを、夏から秋にかけての遊戯のように考えていたという。大正期の同県伊那地方では、巣の採取は八月下旬より一〇月下旬までで、とくに九月下旬より一〇月中旬までがもっとも多かった。この時期は当時盛んだった秋蚕の飼育が終わり、稲刈りにはまだ間もあるので、農作業は一服となる。農作業の定休日に、気心の知れた三〜四名の青年が一組となって巣を探したり、副業として採集する者もいて、毎日野山を歩き回っている人々が少なくなかったという。

農家にとって、本業をさておいてハチの巣を探すことができないのは今も変わりなく、農作業暦とも深く関わって、稲作地帯では稲刈り以降が本番となる。また、近年の農業構造の変化により、それまでの稲作中心から野菜栽培を主にする経営に切り替わった地域でも事情は同じである。たとえば長野県松本平では、かつての九月の農閑期も、昨今は遠隔地に出荷する秋野菜の出荷に追われ、ハチ追いをする時間がなくなってしまったという。これまでは夏から秋にかけて、どこでも行なわれていた畦畔の草刈りや、植林地の下草刈りなども、人手不足や兼業化で行なわれなくなって、こうした場所に巣をつくるクロスズメバチからも遠ざかり、巣の発見の機会が少なくなってしまった地域もある。

2 巣の探索と発見

スズメバチの巣は人里やその近くに営まれることも多いので、畑や山での作業中やきのこ採りなどで、巣へ出入りするハチに気がつくという、いわば偶然の発見という機会も少なくない。またハチの子食に積極的な地方の人が、食習慣のない地域へ出稼ぎなどで出かけてたくさん巣を発見する場合もある。

たとえば、九～一二月に長野や岐阜などから和歌山などのミカン産地へ収穫作業の手伝いのため、住み込みで出稼ぎをする人達がいる。私が和歌山県有田地方で知り合った長野と岐阜の出身者六名の場合、一九七〇年代にはミカン園やその土手、仕事場への途中の道路際などで、一人当り一カ月にクロスズメバチの巣二～一三個、平均六個を見つけている。休息時や休日を待ってそれらを掘り出し、下宿としている農家で調理し、同郷の人達が集まって食べたり、なかには沢山採れると巣ごと郷里へ送っている人もいた。

和歌山県下では一般にハチの子の食習慣は見られないが、この地方でサザリまたはシャシャリと呼ぶクロスズメバチの巣は比較的多い。ミカンの収穫作業の現場付近に営巣しているうえ、作業のある九～一二月はハチの活動の最盛期と一致しているから、仕事のあい間にも巣を見つけることが多いという。

クロスズメバチに関心の強い人は、仕事の最中といえども、また一仕事の合間にミカン山の石垣の上で一服しながら腰を下ろしているときでも、何気なく目をやったその視界の中にハチが飛んでいれば、その姿をとらえた瞬間から、無意識のうちにその飛んでいく方向に目をやっている。ベテランになると、小さな谷一つ隔てた向かいのミカン山の土手にある巣でも見つけ出す。これは朝夕の逆光状態の時などを利用し、全身に陽を浴びて金色に輝きながら空中に一筋の軌跡を残していく小さな綿毛のようなハチの姿を、遠方まで目で追うことができるからである。

食習慣の盛んな地方や、商品としてハチの巣を探す人達は、積極的な探索によって発見の機会を増す。それには伝統的な二通りの方法がある。ひとつは野外で発見したハチに餌づけしたうえ、綿などで目印をつけた餌をくわえさせて、その後を追いかけて巣を見つける方法で、クロスズメバチの場合、長野で「スガレ追い」、岐阜では「ヘボ追い」、「ハチ追い」などと呼ばれている。他は「透《す》かし」といい、山野を歩き回りハチが巣をつくっていそうなところを見当つけて、見通しのよい場所に立つか、地面にしゃがみこみ、巣へ往来する働きバチを発見して目で追ったり、巣穴から出入りするハチを見つけるやり方である。

3　ハチを追う

山に満つ男の匂ひ地蜂追ふ　　宮坂沙子

まずは野外に出かけて、草むらや木の枝に、餌を探して飛び回っている働きバチを見つけることから始まる。その姿が見つからなくても、ジョロウグモなどの巣にかかったハチの死骸が見つかるなら、付近の密度はかなり高いといえる。そこで、あらかじめ用意したカエル、ザリガニ、川魚、セミ、バッタなどの表皮をはぎ、筋肉質の部分を露出して棒の先などに突き刺し、ハチの目の前にそっと差し出す。するとハチはその肉の臭いを感じて、飛びついてくる。それから大顎で直径数ミリの小さな塊に食い切って肉団子とし（図101）、くわえ持ち去る。人によっては、野外で餌付け用の昆虫やカエルなどを探す手間を省くため、マグロの赤身、ニワトリのササミなど、あらかじめ家から持参する。これらの肉質は柔らかく、ハチがすぐに肉団子にするというので好んで使う人もいる。

ハチの多い地方では、その姿が目の前になくても、クロスズメバチのやってきそうな場所にこうした餌付け用の肉塊を竹や棒の先に突き刺しておく。これは長野県伊那地方などでは「スガレ釣り」、岐阜県東濃地方などでは「へボつけ」などと呼ぶ。こうして見通しのよい場所を中心に、数十メートルの距離をおいて数カ所に餌付けをしておく。数十分もして再びそこを訪れると、働きバチがやってきて、一心不乱に肉を噛み切っている（カラー図9）。ハチがその場にいなくても、肉塊の表面に斑状に浅く肉片がかじりとられた痕跡があれば、暫く待っているとハチがどこからともなくやってくる。

ハチは肉塊をくわえて飛び去る際に、獲物の方向へ頭を向けながら「記憶飛行」を行なう。それは獲物のまわりを初めは小さな円を、やがてしだいに大きな円

図 101　餌付け用のカエルを肉団子にするクロスズメバチ

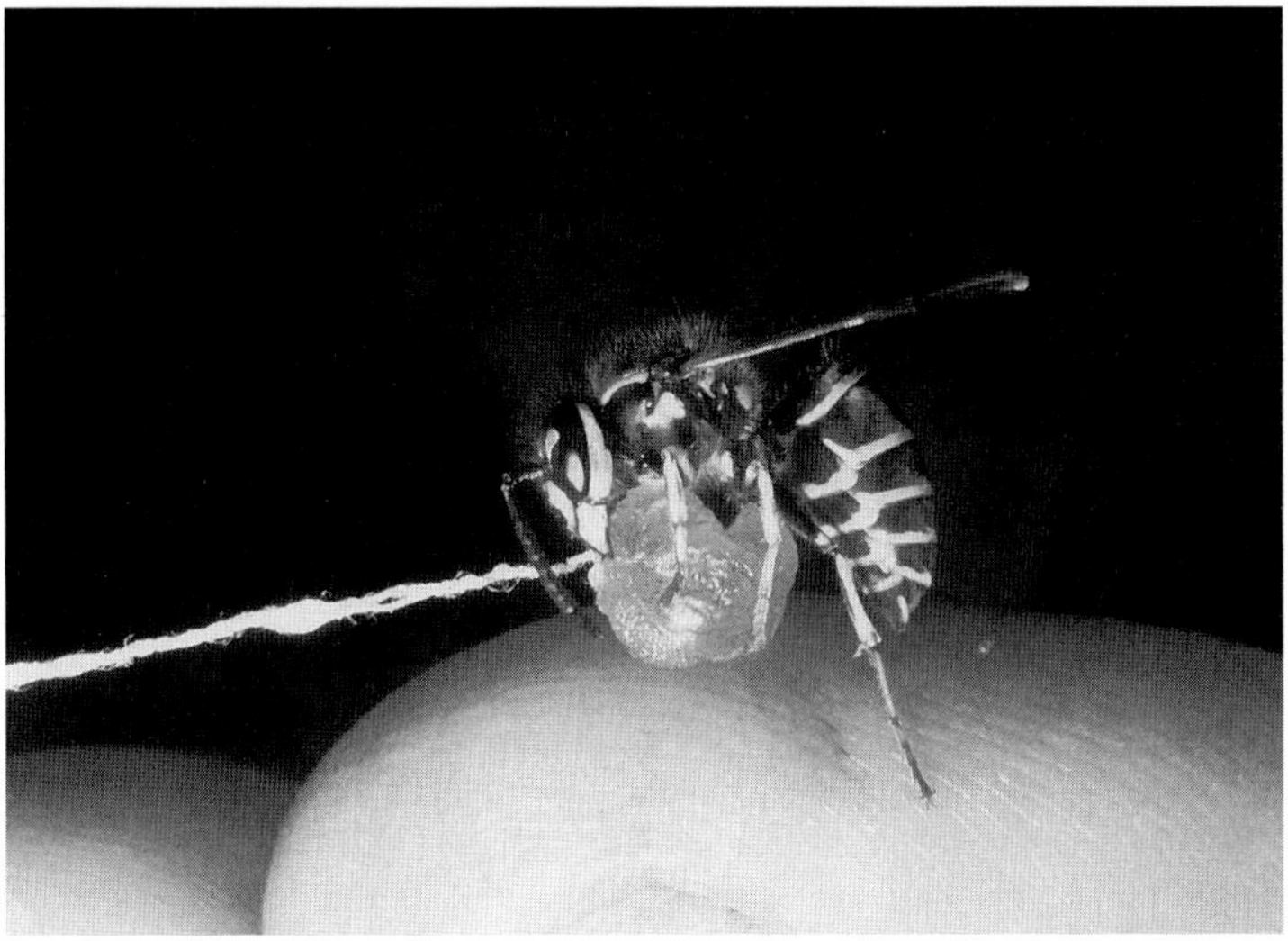

図 102　指先に与えた吹流し付きの肉片

を描いて数回飛び回るもので、その場所を正確に記憶した後、巣の方向へまっすぐに飛び去る。

このとき、ハチの飛んでいく方向をその場でよく見極めることが大事で、普通は最初の時だけ肉塊を自由に持ち帰らせる。やがて、ハチは必ずその場へ戻ってきて、再び肉塊を食いちぎろうとする。ハチの戻ってくるまでの時間は三～一〇分くらいで、その場合の巣までの距離は一〇〇～五〇〇メートルほどである。それ以上遠いとさらに時間を要し、ハチを追うには能率が悪いので、餌付けの場所を変える。

ハチが戻ってくるあいだに、直径四～六ミリくらいの肉塊をつくり、それに目印となる真綿などの小片を取り付ける。綿は先端を広げて数センチの長さの吹き流しとし、途中からは糸状に細く撚って肉に結びつける。真綿は最近では手に入りにくいし、長い繊維はハチが巣へ戻る途中に草や木の枝に引っかかりやすいので、脱脂綿を用いる人も多い。最近は人によってはティシュペーパーを最上とする。自分で好みのものを使ってみるが、いずれにしても、それらを肉片につけるのがもっとも熟練を要するところである。できるだけ軽くすることと、ハチの体に繊維が引っかからないようにする。

ハチが戻ってきたらすぐ肉に食らいつく。そこで、用意しておいた綿のついた肉片を指先に乗せて、ハチの頭の先に静かに差し出す（図102）。ハチはそれに躊躇なく食らいついてくるので、ハチを綿とともに指先に移し、飛び去るのを待つ。このときのハチは人の指などまったく意に介さない。刺されることなど心配無用である。

ハチは指の上で前脚と中脚を巧みに使って肉片を回転し、それが完全に食い切られているかを確かめる。このとき、肉片についている綿にハチが気が付かないようにするため、反対側の手の指で綿の先端をもち、すばやくハチの腹の下側にもっていくことがこつである。もし、ハチが肉片とつながっている綿に気が付くと、これを食い切ろうとしていつまでも飛び去らない。このあたりが芸のいるところである。

こうして、ハチは肉団子を仕上げると、再び餌のまわりを数回飛んで、その場所をしっかりと憶える。それから地上数メートルの高さを巣へ向かって一直線に飛び去る。後は肉につけた綿の吹き流しを目印に、追跡あるのみだ。ハチは人間のつくった道などお構いなしに野を飛び、山を越え、川を渡る。もちろん、追跡者も綿の一点から目を離すことなく、道なき道をハチと同じスピードで走り続ける。

ハチの飛ぶ速さは、くわえている肉団子や吹き流しの重さと大きさで異なるが、大体時速十数キロだから、自転車並と考えればよい。しかし追っている途中で倒木、切り株、石などにつまづいて転んだり、山芋(じねんじょ)を掘ったあとの深い穴に落ち込んで足をくじいてしまうこともある。沢に真っ逆様になって落ち込んだという人もいる。しかし、ベテランのハチ追いはたとえ途中で転ぶことがあっても、骨折などの重傷を負わない限り、目だけはハチから離さない。イバラのトゲで行く手を阻まれ、衣服をカギ裂きにし、手足を生傷だらけにしても、そんなことくらいで、ハチ追いをやめるわけにはいかないのである。

こうして、ハチを追っていると、突然にハチが高度をさげて、地表の草むらの中にスゥーと消え入る姿を捕えたとしたら、もうしめたものである。そこがめざす巣の入り口であることは間違いない。高鳴る胸で近くへ寄って見ると、夏以降ならばたくさんのハチが地表に開いた小さな穴からせわしげに出入りしている。

しかし、どんなベテランでも、ごく近くに巣がある場合を除いて、一回目の追跡で巣が見つかることはめったにない。ハチが飛んでいく途中に大きな木があったり、丈の高いやぶを越えたりすると、そこでハチを見失ってしまうこともある。

そのときは、もとの餌付け場所へ引き返してみると、ハチの方はもう肉を巣へ届けて引き返しており、再び棒に刺した獲物にかじりついている。それは「巣はそう遠くはない」と直感する瞬間でもある。そこで、再び綿をつけた肉片を与えて、指先にハチを移す。それからは最初とやり方が異なる。ハチを指先にのせたまま、全速力でさきほどハチの姿を見失ったあたりまで、走っていくのである。そこから飛び立つのを待って追跡を再開する。

ハチが肉団子をくわえて飛び立っても、すぐ付近の木の枝などにとまる場合がある。ハチは目印の綿に気が付いたのである。こうなると、ハチは根気よく綿の繊維を噛み切ろうとして、いつまでも飛び立たないから寄り道をくってしまう。そんなときは、別の肉片を与えるか、その場はハチのなすがままに任せて、もう一度、もとの位置からやり直した方が効率はよい。ハチは餌のある限り、何度でも元の場所へやってくる。もし、一日目で見つからなかったとしても、翌日、同じ場所へ行ってみると、昨日のハチがすぐに飛んできて、餌を催促するかのように体にまとわりついて離れない。そのようなときは、「オー、昨日のヤツではないか、今日こそは巣を見つけてやるからな」などとハチに独語しながら、なぜかハチがいとおしくさえなる。それが「ハチ追い」にのめり込んだものの心情であろう。

最近はこの「ハチ追い」が、レクリエーション化しているともいわれる。いい年の大人がただ一心に天空の一点を凝視して野山を駆けまわる。現代の繁雑きわまりない社会から、一時開放されて、無心の境地でハチを追い求める。金もかからず、健康にもよい。巣を発見したときの安堵感、巣を掘り出すまでの期待感、巣を手にした時の至福の極み、そして、食べてうまいとあっては、大人を熱中させる要素に事欠かない健全な娯楽といえる。

こうしてハチを追いかけるのは、一人でもできるし、リーダーとなる人を中心に三〜五人ですることもある。後者の場合、人数に応じて役割分担を決めることが多い。すなわち、餌付け一人、見張り一〜二人、追っかけが残り全員で、一丸となってハチの行方を注視する。時には十数メートルの木の頂まで登って見張りを立てたり、近年はトランシーバーや携帯電話など文明の利器を使って、一キロくらいの遠距離でも当り前のように追跡する。ただし、クロスズメバチの最大行動半径は、一〜二キロ以内と短く、普通は巣から一〇〇〜五〇〇メートルの範囲内で餌を漁っている。これは最大距離で見ると、ミツバチの一二キロ、オオスズメバチの八キロに比べきわめて短い。

いずれにしても、数人の気のあった連中が、目的をひとつにして追いかけるので、休日のレクレーションとして楽しみながら参加している人が多い。自然の中を走り回るから健康にも良く、日頃のストレス解消にも役立つ。だから、収穫の多寡に一喜一憂するよりも、子供どうしや、大人総出、最近では父親と息子、時には娘も含めた家族のレジャーとしても行なわれている。

こうした気のおけない仲間どうしの一連の作業は、ハチ追いの行為そのものが満喫できればよいから、身近な場所で一〜二個の巣を見つけて引き揚げるならば、それで満足なのである。

蹤《つ》いて来し子にも蜂の仔熕《わか》たるる

柳原昭俊

4　透《す》かしのプロ

「透《す》かし」はクロスズメバチの仲間を対象として、一般にハチの密度が高い地方や、ハチ追いの途中で巣をつくっていそうな環境に出くわしたときに行なわれる。これはこのハチが巣をつくりやすい土手や林縁、刈取り後の田圃の畦などで、逆光状態に体を保ち、小手をかざして空中を透かしてみる。餌付け法に比べてやや熟練を要するが、かつては上手な人では一日に数十個の巣を見つけることもあった。個人で自由に山野を歩き回るが、仲間といっしょにハチを追うのに比べて、収穫量の個人差は大きい。一般にはベテランが行なうので、一人当りの入手量は多い。

実際にやってみると、視界にはアブ、ハエなどハチとよく似た昆虫類がたくさん目に入ってくるし、ハチの仲間もいろいろ飛び回っている。その中で獲物とするハチだけを探し出せるようになるまでには少しばかり年季がいる。クロスズメバチの場合、このハチ特有の力強く水平でまっすぐな飛翔は、まるで一本の糸のような軌跡を空中に残す。日中ならば、黒光りした翅をはばたかせて風を間切りながら飛ぶ華奢な姿を、朝夕であれば密生した白い細かい毛で包まれた全身が逆光の陽を浴びて金色に光り輝いて飛ぶ姿を、広い視界の中から選り分け探し出すのである。そのハチのめざす目的地が、巣であるか、逆に巣を飛び立って獲物を求めて狩場へ向かうハチであるか、瞬時の出会いにとっさの判断を下す。

巣へ戻るハチと、これから狩りに向かうハチとでは、飛ぶ姿も速さも違う。行きつけの場所を目指す往路のハチは身軽で、頭、胸、腹が糸のように細いくびれでつながった小さな体をまっすぐ水平にして、背筋を伸ばした軽やかな若者のようだ。クロスズメバチの仲間は、巣から飛び出したばかりであれば、口元に肉団子よりやや小さめの土の塊をくわえていることがある。クロスズメバチの習性として、ハチは巣穴から飛び立つ直前に、巣をつくる空間を拡げるため、巣のまわりの土の一部をかじりとって丸薬状に丸め、それをくわえて巣穴から出てくる。それを巣からほど遠くない空中から投げ捨てる。土をくわえたハチが飛んでいるところを見つけたとしたら、もう巣はすぐ近くにあるはずだ。そんなときは、付近の地表の草むらからハチが出入りしていないかどうか、視界の中を可能な限り目を凝らして透かしを行なうのである。

巣を出る時には、ハチの腹の中に、往復の飛行に必要なエネルギー源として、幼虫の分泌液だけがおさまっている。大きな獲物を捕まえた時には、数回にわたって残してきた肉塊のもとへ通うが、一刻も早く狩りの場所へ行かなければ、アリや他のハチなどにもっていかれてしまうこともある。また日の出前後の早朝であれば、狩りよりも通い慣れた場所でアブラムシなどの甘露を集めるハチが真っ先に巣を飛び立つ。秋も深まった早朝の冷気の中を、勢いよく飛んでいる昆虫といえばクロスズメバチしかいない。

一方、巣に帰るハチは獲物の肉団子や巣材の塊を口にくわえている。腹の中には蜜や獲物の体液などを飲み込んでいるから、その重みで腹が下がり、尻の先は地面を向いて、同じハチでもまるで腰の曲がった老人が飛んでいるようだ。腹の中の蜜は、体重の半分から時には同じ重さにもなるので、スピードは落ちる。たくさんの蜜をもっている時は、口元から蜜の滴が溢れ出ており、それが朝陽を浴びると水玉のように輝いているのがはっきりとわかる。

飛んでいるハチが往復路のいずれであるか、見極めるのはよほど経験を積まなければ難しいが、口元に何かくわえていないかどうかに注目する。とくに、獲物の肉団子をくわえているのを見極めることができればよい。そんなハチは巣へ戻る最中だから、見つけるとその場から動かずに、じっと目を凝らしてその行方を追う。巣が近ければ低いところを飛ぶことが多いし、他にもあちらこちらの方向から巣の一点を目指した仲間の往来が目につくようになる。「透かし」を行なう人は、山へ入ったらたえず聴覚と視覚を中心とした五感の神経を集中し、草むらや林間の微かな、しかし高い調子のこのハチ特有の翅音と、天空を横切るハチの飛翔の軌跡に注意を払っているのである。

この方法では、クロスズメバチの仲間で、生きた昆虫だけを狩るツヤクロスズメバチや近縁のホオナガスズメバチ類などの巣も見つけ出すことができる。これらのハチは餌付けが非常に困難であるが、普通は巣が小さくて食用にしないから、それらを相手にしたり巣を採ろうとする人は、ほとんどいない。

「透かし」も「ハチ追い」も、熟練を要する技術である。広い山野でどこにあるか分からない巣へたどりつくためには、働きバチの狩りや飛翔の行動、地域によって異なる巣をつくる環境、巣の発達状態などに関する総合的な知識がいる。透かしはクロスズメバチ類の生息密度の高い地域では、まだ他の採集者が入っていない場合、場所によっては数メートルないし数十メートルの間隔をおいて次々と巣を発見できることがある。こうした宝の山に行き当たった場合、ハチ追いのような時間と手間を要する採集法は必要なく、もっぱら透かしに集中して効率よく巣探しをすればよい。今日のようにプロ、アマを問わず、巣の発見のため、採集者が鵜の目鷹の目で歩き回っているときには、多収穫を上げるのは難しくなってきた。多産地の北海道では、最近は岐阜や長野から飛行機を利用して採取している人達さえ少なくない。しかし、自然相手の狩りでは、普段からそれを求めて山野を歩き回っている人というのは、その対象がきのこ、山菜、川魚、大型の狩猟動物と異なっても、それぞれ他人には教えられない自分だけの秘密の穴場を持っている。

一九五〇年代頃まで、透かし専門に東北や関東地方を行脚し巣を採取していた、栃木県を中心としたプロやセミプロのトリコと呼ばれた採取者は、列車やバスを乗り継ぎながら、北は青森から南は時に京都あたりまでを行動圏としていた。ハチ採りを生業《なりわい》とする人もいて、一回の採集旅行は二〜四泊で、毎年それぞれの地方に馴染みの宿を持ち、そこを拠点に周辺を歩き回った。その日採った巣はあらかじめ旅館から提供された物置きなどの場所に、巣盤を縦にして壁などに並べて立てかけ、風通しをよくする。巣は重ねておくと、幼虫や蛹の体温からでる三〇度を越える熱と水分によって下方の巣盤は蒸れ、巣内の幼虫が死んでしまうからである。こうして荷がまとまるとそれらを取りまとめて、トリコを抱えている栃木県西那須野町の買付け人のところへ運んで、買い上げてもらったのである。

トリコ達は直径四〇センチ、高さ八〇センチ前後の大きな竹製の背負い篭を背に、透かしを行なう。早朝から日の暮れてハチの姿が見えなくなるまで、一日に二〇キロメートルは歩き、多い日には三〇キログラムの巣を入手したという。これは巣の数に換算すると、二〇〜三〇個に相当する。こうした戦果の陰には、周到な準備もあって、まず八月頃に一度、現地の下見をして、ハチの姿の多いところを五万分の一の地図上にチェックしていく。プロになると、鉄道沿線毎にそれらの地図を数十枚持っていたという。これに毎年の気候、獲物の量、土質なども記録した。

こうしてトリコは新女王バチの幼虫の入った「親段」が充実する一〇月頃に、目星をつけておいた場所へ、巣を掘りに出かけるのである。たとえば、山形県米沢市辺りではもっぱら刈取り後の田圃をねらう。この地方では田の畦に巣が多くつくられているからである。刈取り後の田は見通しがよく、巣へ出入りするハチも見つけやすい。こうした環境ではハチが巣から飛び出るときは「ハチが立つ」といって、まずまっすぐ上に飛び、そこから目的地へ一直線に向かう。六〜八月に雨が少ない年には、関東のローム層や東北の火山灰土地帯では、沢添いの黒土や赤土に女王バチのつくった巣がたくさん見られる。しかし、巣の小さいこの時期に大雨があったり長雨が続いた年は、多くの巣が跡形もなく消えてしまう。それは湿った場所につくられた巣は、大部分が巣全体を支えているわずか二〜三ミリの細いパルプ製の柄の部分が湿気やカビに侵されてしまうと、幼虫のびっしりと詰まった巣盤の重量を支えきれず、数時間のうちに落下してしまうのである。ひとたび支えを失った巣は、その下面が湿った土の表面に少しでも接触すると、水気を吸い上げてもろくなり、一〜二日で形を失うほどに崩れ、ハチは巣を見捨ててしまうからである。

かつてクロスズメバチは全国各地に普通に見られた。透かしによってどのくらいの巣が発見可能かというと、私自身の体験では、一九五二年の小学五年生の当時、北海道札幌市円山公園内を昆虫採集をしながら歩き回って、多い日は一日に六個のクロスズメバチの巣を見つけた記憶がある。また、ハチを研究するようになってからのことであるが、一九七六年八月には、北海道札幌市郊外の八剣山山麓で、一帯に生息するトガリフタモンアシナガバチの巣を探して四時間ほど歩き回った折、クロスズメバチとシダクロスズメバチの二種の巣あわせて九個を発見できた。それらはアシナガバチの巣の発見に神経を集中した折に、たまたま目に入った副産物に過ぎない。ベテランであればさらに多くのクロスズメバチの巣の発見が可能であったことだろう。

長野県伊那地方では「透かし」も「スガレ追い」も、明治期にはすでに行なわれていたが、この地方でもハチの子が自家用の消費にとどまっていた明治の中頃までは、地元のハチの密度は高く、「透かし」が主であったと思われる。

それが、一九一〇（明治四三）年以降、ハチの子缶詰の生産開始が端緒となって、このハチは受難の歴史を迎えることとなった。明治末期から大正期に、長野県や岐阜県の各地に広がったハチの子の缶詰工場の開設と生産量の増加によって、地元ではハチの子の商品的価値が急激に高まり、買入れ価格が高騰した。野外における巣の採取が過熱化し、乱獲によって、このハチの生息密度は大幅に減少したことであろう。そのため、巣の採取地は食習慣がまったくないか、ほとんど見られない周辺県へと拡がり、さらに関東、東北などにまで及ぶようになったのである。

一方、地元でもクロスズメバチが絶滅したわけではないから、透かしを行ないつつ、新しい巣の発見法として、働きバチを追って巣を見つけ出すことが試行錯誤のうちに確実な巣の発見法として考えだされた。野外で働きバチを見つけた場合、近くか、そう遠くない距離にかならず巣がある。獲物の豊富な場所では、ハチは巣との間を短時間に繰り返し往復するから、その習性を利用して餌付けをする。ハチに目印となる真綿の糸などを体に結んだり、真綿の吹き流しを餌につけて飛ばすことによって、ハチを追う工夫をした。当時は養蚕が盛んであったから、真綿から取れる糸くずは容易に手に入っただろう。乱獲によるハチ密度の低下で、透かしの効率が低下したり限界に達していた巣の採集人の間で、ハチ追いによる巣の発見法は伝習または技術の盗み見などによって、ハチ食文化を伝える地域に短期間のうちに広がったと考えられる。

現在でもクロスズメバチの出荷量で全国的に圧倒的なシェアを持つ栃木県那須地方では、巣の採取は透かしのみで、飼育もほとんど行なわれていない。しかしながらハチ食文化の発達している長野、岐阜、愛知などの中部地方では、ハチ追いが中心であり、飼育も盛んに行なわれている。巣の発見法から採取法、最近では飼育法に至るまで、従来の伝統的手法に加えて、ハチ愛好者の会員組織が各地に生まれ、それらがネットワークとなって新たな改良と工夫を凝らした技術に発展している。

5　巣を掘り出す

巣が見つかったらいよいよ発掘である。この場合も、その目的によって取扱いが違ってくる。ハチの子をすぐに食用にするなら、巣だけを採って、働きバチ（子バチとも呼ぶ）や女王バチ（親バチ・雌《め》バチと呼ぶ）などの成虫は、普通はそのまま巣のあった場所に残しておく。しかしながら、明治末期から大正期には、缶詰加工用の商品として生巣を売る場合、巣内や巣下で眠っている成虫をことごとく集め、巣といっしょにしてその重量を増すこともあったという（大沢、一九一四）。

一方、早い時期に巣を掘って自宅などに持ち帰り、身近に飼って大きくするのであれば、巣を採る際に成虫は一匹残さず捕え、その後の労働力として利用する必要がある。勿論、女王バチは卵を産み、巣の発展の元締めであるからかならず持ち帰らねばならない。かつては、これらの地方でも、巣盤が三〜四枚で働きバチの数が数十匹になる七月中旬から九月に巣を掘り、それを自宅の庭などに移して一〇月〜一一月頃まで飼うことが多かった。しかし、最近は六月頃に働きバチが羽化するのを待って、それが数匹しかいない小さな一枚の巣盤だけの巣でも苦心して探し出すようになった。ハチ採りの人口が多くなったので、巣は見つけしだいいつも目の届くところへ移さないと、すぐに他の人に発見され持っていかれるからである。しかしながら、巣が小さく、働きバチの数が少ない時に掘ると、移巣したあとの飼育管理が大変である。できれば二段または三段の巣盤を持つまで、掘り出すのを待った方が、飼い巣としてはやり易い。また、女王バチがまだ一匹で活動している巣は、たとえ見つけて持ち帰っても、そのあと大きくすることはまずできない。そんな巣は移動すると、新しい土地がどんなに餌が豊富で居心地が良くても、女王バチはそこには頑として馴染まない。いったん巣口をあけて開放した途端に、女王バチはそれまで育ててきた子供も巣も見捨てて家出してしまうのである。女王バチだけの小さな巣を見つけた場合、働きバチが現れるまでが待ち遠しい。誰かに巣が見つかりはしないかと、気がかりな日を過ごす。

飼育が目的で巣を掘る場合、人によってさまざまなやり方が工夫されている。「生掘《なまぼ》り」といって、雨合羽などで武装したうえ麻酔することなしに慎重に巣を掘り出す方法がある（西尾、一九九九）。名人級になると、プロテクターは一切なしで、一時間も二時間もたっぷりと時間をかけ、巣もまったく傷つけずに掘る人もいる。これはハチ飼いでも相当の勇気と技術がいるが、麻酔によるハチへのダメージがないうえ、ハチも巣の修理など余計な仕事をしなくてよい。六月頃ならば巣の大きさはまだテニスボールほどで、ハチの数も数匹ないし十数匹なので、巣をできるだけ壊さないように慎重に掘り進める。土の中の暗やみにぶら下がっている岐阜提灯のような巣が突然に目の前に姿を現した時は、地中からまるで縄文時代の土器でも掘り当てたような感動がある。力を少し加えればクシャクシャに崩れてしまうほどのもろい巣を、原型のまま慎重に掘り取る。中にハチを入れたまま巣を木箱などの移巣箱に移し、ハチとともに持ち帰る（図103）。巣が小さいときほど、働きバチは一匹も残さず採取するように心がける。夜を待って掘る人もいる。日没後一～二時間もすれば、ハチはみんな巣に戻っている。日没後、暗くなってからの発掘は、帰巣するハチにわずらわされることがない。また、この仲間はオオスズメバチなどのように、働きバチが朝帰りをする習慣はほとんどないから、日中でも外出した働きバチが全部戻ってくるまで待てばそっくり採集できる。ただし、明るいうちに掘るのであれば、少なくとも一時間はそこで待って、戻ってくる働きバチをすべて捕虫網などで生け捕りにする。あるいは巣のあった位置に移したばかりの巣の入った巣箱をおいて蓋を開けておけば、帰ってきたハチは辺りを探し回った末に次々と自分から巣箱の中の巣を探し当てて入っていく。

ハチを麻酔しない場合、巣を掘る前に、巣穴の付近を足でトントンと踏みつけたり、木の枝や棒などで地面を軽く叩いて振動を与えると、ハチは警戒して一時的に外出をやめ、巣内にひきこもる。帰って来たハチは、次々と巣へ入っていくが、これも振動を与え続けると、ふたたび外出しない。まるで不動金縛りの魔法にでもかかったように見える。しかし簡単のようであっても、その叩き加減は、巣を掘る人の永年にわたる勘に裏打ちされたものだ。慣れない者が下手に振動すると、土の中の巣が根元からはずれて落ちてしまったり、逆にハチを怒らせて一斉に飛び出してくることがある。

一般にはこうした生掘りよりも、巣を掘る前にハチを麻酔したうえで掘ることが多い。

七月以降になると、巣は直径十数センチ以上、巣盤も三〜五段を越え、ハチの数も一〇〇〜二〇〇匹以上となり、巣口から市販の煙硝や多煙花火などを突っ込んで、ハチを麻酔させるのが普通である。慣れないうちは発煙剤の使用量の見当がつきにくく、つい多すぎて巣の一部を焦がしたりハチを焼いてしまうこともある。さて、煙が土中の営巣空間に満ちて一〜二分もすればハチは仮死状態になる。そこをすばやく掘り起こして、巣を採取する（図104）。最近はフィルターつきのタバコで、火のついた側を口にくわえてフィルター側から煙を出し、巣穴に吹き込むベテランもいる。こうして巣を掘り出すと、一時意識を失ったハチは巣盤の間ばかりでなく、巣下の土の表面にも真っ黒くなるほど折り重なっている。初めてそんな光景に接する

図103　ハチを麻酔しないで巣を静かに掘り出す〝生掘り〟。右上が移巣箱（加藤義雄氏提供）

と、思わず息をのむようなハチの数である。それらをていねいに一匹いっぴき手でつまみ、ハチの体を傷つけないように細心の注意を払って拾い集める。これらの働きバチは、巣とは別に紙袋や竹筒などに入れて持ち帰る。いっしょにしておくと、家に着くまでに蘇生して、巣盤の間などに潜り込んでしまい、その後の飼育箱へ移す作業がやりにくくなる。また、巣とハチを別々にしておくと、眠りから覚めたハチは巣に戻ろうと必死に動き回る。そこへ自分たちの巣が与えられると、すぐに巣へ移り、さも安心したかのように思い思いに巣に静止し、やがて脚、触角、翅など体中をていねいに身づくろいを始める。ただし、女王バチだけは掘りとった直後に、巣盤の間に押し込んで、巣といっしょにしておく。

人によっては、働きバチを巣につけたまま持ち帰り、飼育箱に巣を固定する際に、再度煙幕花火などを用いて眠らせてから作業する。この場合、ハチを麻酔することによって弱ることもあるので十分に注意する。煙硝や煙幕によって眠っている時間は十数分以内であるから、この作業はなるべく手早くしなければならない。

図 104　雨合羽を着用し，頭，手，足元も完全防備してシダクロスズメバチの巣を掘る

巣を飼育しない場合、ハチを殺したり一時的に麻酔してから巣を掘り出すので、それほど神経を使うことはない。農作業中などにたまたま見つけた巣を採取する時は、巣穴の前で藁や草などを燃やす。こうして巣穴から出てくるハチや戻ってきた数百匹のハチを次々と焼き殺す。やがて反撃するハチがいなくなったら、すばやく巣穴を中心にその周辺を掘って巣を採り出す。長野や栃木の那須野ヶ原一帯など、クロスズメバチの多産地は関東ローム層なので、土質は柔らかく、巣は一〇～三〇センチ位の浅い土中に多い。草刈り鎌一本あれば、土を除き、途中にからみついている草木の根を次々に切っていけば、容易に掘り出すことができる。

明治期から大正初期の長野県伊那地方では、竹筒に煙硝を入れて筒先を穴の中に差し込み、筒の回りを土で密閉しておいて、導火に火を点ずると、煙硝の煙がすべて巣の中心に送り込まれ、一～二分後にはハチが仮死状態となるとある（奥村、一九一二）。また、岐阜県東濃地方では、大正期には火薬の入手が難しく、取扱いにも危険を伴うため、キセルの火皿にタバコをつめて点火し、火皿を口中に含んで吸口を巣口にあて、タバコを吸うのとは逆の状態で煙を吹き込む方法や、火吹竹に麦のフスマを入れ、その上に炭火をのせてフスマを燃焼させ、その煙を巣口に吹きつけるなどの工夫もなされていた（長野、一九一六）。

セルロイド製品が全盛の頃は、それに火を付けて発煙したり、時にゴムも燃焼のため用いられた。中国山地の岡山県真庭郡湯原町粟谷の山村では、クロスズメバチをアワイバチと呼んでいるが、一九七〇年代前半にセルロイドを燃やして採集する方法が次のように紹介されている（篠原、一九九〇）。

「アワイバチの営巣は他のハチと異なって田の畔など土中に作る場合が多い。一ヶ所土に穴をあけ、中に大きな空洞をつくりそこに営巣する。このアワイバチを取るには一本のハブラシでまにあう。夕方、成虫が全て穴に入った頃を見計らい、ハブラシに火を付けて入り口に放り込む。すると中のハチが目を廻し一時気絶する。そこで大急ぎで穴をこわし、巣を取り出しサナギ（の入っている巣盤）だけ頂戴して成虫が目を覚まさないうちに元の穴に戻して埋めてしまう。またこのハチは体の露出している部分は不思議に刺さないといわれ、かつては褌一丁で取りに行ったという話を聞いたが、この方は本当にそれで獲れたかどうか知らない」と。

その頃の歯ブラシの柄はセルロイド製で、点火すると特有の臭いを発しながら激しく発煙して燃焼するので、巣内は一時的に酸素欠乏になり、ハチが仮死状態となって動けなくなるのである。最近のハブラシはプラスチックなどの合成樹脂製であるから、簡単に点火できないし、たとえ燃えてもセルロイドを燃やしたときのような煙は出ないから、ハチ採りには使用できない。最近はこうしたセルロイド製品はほとんどなくなったので、代わって煙硝や多煙性の花火が用いられている。長野や岐阜ではハチ採り専用の煙硝や煙幕が一本五〇円から一〇〇円前後で市販されており、簡単に入手できるが、自分で火薬を調合する人もいる。

6 ハチ採りのマナー

巣を探し出したあと、それを掘り出す。さらに採ってきた巣から、一匹いっぴきハチの子を抜いて、そのあとを自分達で料理し、それを賞味しながら同行した仲間や家族と歓談の時を過ごす。ハチの巣採りは小学校高学年や中学生の子供でも、遊び仲間が組んで、それぞれの体力や経験に応じて一連のバラエティに富んだ作業の中で、それぞれの役割を受け持つ。こうした集団体験を積むことによって、ハチの巣の採取技術は、村落内の男たちを中心に習得され受け継がれてきた。それは、村落社会における社交とコミュニケーションの場として重要な地位を占めたことでもあろう。

しかし、最近の農村社会の変化は、こうした集落内の行事としてのハチの巣探しにも影響を与えている。巣の採取地域や縄張りとしての先取権の意識なども急速に変わりつつある。採集者は自家用車によって活動範囲を飛躍的に広げ、高速道路を利用して全国各地へ出向くようになった。家の近くの畑や土手などで見つけた巣も、いつよそから来た人に採られてしまうか分からないという不安につきまとわれる。最初に巣を見つけた者が、その目印として近くに草を結んだり、周りの草を刈らずに残しておけば、集落内ではその巣の所有権を主張している者がいることを理解する。ところが、よそから来た人は、そうした目印にお構いなしに、ひどい場合にはその目印目当てに巣を探して、採ってしまう。最初に巣を見つけた者は、大きくなってから巣を掘ろうと、ハチの出入りの増えるのを楽しみにしていたのが、ある日突然に、無惨にも空ろな穴だけになっているのを見つけて虚しい思いをしなければならない。せっかくの楽しみが消えてしまうのである。

クロスズメバチを食用としない地方では、食材あるいは商品としての価値がないから、巣がどこにあるか知らず、他地域の者が採りにきても無関心であることが多い。むしろ危険な生き物と思われているハチを採ってくれるというので感謝されることさえあった。ところが見知らぬ土地では巣を掘ることだけしか頭になく、時間を惜しんで車で走り回るので、巣を採った跡始末をしない人達もいる。畦畔や土手に穴を空けたまま埋め戻さなかったり、夢中でハチを追って農作物を踏み荒らしたりする。農村の人々は、見慣れぬ車が村落内の道端に止まっていたり、見知らぬ者が畦畔に穴を掘っていると、気づかない様子を装い見ぬふりをしていても、その行動には鋭い注意を払っている。だから、巣を探したり、掘り出すときに、マナーが悪ければ他所のものはお断りと敬遠せざるを得ない。

静岡県では、岐阜・長野県方面からの採集者が数多く訪れるが、茶園を無断で走り回ったり、大切な畦に穴を空けたまま放置する迷惑行為があとを絶たなかった。そんなところへ、茶栽培の農家が、後述のようにクロスズメバチは茶につくシャクトリムシ等の害虫を捕食する益虫であることに気が付いた。そこで当時の茶関係の農業協同組合が音頭をとって、全県下で積極的な保護にのりだした。これはそれまで不評だった他県からクロスズメバチの巣を採集に訪れる人々のマナーの悪さに対して、一矢を報いたのである。

Ⅶ

巣採りの悲劇

野外でスズメバチを追って巣を見つけ出し、これを採集することは、
大の男を熱中させる娯楽的要素があって楽しいものである。
しかし、オオスズメバチなどの大型種は勿論のこと、
小型のクロスズメバチでも時にはヒトを死に至らしめるほどの強い毒性と、
激しい攻撃性を持っており、さまざまな危険がともなう。
ここでは、それらの事故のいくつかを紹介し、注意を喚起したい。

1　死のハチの巣採り
――ハチ毒アレルギー

スズメバチと聞けば、一般の人は反射的に刺すハチ、怖いハチというイメージが湧くように、その攻撃性と毒性はハチ採りの人々にとってもけっして侮れないものである。

食用のため、スズメバチの巣を採取しようとして、ハチの捨身の反撃によって刺されることは、ハチを採る者ならば、誰しも一度ならず経験はあるはずだ。しかし、場合によっては、クロスズメバチのように体長一センチ余りの小さなハチであっても、その一刺しが死につながることもある。

クロスズメバチの巣を採っていた男性が、体のたった一カ所を刺されたためにショック死した次のような記事（中日新聞）がある。

「ハチ一刺し　へボ捕り男性死ぬ

一九八三年八月二日午前一一時ごろ、名古屋市守山区吉根長廻間の雑木林で、クロスズメバチ（通称ジバチ）捕りをしていた愛知県西春日井郡豊山町の会社員Hさん（四八歳）が、ハチに左手の親指つけ根付近を一カ所刺された。一緒にハチ採りに来ていた同市内のMさん（四七歳）に刺されたところを見せているうちに両目が充血し、間もなく『気分が悪い』と訴えて、意識不明になった。

Mさんが救急車を呼んで病院へ運んだが、午後零時三〇分ごろ死亡した。病院や守山署の調べによると、死因はショック死で、ジバチの神経毒が血液の回りが速い部分に入り、命取りになったらしい。

Hさんは仕事の得意先のMさんの店を回っているうちに、二年前からMさんとハチ捕りをするようになった。一昨年は四、五回、昨年は合わせて二〇回ほど一緒に採集に出掛け、巣からハチの幼虫を取って、ご飯に炊き込み〝へボめし〟として味わっていた。今年はこの日が初めてのハチ捕りで三日前にMさんが巣を見つけ、連れ立って出掛けていた。

　Mさんの話では、Hさんは昨年の巣の採集中、四、五回刺されたが異状はなかったという。また、Hさんの家族は『アレルギーなど特異体質ではないし、普通の体調だった』と言っている。

　手当をした同市守山区内の、病院の院長（五二歳）は『運ばれた時、既に心臓が止まり、全身が紫色に変わり、ショック状態だった』と話していた。

　Hさんらは移植ごてやカマ、ハチを気絶させるための煙幕花火など〝七つ道具〟を持ち込んでいた。」

　最後に、私（松浦）の所見として「ハチに刺されて死ぬ人が、全国で多い年には七〇人を越える。ほとんどは数度刺された経験の持ち主だが、それまで何ともなかったのに手足など単純な部位を一カ所刺されただけで、急死してしまう。ハチ毒に対して体内に強い抗体ができる〝アナフィラキシーショック〟と呼ばれる一種の抗原抗体反応のためで、呼吸困難など重体に陥り、死にも至る。このショックが現れるのは一割ほどの人。即効薬や治療法がない。ハチに刺され息苦しくなるなどの軽い症状が出たら、再び刺されぬように注意してほしい」とある。


　同じ愛知県内で、クロスズメバチの巣掘りをして右まぶたを刺された男性（五六歳）が、帰宅後、医師の往診を受け、翌日朝になって死亡したという次のような記事（一九九八年七月二一日、中日新聞）もある。

「七月一九日午前八時ごろ、愛知県北設楽郡設楽町田口井戸入九、会社員Bさん（五六歳）方で、Bさんが布団の中でぐったりしているのを家族が見つけ医院に連絡した。Bさんは前日に、町内の山でクロスズメバチ（ジバチ）に刺されたと家族に話しており、医師の往診を受けたが、刺されたことによるショックで間もなく死亡した。設楽署の調べでは、Bさんは山林へハチの巣を採りに行き、一八日午後七時四〇分ごろ、右まぶたを刺され帰宅したという。」

　一般に、ハチに刺されて死亡する場合、二つのケースが考えられる。ひとつは一度にたくさんのハチに刺されたための大量の毒作用によるもので、他はハチ毒のアレルギー体質となったため、たった一匹のハチに刺されてもショック死を起こす場合とである。

　ふだんからスズメバチを食用としている者が巣を採ろうとして、誤ってハチに刺され死亡した例は、私の知っている限りでは他に八例ある。そのうちの五例は一度に多量のハチに刺されたとみなされるもので、他の三例は一～二匹のハチに刺されたのが原因のハチ毒アレルギーによるとみなされる。大量のハチ毒の作用による死亡は大型のスズメバチに見られ、オオスズメバチ（三例）やキイロスズメバチ（二例）の働きバチによって集団的に襲われ、数十匹のハチに全身を刺されたためのものである。

オオスズメバチは、体長が四センチにも達する世界最大のスズメバチで、攻撃性が強くマンダラトキシンなど本種特有の強烈な毒を持っている（図105）。おもに土中に営巣し、秋の大きくなった巣では一〇メートルほど近寄っただけでも、体当りの攻撃をしてくる。巣当りの働きバチ数は二〇〇～三〇〇匹で、ピーク時の九～一〇月は五〇〇匹に達することがあり、とくに九州では巨大な巣となり、働きバチの数もさらに多くなる。犠牲者はいずれも日中に巣に近づいて、巣穴から飛び出してきたハチの集団に襲われ、その場で転倒したり、逃げ切れずに、頸部や頭部を中心に全身を刺されている。

このハチの集団攻撃による犠牲者は、山林の下草刈り、山芋掘り、きのこ採り、狩猟中などにも起ってお

図105　オオスズメバチの毒針

り、とくに九州地方で被害が多い。たとえば、下草刈りの事故として、一九八四年には、九月一二日大分県玖珠郡九重町で五八歳の男性、同年一〇月一日、同県国東郡国東町で六〇歳の男性とその妻（五七歳）が、いずれも全身を十数カ所〜数十カ所刺されて死亡している。

キイロスズメバチの場合、働きバチの体長は二センチあまりで、オオスズメバチに比べると体は小さいが、攻撃性は強い。軒下や屋根裏などに直径四〇〜八〇センチの巨鐘のような巣をつくり、巣内のハチの数も一〇〇〇匹を越えることがある。このハチの巣を採ろうとして、私の知る限りでは、長野県と岐阜県下で、一九七五年に次のような事故が二件起こっている。それはハチの子を得るため軒下に露出して営巣した巣を、夜間に巣の直下から大きな麻袋やビニール袋にすっぽり入れた後、巣の付着部を鋸で切っているうちに、袋の隙間から多数のハチが這い出てきて、顔面や手など数十カ所を集中的に刺された。そのため、多量のハチ毒が体内に注ぎ込まれて、いずれも二日後に毒作用で死亡したとみなされる。

キイロスズメバチは、スズメバチの中でも全国的に普通に見られるので、一般人の刺症被害は多い。死亡例として、他にも下草刈り、山地の測量、屋根ふきなどの作業中に、巣を刺激して集団攻撃を受け、数十匹のハチに刺されたものである。

ハチの巣を食用のために採取する者は、何度も刺されているうちにハチ毒の痛みや腫れに対して抵抗力を持つことが多い。普通は、オオスズメバチやキイロスズメバチに一匹刺されただけでも、救急車を呼んだり、病院にかけつけるような事態になって大騒ぎをするが、ハチ採りの名人と呼ばれるような者は、「痛えなー」といいながら、刺された傷口に自分の唾を塗り付けておく程度で済むという豪傑も少なくない。

ところが、大量のハチに一度に刺されたり、首筋の血管など、刺されどころが悪い場合、いかにハチ毒に強い体質のヒトでも油断はできない。真のハチ採りの名人というのは、ハチを怒らせず、また自分自身も刺されることなしに、上手に巣を採ることのできる者をいうのである。

一般の人が山野や住宅地でハチに刺されて死亡したり、重篤症状となるのは、ハチ毒に対するアレルギーでショックを起こす場合が多い。ハチ毒に対するアレルギー体質者の場合、ハチに刺されると、さまざまな全身症状が現れる。たとえば、軽症なら刺された部位以外にじん麻疹やかゆみがあり、だるさや息苦しさを感じる。この程度ではさしあたっての治療を急ぐことはないが、次に刺されたときはもっと重症になる可能性がある。たとえば喉や胸が狭くすぼまって、口内の渇きやしびれ感があり、腹痛、下痢、吐き気なども起こり、頭痛、めまい、喘鳴、全身の浮腫などの症状がでる（松浦ら、一九九七）。

ハチに刺されてこうした症状がでた場合、二度とハチの巣採りはできないことを覚悟したほうがよい。人によっては、こうしたアレルギー体質になると、ハチの幼虫や蛹を食べた場合にも、同様な症状を起こすことがあるので、十分注意しなければならない。

さらに重症になると、呼吸困難、意識障害、血圧低下、脈拍微弱、全身発赤、四肢けいれん、チアノーゼ（皮膚、粘膜部分が暗紫色または暗青色になる）等のアナフィラキシーショックといわれる危険な状態となる。ここまで重篤になると、一刻を争って救急措置をとらなければならない。こうした症状は人によっても、また同じ人でも刺された時の体調によっても異なっているが、死亡の場合も含めて、一般に男性が圧倒的に多く見られるのも、ハチ毒アレルギーの特徴である。

かつての厚生省の人口動態統計によれば、日本におけるスズメバチを中心としたハチ刺症による死亡者数は、世界保健機関（ＷＨＯ）の分類にもとづき調査の始まった一九七九年以来、一九九八年までの二〇年間では七一九名に達する。年平均にすれば三六名がハチによる刺症で命を落としているが、性別の総数は男性五七二名に対して女性は一四七名となっている（図106）。

一方、ハチの巣を探して山野を歩き回ると、ハチ以外にも毒ヘビ、ツツガムシ、ムカデ等の危険な刺咬動物にも出会う。それらの動物による死亡者の数は、ハチと同じ年度の二〇年間では、毒ヘビ二五七名（男性一二八名、女性一二九名）、ツツガムシ四五名（男性二三名、女性二二名）、ムカデ一〇名（男性四名、女性六名）となっている。山野では、毒蛇などよりもハチによる犠牲者のほうが遙かに多く、しかも他の刺咬動物に比べて、その犠牲者が日本人の場合、男性に著しく偏っていることは注目すべきであろう。アメリカやイギリスなどでも、ハチによる死亡者はあるが、女

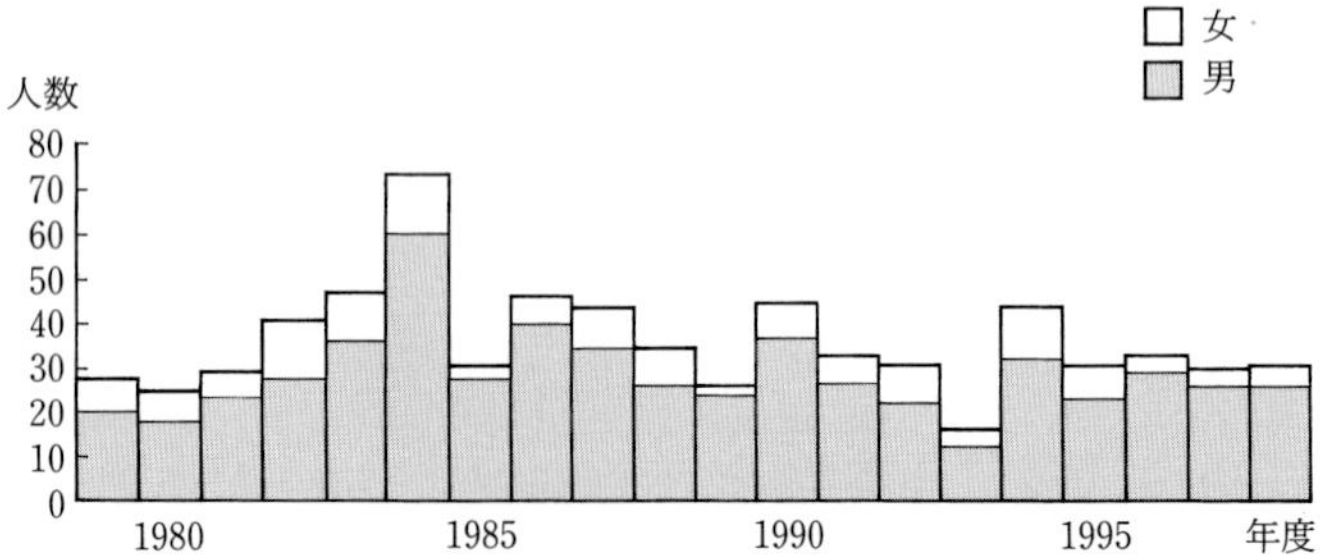

図 106　ハチ刺症による死亡者の年次変動（厚生省人口動態統計による）

性と男性の割合はほぼ等しいのである。

　女性でもいったんアレルギー体質となったら、再び刺されたときの危険性は男性と変わらない。そうした兆候が見られた場合、二度と刺されないように本人はもとより、周囲も十分な配慮が必要である。それが身近な人の場合には、たとえ自分自身がハチ毒アレルギーでなかったとしても、趣味としてのスズメバチの採集や飼育をあきらめなければならないこともある。

一九九六年一一月に、岐阜県串原村の恒例のヘボ祭りで、私は、同村でクロスズメバチの巣を自宅で飼っているNさんから深刻な相談を受けた。奥さんがクロスズメバチに刺されてアレルギー症状を起こして入院したが、その後、ハチを非常に怖がるようになったという。ハチを自宅で飼っているがどうしたらよいかというものであった。Nさんには、気の毒であったが、私はただちに自宅の庭でハチを飼うことはやめること、今後は自宅にはハチは持ち込まないようにすること、さらに奥さんは、今後、ハチ料理はいっさい食べられないことを伝えた。クロスズメバチの毒は、すでに蛹の時に体内につくられており、皮膚からばかりでなく、人によってはハチを食べた場合にも、アレルギーの起こることがあるからである。

　日本ではスズメバチの巣を探し求め、そのハチの子を食用とする人々がいる一方で、スズメバチの攻撃により多くの人が刺されて苦しんだり、死亡する者までいる。このことはかつて我々の祖先が狩猟・採集生活をしていた遠い昔から今日まで続いてきた、スズメバチの捕食者あるいは天敵としてのヒトと、刺症昆虫としてのスズメバチとの複雑な関わりを示している。スズメバチ側から見れば、巣を守るため、すなわち、幼虫や蛹を奪われないように、対抗力としての防衛力を発達させ、その装備として毒針のミサイル攻撃を進化させたと考えられる。スズメバチの巣内の幼虫や蛹は大量の蛋白源として、ヒトだけでなく、クマ、タカ（ハチクマ）、アナグマ等の大型捕食者にとっても魅力的な食物塊である。たとえ危険を侵し、多少の手痛い犠牲を払ってでも自分自身や子供のための食物として手に入れる価値を持っている。

しかし、ヒトの場合、ハチ毒は単なる発痛物質としての毒性だけでない。ハチ毒中にアレルギーを引き起こす特殊な抗体をつくりだす抗原物質、たとえば、ホスホリパーゼ、ヒアルロニダーゼなどの酵素を主体とした化合物は、毒性はほとんどないが、繰り返し刺されることによって、過敏体質の人をハチ毒アレルギー症へと変えてしまう。それが引き起こすさまざまな全身的重篤症状、たとえば呼吸困難や意識障害や、時には死に至る症例は、ハチに刺された当人ばかりでなく、周囲の人々もそれを見聞することによって、ハチ毒の恐ろしさを認識し、ハチへの恐怖感を増幅する。これによって、巣を狙う天敵としてのヒトに対し、心理的な抑止力としても役立ってきたことであろう。

ミツバチを飼育している養蜂家の場合、愛蜂といえども刺されて一度でもアレルギー症状を体験すると、廃業せざるを得ない。養蜂家はミツバチを管理するときに、面布や手袋をまとったり、燻煙器を用いてハチの攻撃を避けるけれども、それでも一つの巣箱だけでも二～四万匹のハチがおり、毎日の世話や蜜絞りなどで、いつなんどき刺されるかわからないのである。そのうえ、ミツバチは年中巣の世話をしなければならないので、付き合いが夏から秋までと限られているスズメバチとは異なる。

二〇数年前のことであるが、和歌山県有田郡金谷町に住む知人の養蜂家は、それまでミツバチに刺されてもほとんど気にもとめなかったが、ある日突然に、ミツバチに手の甲を刺されてアレルギー症状となった。しかし、ミツバチを飼うことがやめられず、その後ハチの取扱いには十分に注意していたが、結局、アレルギー体質は治らず、二カ月後に自宅の庭で飼っていたハチに刺されて死亡した。

また、一九九五年七月一〇日には、横浜市内の養蜂家の庭先で、ミツバチの蜜絞りを手伝っていた男性

（三七歳）が、面布をかぶっていたにもかかわらず、露出していた指先など数カ所を刺されてショックを起こし亡くなるという事故があった。

こうした症例からも、スズメバチやミツバチなどのハチ毒アレルギー体質は、突然にやってくる場合も少なくないのである。スズメバチの巣を採る人々は、身の安全のためにたえずこのことを頭に入れておく必要があるだろう。

ハチの巣採りにともなう災禍は、ハチの刺症だけにとどまらない。巣を採っている最中の事故として、中日新聞（一九八二年一一月二二日）には次のような記事があった。

「死のハチの巣取り　鳳来町の岩壁
　ロープ切れ転落

一一月二一日午後一時三〇分ごろ、愛知県南設楽郡鳳来町豊岡ドウテイの岩壁（高さ約九〇メートル）の中腹で、ロープを伝いながらスズメバチの巣を捕っていた静岡県浜松市葵町、無職Mさん（四六歳）は、ぶらさがったロープが岩角でこすれて切れ、約四〇メートル下の岩場に転落した。このため、Mさんは頭を強く打ち、約三時間後に収容先の鳳来町内の病院で死亡した。

愛知県警新城署の調べによると、Mさんはさる一四日、自宅近くの会社員Hさん（二四歳）同小四年S君（一〇歳）と同町内にハイキング、この岩壁でスズメバチの巣を見つけ、これを取ろうと同じメンバーで二一日午前一〇時すぎ、現場へ到着した。Mさんは岩壁頂上の松の幹にロープ（ナイロン製、太さ約一・五センチ、長さ約一〇〇メートル）の一端を結び、ロッククライミングの道具を使って岩壁を下りた。

中腹で巣（直径約四〇センチ）を取って腰につけた網に入れ、再び下り始めると、巣の約一メートル上の岩角にロープが当たり、Mさんの重みでロープがこすれたらしい。」

この岩壁に巣をつくっていたスズメバチは、その営巣場所や巣の大きさから、キイロスズメバチとみなされる。このハチは、直径五〇～九〇センチの巨大な巣をつくるが、山地ではしばしば岩壁に巣が見られる。こうした場所につくられた巣を採取するのは、ハチ採りの中でももっとも危険な作業といわねばならない。長野県下のクロスズメバチの巣を採集する人々の紹介の中にも、断崖絶壁につくられたキイロスズメバチの巣を食用として採るため、頭にビニールをかぶり、ロープを命綱にして宙吊りになりながらキイロスズメバチの巣を採る生々しい写真が掲載されている（長塚・宮崎、一九七八）。こうした宙吊りの作業では、ハチの攻撃を受けても逃げ場がなく、着衣などに不備があれば多量のハチに刺されることは必至である。前述の死亡例のようにロープなど岩壁を乗降する際の作業では、よほど慣れた人でなければ危険は二重三重となって襲ってくることだろう。

同じようなハチ採りの光景は、ヒマラヤ山麓で、高さ数十メートルの岩壁に巣をつくる世界最大のミツバチ、ヒマラヤオオミツバチを獲物とするハニーハンターを想い起こさせる。彼らは崖の上から五〇メートル以上もある手製の縄ばしごを用いて崖伝いに空中を下降し、岩壁にぶらさがった畳半分ほどもの巨大なミツバチの巣を手に入れるのである。

2　ハチ採りの火で火事に

ハチ採りの火が原因で山火事を起こしたり、家を焼いた例も少なくない。中日新聞（一九九五年一〇月二三日）に次の記事がある。

「　ハチとりの火原因で山火事　愛知音羽町

二二日午前八時五〇分ごろ、愛知県宝飯郡音羽町萩中屋敷の山林から出火、下草やヒノキの若木など約四ヘクタールを焼いた。

豊川署の調べでは、同郡小津町の運転手（五六歳）と同県岡崎市の会社員（二四歳）が、地中のハチの巣を取ろうと、発煙筒に点火して巣に近づけた。ハチが一斉に巣から飛び出したため、殺虫剤スプレーを吹きかけたところ、殺虫剤の霧に発煙筒の火が引火、周囲の枯れ草に燃え広がった。

二人が捕ろうとしたのは、地中に巣を作るクロスズメバチの子らしい。秋の珍味で、同県三河地方や長野県南部、岐阜県美濃地方では今がハチの巣取りの最盛期。発煙筒はハチの巣取りの〝七つ道具〟として市販され、同署は『同じ引火事故が起こることは十分考えられる』としている。」

こうした発煙筒は、スズメバチの巣を採る際に、巣内のハチを煙で一時的に仮死状態にするため用いられるが、山火事を起こした二人は明らかに、ハチ採りを始めたばかりの初心者であろう。発煙筒に点火してから、巣穴にすばやく差し込まなかったために、巣内のハチが次々と飛び出し、一方、巣へ戻ってきたハチも辺りを飛び回って、手がつけられなくなったのである。スズメバチはミツバチと違って、飛び回っているハチがいくら煙を吸い込んでもおとなしくなることはけっしてない。巣穴へ発煙筒を突っ込むと、巣内の酸素が燃え尽きるため、ハチは仮死状態となってまったく動かなくなるが、巣の外で煙をいくらいぶしても、ハチにはさっぱり効果はないのである。発煙剤だけの使用では、周辺に引火することはほとんどない。しかし、この例のように殺虫剤のスプレーは、昨今の商品はフロンガスに代わり引火性ガス（LPG）が用いられているので、発煙中にスプレーを用いると非常に危険なことはいうまでもない。

　誰しもスズメバチの巣を採り始めた頃は、巣穴へ突っ込む煙の加減がわからない。そのため、日中であれば巣の回りを飛び回っているハチや、予想よりも早く目をさましたハチにあわてふためいて刺されてしまうことがよくある。ベテランのハチ採りは巣の入り口で無造作に発煙筒に点火し、それを巣穴に突っ込むのに一～二秒も要しないが、そうした何気ない動作にも熟練者の微妙な計算がある。簡単そうなことであっても、場数を踏み、ハチの習性を熟知しないと、毒針の洗礼を受けることなしに巣を採るのは難しい。

　中部地方のようにスズメバチ食文化の盛んな地域では、ハチ採り専用の発煙筒が雑貨屋などで市販されている。それを用いれば、比較的安全かつ容易にハチを仮死させて、巣を採ることができる。しかし、そうした便利な道具がない地方や、まだ市販されていなかった頃は、松明などを燃やして、巣穴からでてくるハチの翅を焼いて飛べなくしたり、焼殺したあと、巣を手に入れていた。ところが、松明の場合、火力が強いので、しばしば枯れ草などに引火し、山火事になることも少なくなかったといわれる。ハチの巣を採るもののマナーとして、煙や火を使う場合には火事だけは起こさないように、十分に心すべきことはいうまでもない。

　一般の人が、ハチの巣を退治するためにそれを焼こうとして、重大な火災を招いた次のような例もある。

　一九五五年八月、新潟県佐渡島の両津市で民家七〇戸余りを焼失した大火は、火元の家の子供が軒下につくったコガタスズメバチに刺されたため、孫の泣き顔を見たおばあさんが、新聞紙に火をつけて巣を焼こうとし、屋根に火が燃え移って惨事を引き起こしたという。また、一九五九年九月二四日、福岡県大牟田市甘木山公園の法雲寺が出火し、本堂や庫裏などとともにわが国では珍しい国宝級の絶品、唐の遊君亭作の一八羅漢像など仏像二〇体を焼失した。これは、同夕刻に、住職が本堂のワラぶき屋根の軒先にあったキイロスズメバチの巣を退治しようとして、竿の先につけた松明の火が屋根に燃え移ったためという。

　ハチの巣に火をつけて、自宅に〝延焼〟した例も少なくない。たとえば山陽新聞には「ハチの巣に火つけ民家全焼」として「一九八二年八月二〇日午後八時五〇分ごろ、笠岡市神島、公務員Yさん（四〇歳）方から出火。木造トタンぶき平屋建て居宅一二〇平方メートルを全焼した。笠岡署の調べでは、Yさん方の軒下のスズメバチ（キイロスズメバチ）の巣を取り除こうと家族らが殺虫剤などをかけたが、ハチが逃げないのでライターで火をつけたため、燃え広がったらしい」。

軒下につくったスズメバチの巣を一般の人が退治しようとして、火で焼こうとする例はしばしば見られるが、これは非常に危険で無謀といわねばならない。スズメバチの巣は朽木などを巣材としているから、一見容易に燃えそうに見えるが、それは外被と呼ばれる外側の部分だけである。内部は幼虫や蛹のびっしりつまった巣盤が何段にも重なっているが、巣盤部分は湿気を多量に含んでいて、非常に燃えにくいのである。やむをえず、軒下などのスズメバチの巣を退治する場合には、市販の殺虫剤スプレーを用いて夜間に駆除する方法があるが、詳しいやり方は、拙著（松浦、一九八八a）を参考にしてほしい。

Ⅷ

ハチを飼う

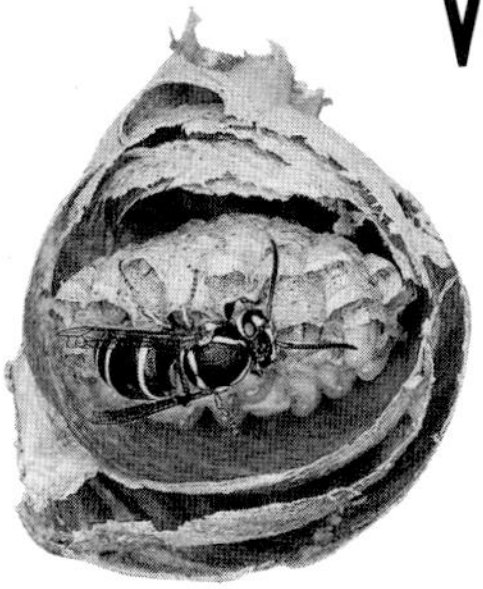

1　飼育の歴史

「私はジバチ（地蜂）を飼ってやろうと思った」で始まる井伏鱒二の名作『スガレ追ひ』は、『文芸展望』に一九七四年一〇月から七六年四月まで連載された。主人公の私、それはこの連載の作者とも思われる男性が信州高森に住んでいたとき、自ら「スガレ追ひ」を実践するために、田に入って餌付け用の蛙をとり、ハチ採りのベテランから聞いた通りに、カラマツ林のなかで、その蛙の太股の肉を三ミリ角に刻んで、真綿の目印をつけたものを用意する。そしてカラマツの枝に蛙の肉を仕掛けて、日暮れまでジバチを待ったが、運悪く一匹もやってこなかったことや、そのあと信州各地のスガレ採りの名人を訪ねて、巣の採取や飼育のやり方ばかりでなく、ジバチやスガレ、すなわちクロスズメバチを中心としたこの仲間の興味深い生活が、聞き語り形式で紹介されている。この連載の締めくくりは「今度、お盆までには是非ともスガレの巣を飼いたいと思ってゐる。」と結ばれている。結局、飼育はできなかったことになるが、果たしてこの高名な作家に、その後このハチを飼う機会があったのだろうか。

クロスズメバチの巣がまだ小さい頃に野外から持ち帰って飼育し、それが大きくなってから食用として利用することは、すでに述べたように明治末期頃より行なわれていた。長野県下伊那地方における当時の飼育法は、次のように紹介されている（奥村、一九一二）。

「飼養して置く方法はかくして取った巣と蜂とを持ち帰って、家の周りの適当な土地に置くのと、桶または木の箱の中に入れて置くのと二通りある。土中に飼うには、土を柔らにしておいて適当な穴を掘り、その底より少し上がったところに二本の棒を渡し、その上に『重《じゅう》』〔巣盤〕を重ねておくか、または穴の天井から糸を以て『重』を吊るして置き、次に働蜂と女王とを入れて手早く蓋をして、その上に芝などを被せておく。ハチの通うべき通路は別に巣の横から表面に作っておく。こうして翌朝まではその入り口に栓をして閉じておいて朝になって栓を取るときは、ハチはもはや元気を回復して、巣の破損したところや外層を作り、餌を求めに飛び出して、次第に巣を大きくする。ハチは決して逃げ出して、他に移転するなどのことはない。箱や桶の中に飼っておくのもこれとほとんど同様であるが、ただ桶の底に砂か籾糠を入れておく、そうすればハチは巣を大きくするにしたがって砂または籾糠を運び出して次第に巣を拡げていく。箱や桶などに入れたものは屋根裏などにつるしておけばよい。信濃の下伊那郡辺りでは盛んに飼養してゐるので一軒の家の周りに多いのは二〇～一〇〇巣も飼ってある。ハチは決して他の巣へ間違えて入るようなこともなく、また他のハチと戦争をすることもない。」と。

ここではその頃のクロスズメバチの飼育に用いた桶または木箱の大きさは述べられていないが、木箱というのは当時リンゴの収穫や貯蔵に使われていた杉板の木箱（三〇×四〇×九〇センチ）が一般的であった。そんな巣箱が家の回りに数十個も並んでいる光景は壮観であったに違いない。

一方、この記事を読んだ同じ長野県でも上伊那の読者が、同地方の巣の飼育法は少し異なる点を指摘している（大沢、一九一四）。それは、箱や桶では飼育にいろいろ不便があるので、土中で飼うこととし、その場所は(1)乾・湿の適度なこと、(2)降雨を予想し、排水の十分なこと、(3)アリのいないことの三つをあげている。そして、こうした土地を椀形に掘って、底から一寸位上に箸ほどの太さの棒を二本渡し、その上に巣、すなわち「重《じゅう》」を置く。この「重」は一つだけでもよいが、順に棒を置いて二つ、三つと重ねてもよく、「重」が多いほど巣の発展は速い。それから適当な位置に指の太さ位の通路をつくる。そして、蓋をする前に、巣を掘った時に竹筒などに入れて煙硝で眠らせておいた女王バチと働きバチを巣の上にバラバラと入れる。蓋は、木板を置いてその上に土を被せるが、切り取った芝などをのせる。出入り口は一時栓で塞ぐが、翌日の午後二～三時頃までは開放しない。出入り口には芝草などを植えて日光の直射を防ぐという。

その後も、上伊那地方における飼育法として次のような紹介がある（村田、一九二三）。

「地蜂はこれを飼育して其習性を観察することを得べし。下伊那郡においては広く行なはるゝは五升樽をよく洗滌し鏡を抜き、その裏へ鳥もちを以て径約一寸五分の蜂巣を塗着し樽中に懸垂せしめ、樽の側面には蜂の出入口を開くべし。その口は蜂巣の本来の出入口に近きところに開く様注意すること肝要なり。五升樽の上端より約二寸下迄、すなわち蜂巣の五分位下迄は籾殻と乾きたる細土を詰めおくを可とす。蜂がその巣を増大せんと欲せば土砂等を外出のつど、樽の外に運び出す習慣あればなり。巣の捕獲は六月下旬、普通田植休みを利用して採集するもの多し。」と。

岐阜県では東濃地方におけるクロスズメバチの飼養法として、明治中期には次のような方法が確立している（長瀬、一九〇二）。それは、七〜八月に、ハチを硝煙で眠らせて女王バチと働きバチを巣とともに持ち帰り、用意した空樽、一斗缶などに、コケまたは軽い土を詰めておき、二本の竹串を横にして、そのうえに巣盤を一枚ずつ並列したのち、成虫を入れる。このときの巣は三〇〜一〇〇匁（一一二グラム〜三七五グラム）位がよいという。また、女王バチをもし入れなければ、働きバチは漸次減少して一カ月ほどで空き巣となったり、巣が小さすぎたりする。働きバチを入れるのが少なければ巣の再建に手間取ってやがて廃巣となる。また、巣の出入り口は扁平に穿ち、大き過ぎると天敵が侵入して害をうける。巣を置く場所としては、風と暑さをしのぎ、夕陽のあたるようなところでアリ等に襲われないように地上から四〜五尺（一・二〜一・五メートル）位に安置する。こうすると一二月上旬には、たいていミカン箱大の巣形となり、重さは一貫目（三・七五キロ）を越える。

また、大正初期における岐阜県恵那郡および土岐郡における飼育の様子についても、次のように述べられている（長野、一九一六）。

「これ［クロスズメバチ］を家にもたらして繁殖せしむるには、其巣のまだ小なる時を選ばねばならぬのであるが、これは通常六月頃である。掘り出したる巣は家に持ち帰り、古き桶か又は籠の内に吊るし、半ば人工的の巣を営ましむることにする、桶を用いる場合には先づ桶の上方一側に孔を穿ちて蜂の出入に便ならしめ、底より下部側方に至るまでには土又は苔蘚あるいは水苔等を以て之を蓋ひ、その表面を摺鉢状にする、次に巣の上方に竹を貫きて桶の上方に架し、蓋の代りには芝草の根にて連絡させ、上を二寸有余の厚に剝ぎ来りて用いるより、此の如くする方が天然の状態にも近いが、又日光に曝されても急激に熱することがないから大に都合がよい、その人為的巣の裁断面は図〈省略〉に示すやうである。

目籠を用いる場合には籠の蓋には桟俵を用い、その他は前と畧同様にして其周囲を縄にて巻き、側方に出入の孔を開くのである、此人為的の巣は通常日当りよくして雨の格別当らざる軒下等に置くのである、秋末に至り蜂群が最も繁殖して、最後の仔蟲が成蟲とならざる前に之を採取するのであるが、この折にも燻煙法を用いることが必要である。併し目籠のものには直に熱湯を注ぎ、之を殺すこともある。」

こうしたハチの飼養技術は、現在も受け継がれ、地域により人によってもさまざまな工夫改良がなされている。クロスズメバチの飼養に全国でももっとも熱心な地域のひとつ、岐阜県東濃地方では、代表的なものとして、大小二つの木箱を重ねた飼育箱がある。とくに串原村の三宅尚巳さんが考案した「三宅式ヘボハウス」や、山岡町の加藤義雄さんの苦心作「加藤式合掌造り風ヘボハウス」(図107)は、この地方のクロスズメバチ愛好家の間に広く知れ渡っている。これらの基本構造は、初夏の頃発見したソフトボールほどの大きさの巣を入れるための移巣箱と呼ばれる小さな箱を上

風ヘボハウス(岐阜県山岡町)

にして、その下に、一斗缶やさらに大きな木箱などを重ねたものである。下の大きな箱の天井板には正方形の穴を穿って、上の小箱と通じるようにする。上の箱は底抜けの状態で、ここは新聞紙を張っておく。移巣箱の小箱は、山で採った巣を家に持ち帰る時に入れておくものなので、採取する時期や巣の発達状態によって、その大きさを変えることができる。野外で巣を採って収容するときに入れやすくするため、上蓋をつけ、底には細い針金を二〜三本等間隔に並べたり、井桁状に張って巣を支える。それも、底の部分より少し浮かせて、巣の底が上箱の底部などに直接触れないように工夫する。一方、下の大きい箱は、採ってきた巣がこれから大きく発達していくための空間となる。人によっては、この下の箱には籾殻を入れたり、篩《ふるい》にかけた山土などを入れる。また、中央上部に大型のプラスチック容器やブリキ缶などを入れて、二重構造にし、巣の保温に工夫を凝らす。巣の出入り口は、上箱の下端か、下箱の最上部にひとつだけつくる。

こうしてできた箱は、下の大きな箱の部分を、庭の一角にそのまま並べて置くか、半分か三分の二ほど埋め込む。それから、採ってきたばかりの巣の入ってい

図 107　庭先に並んだ加藤式合掌

る小さい上箱を上からはめ込む。ハチを別に収容していた場合、巣にハチを放す。新聞紙をその下面に張っている場合は、そのままでよく、やがて働きバチが新聞紙をかじって穴をあけ、下の箱と通じるようになる。しかし、ベニヤ板などを一時的に底板としている場合は、それを静かに抜き取る。あとは、それまで綿などで塞いでいた出入り口を静かに開放してやるだけである。箱の露出部分は直射日光や雨が当らないように、土、瓦、スレート屋根の破片など手近なもので覆ってやる。これで、移植は完了するが、これを岐阜県東濃地方では、「巣を植える」といい、自然界にある巣に対して「植え巣」と呼んでいる。

飼育用の巣箱は、同じ地方でも人によっていろいろなやり方がある(図108、図109)。しかし、基本的な構造は、明治期以来変わっていない。要点としては、持ち帰った巣は、家の周りや庭に穴を掘ってそこで飼う場合と、木箱、発泡スチロール箱、ダンボール箱などに巣を移してから、浅い土中に埋めたり(図110、図111)、地上や軒先に置いて飼う場合などがある。注意すべきは決して巣を直接土の上などに置かないことで、最下段の巣盤の下に割箸などを置いて、ハチの通路をつくってやる。そうしないと幼虫や蛹が死んで巣が腐ったり、アリなどの侵入を許すことになる。

巣盤がいくつもあって、それらがバラバラになっている時は、採集時の状態と同じ配列で一ミリの違いもなく各巣盤を積み重ね、それぞれの間に数本の割箸などをはさんでおく。これは成虫がその間を通れるようにするためである。箱の中に巣を置く場合、人によっては土、砂、籾殻などを保温などの目的で巣のまわりに充塡する。

大事なことは、巣盤を包んでいた外被の扱いである。クロスズメバチ類の外被はもろいもので指先でつまんで少し揉んだだけで粉々になってしまう。しかし、保温や外敵の侵入を防ぐために精巧無比につくられている重要なものなので、巣を掘る際にできるだけ壊さずまた残さずに採取する。たとえ破片であっても、持ち帰って飼育容器に巣を移したあと、巣盤の周りや最上段の巣盤の背面にのせて置く。こうすれば、働きバチはそれをもとに新たに集めてきた巣材を加えて修理し、三~四日もあれば巣全体を球状の外被ですっぽりと覆ってしまう。しかし、外被を欠いて巣盤を露出した状態にしてしまうと、初めのうちは外被づ

図 108　小屋の中にずらりと並んだ巣箱（長野県東部町）

図 110　土中での飼育（長野県豊丘村）

図 109　各巣箱の出入り口は外に向けて開口し，ハチは野外へ自由に出かける

図 111　屋根付きハウスによる土中の飼育（岐阜県串原村）

くりに時間をとり、巣盤の外縁にある育房の部分を保温用につくり直したり、育房内の卵や幼虫を抜き取って捨て、一部の育児をやめることがあるので、巣の回復が著しく遅れてしまう。

移し換えの作業は巣を採取したらできるだけ早く行ない、それが終わってから女王バチと働きバチを巣に戻してやると、いずれも元気を取り戻して、新しい環境に慣れる。数十分もすると、あわただしく巣の修理を始め、餌を求めて野外へ飛び立っていく。その姿を見ると、たとえ数十年のベテランであっても、なんともいえない安堵感がふつふつとこみあげてくる。巣探しから始まり、発掘、植え付けと、緊張の連続であったから、やったものだけが知る苦労の報酬の一瞬である。それからは、折を見ては巣箱の前にたたずみ、ハチの出入りをながめる時、ハチ飼いは至福のひとときを過ごす。近隣の飼育者と、飼い巣の前でハチの活動の状態や飼育法についてハチ談義に花を咲かすのが、また楽しみなのである。

2　給餌による肥育

　こうして庭先にいくつもの巣箱を並べておけば、野山にある巣と違って所有権がはっきりしている。ハチの方は自由に野山に出かけて幼虫の餌、巣の材料、温度調節のための水などを集めてくる。最初の二〜三日、外被が不完全で外敵に侵されやすいから、アリやベッコウハナアブなどの天敵に侵入されないように注意を払ってやる。その後は放っておいても、周りの環境さえ良ければ野外の巣と同じように日に日に大きくなっていく。晩秋になって、巣内にハチの子が多い頃を見計らい、巣を取り出していつでも食膳に供することができる。

　ハチを飼うといえば、一般の人はミツバチを飼う養蜂家を想い浮かべる。ミツバチの養蜂家は野外に花の少ない早春や盛夏には、巣内の貯蜜が不足して群全体が餓死したり育児が止まるのを避けるため、砂糖液や花粉を餌として補給する。しかし、花の咲いている時期は餌を与える必要がなく、ハチの活動に任せる。そして集めた蜜を人間の食用のために一群から二〇リットルも三〇リットルも収奪する。

　一方クロスズメバチに関しては、長野や岐阜の愛好家の間では、最近では小さな巣を採ってきて食用時期になるまで飼育し、いかに大きな巣をつくらせるかという技術が問われるようになっている。そのため、クロスズメバチの飼育者はハチに自由に採集活動を続けさせながら、たとえ野外に豊富な餌があり、巣が順調に発達していたとしても、幼虫の餌となる肉類などの蛋白源と、成虫の餌としての砂糖液との両方を、毎日のように惜しみなく与えることが広く行なわれている。

　幼虫を育てるための蛋白源としては、ウグイ、オイカワ、ハエ、ニジマスなどの身近に得られる川魚（図112）やマグロ、アメリカザリガニ、ヘビ、カエルなどの皮を剥いだもの、ニワトリのササミ肉や肝臓などを、巣の付近（数センチ〜数メートル以内）に吊り下げたり、みじん切りにして巣の出入り口付近に置いたり、あるいは巣穴などから直接奥へ突っ込んでやる。また、コオロギ、バッタ、イモムシ（スズメガの幼虫）などの昆虫を集めてきて、細かい竹串に刺したものを吊り下げる者もいる。

こうしておくと、やがてハチはそれらを見つけ、小さな肉団子に仕上げて大顎にくわえ巣へ運ぶ。最初のうちはたとえ巣から数十センチの至近距離であっても、その場所を記憶するために、野外で獲物を見つけた時と同じように付近をゆっくりと円を描いて三〜四度飛び回り、位置を覚える。それから巣とは反対方向に十数メートル〜三〇メートル位を一直線に飛んでから、ハチは見慣れた巣の周りの景色に気がつくのであろうか、急にUターンをして巣口を目指す。

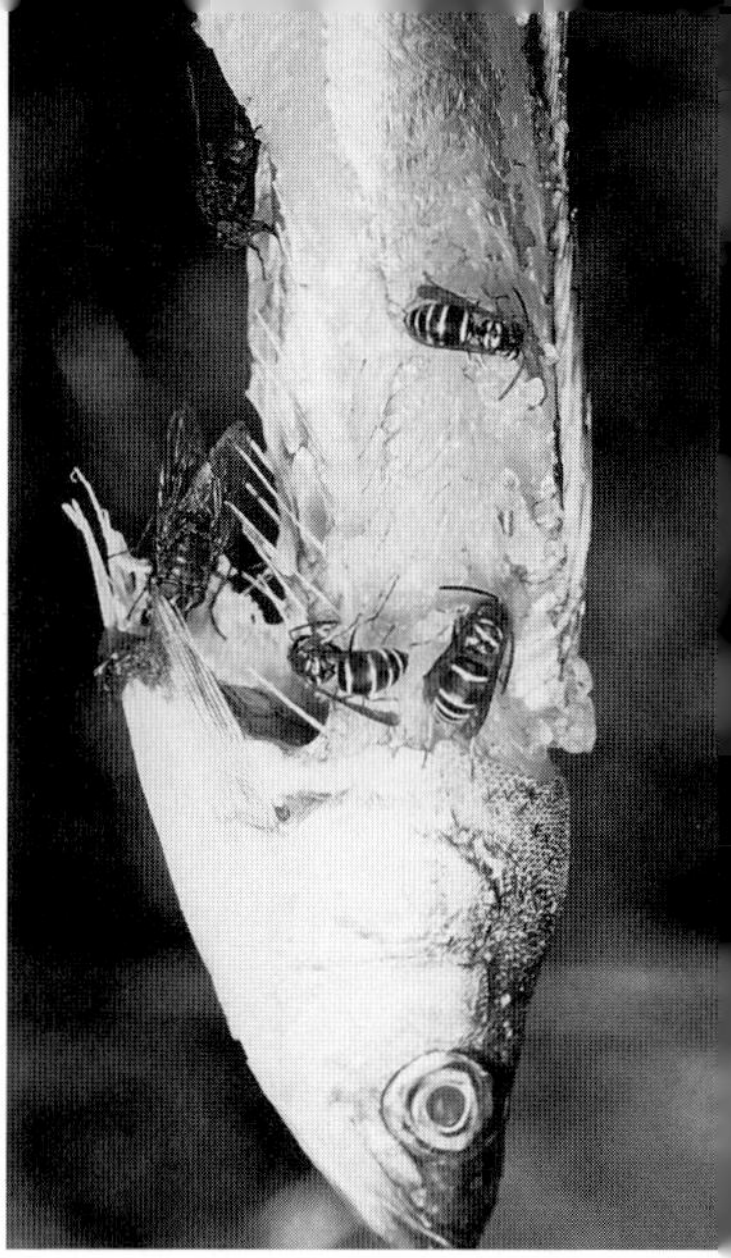

図 112　魚の肉を肉団子にしているシダクロスズメバチ

餌を持ち帰ったハチは、巣の中でもっとも幼虫のたくさんいる下段の巣盤へ直行する。そこでくわえてきた肉団子を細かくかみくだこうとするが、たいていはこの作業に入るやいなや他のハチがやってきて、それをねだるので、そっくり渡してしまう。それから、かならず脚、翅、大顎などをていねいに身づくろいした後、再び、用意された餌のある場所へ出かける。いったん餌場の位置を覚えたあとは、記憶飛行なしに、肉団子をつくるとすぐに巣へ直行するようになる。

こうして、いったん餌場を覚えたハチは、飼い主が餌を与え続ける限り、毎日、日の出前の早朝から辺りが薄暗くなる夕方まで、繰返し飛来して、巣と餌場との間でピストン輸送を繰り返す。そのうちに飼っている他の巣のハチもその餌を見つけ、同じように肉団子づくりに精を出す。しかし、スズメバチの仲間は、どんなに餌が豊富にあっても、ミツバチがするような収穫ダンスによって自分の見つけた餌場を仲間へ伝えるということはけっしてしない。これは、スズメバチが野外から集める餌は、本来、広い範囲に散らばって存在する昆虫やクモだから、それぞれのハチは独自に狩り場を持ち、そこを中心に食物を集めることに徹していて、仲間へ伝える必要はないからである。ミツバチの社会に比べて、仲間との通信方法がけっして劣っているということではなく、ハチの種類によってそれぞれ独自の生活様式を守っているのである。

庭で飼っている巣がいくつもあれば、巣の近くに設けた餌場には、早晩どの巣からもハチがやってきて肉団子づくりや蜜集めを始める。ハチたちは、同じ巣の仲間をその微かな体臭によって区別できるので、巣が異なるときには相手に体当たりして追い払うこともある。しかし、餌場に精通したベテランのハチになると、たとえ、他の巣のハチがいても、豊富な餌が用意されている限り、それぞれ空いている空間を見つけて、そこで一心不乱に肉団子を噛み切ることに精を出す。争っている時間があれば、餌を運んだほうが、相方、得策と考えているようにも見える。クロスズメバチは本来、平和主義者なのであろう。これがオオスズメバチやミツバチとなると、同じ餌場に異なった巣のハチが少しでも混じっていれば、先ずは同じ巣の仲間で餌場の独占を目指し、餌集めはそっちのけの縄張り争いの死闘が繰り広げられ、相方は死骸の山をたちまちに築く。相手を皆殺しにしたり、追い払ったあとに餌集めに専念するのである。

ところでクロスズメバチでは巣の至近距離に、彼らの大好物の餌をあり余るほど潤沢に与えたとしても、そこへやってくるのは、巣全体で働いているハチの数からすればほんの一握りに過ぎない。たとえ、そこに餌集めのハチが群がっていても、大部分のハチは、巣から離れた野外のどこかに、それぞれ自分の縄張りともいうべき餌集めの場所を持っていて、そこで獲物を探す一匹狼である。皮を剝かれた新鮮な川魚特有の匂いが、巣箱近くの餌場から漂ってきても、また、いつもの飛行ルートの途中に餌場があったとしても、大部分のハチは何の躊躇もなくそこを見過ごして、遠くにある自分の狩り場を目指して飛び去っていく。

だから、巣箱の近くに餌を用意してもなかなかハチがやってこない場合、飼育者はじれったくなって餌を巣の入り口まで持っていく。すると、数匹のハチはそれにかじりついてくるから、そのまま予定していた餌場へ持っていく。そうすれば、ハチはそこで肉団子を完成したのち巣へ持ち運び、その後は飼育者の意図した餌場へ通い続けるようになる。

ハチに餌を与えて巣を肥育するのに熱心な人達は、餌の種類として川魚を与えるか、ザリガニとするか、また、ニワトリの肝であるのか、これがまた人によってたいへんこだわりを持っている。たとえば、川魚を与える人は、毎日のように近くの川へ出かけて魚釣りに精を出す。ハチは、新鮮な魚しか肉団子にしない。たくさん釣ったときはいったん鮎缶にいれて人目に触れない場所に沈めておき、いつでも使えるように魚を生かしておく。ハチのために餌を集めることも、日常のごく自然な生活の中に溶け込んでいる。自分だけが知っている釣りの穴場に行けば、ウグイなど魚籠一杯に釣り上げることは朝飯前のことだ。

川魚にもいろいろあって、川魚釣り一筋の人が普通は見向きもしないウグイが、クロスズメバチの餌として最上だという人も少なくない。ウグイの身は脂肪分が少ないので、味は淡白だし、小骨が多い。長野や岐阜では川魚といえば、アマゴやアユ等おいしい魚があるので、釣り人ならずとも、この魚を「猫またぎ」といって猫さえ相手にしないほど食用には不向きな魚とみなしている。

ところが、この魚にこだわるハチ飼いにいわせると、ウグイの肉はハチにとって嚙み切りやすく、肉団子に仕上げるのに時間がかからないから、巣に運ぶ負担が少なく運ぶ回数が増える。ハチの餌としては他の川魚より優れているということで、巣は早く大きくなるという。ウグイの少ない地方では、オイカワ（シロハエ）が一番という人もいる。近くに川魚の釣り場を持たない人は、養鱒場からわざわざニジマスを買ってきて与えていることもあるし、マグロの赤身を最上とするハチ飼いも少なくない。

岐阜県東濃地方のハチ飼いの間には、ニワトリの生肝を毎日買ってきて、与えている人もいる。ハチが何よりもトリの生肝を好むことや、巣の大きくなる速さが他の餌とは違うという。それまでに、川魚やニワトリの肉などさまざまな餌を与えてきた経験の上から、究極の餌と確信して与えている飼育者もいるし、トリ生肝、マグロそれにニジマスの三種をふんだんに与えているベテランもいる。

ハチの餌にするためにニジマスやニワトリの肝を買ってでも与える。この地方のハチ愛好家にとって、こうしたハチの飼育法は、ペットとして熱帯魚や小鳥、小動物などを飼い育てる人々の楽しみに加えて、畜産農家が子牛や雛鳥を手に入れて美味しい肉に仕上げるため日々愛しみ肥育する姿にも似ている。だから毎日、自慢の餌をいそいそと与え続けることをいとわない。これは、たとえば三重県松阪地方で、松阪牛を肥育するのにビールを飲ませている話とも共通しているように思われる。やがてハチの子がびっしりと詰まった立派な巣に仕上げることだけが頭の中にあり、とにかく最上の餌を与えて飼育に熱中するのである。

ただし、松阪牛と異なるのは、ハチ飼いはそうして大切に育ったハチの子を最後は自分の胃袋に収めてしまうことである。そばで見ているものには、あんなに大事に育てていたのだから、さだめし情が移って当人が食べるのに忍びないのではないかと思うのだが、やはり動物と昆虫の違いであろうか。昆虫はどんなに大切に育てても、飼うもの飼われるものとの間の相互の心の交流がないから、何の躊躇もなく、食材として利用できるのかもしれない。

3　砂糖液も飲み放題

スズメバチの仲間は、野外から炭水化物源としてさまざまな糖分を集めてくる。もっとも多いのは、アブラムシやカイガラムシがびっしりとついている木の枝の付近にまき散らされた甘露と呼ばれる糖であろう。カラマツ、クロマツ、コナラ、クヌギ等さまざまな種類の樹木や、アザミ、オミナエシ、ハギ、ススキなど多くの野草には、陸のプランクトンともいわれる各種のアブラムシが新芽や葉裏に群がっている。そのそばでよく見ると、アブラムシの小さなお尻の端から、透明な滴が絶えず四方に勢いよく飛ばされている。これはアブラムシの排泄物で、いわばおしっこなのだが、その中には植物の栄養液である糖分が十数%も含まれている。これがアブラムシの群れ近くの植物の葉上にベットリと付着すると、ハチ、アリ、アブその他甘いものが大好きな昆虫たちがそれを目当てに集まってくる。しかもアブラムシの発生している限り、そこへやってくればいつでも食事にありつけるから、いったんそんな場所を見つけた昆虫たちは、それぞれの行きつけの食堂として利用し、寿命がある間は毎日のようにやってくる。クロスズメバチもそうした常連客としてよく目につく。

この糖分についても、ハチ飼いはハチが野外から集めてくるだけでは足りないとして、人為的に砂糖液などを与えて、ハチの労力を軽減させる、あるいは、ハチが糖分を巣に運ぶ回数を増やしてやれば、その分だけ巣の発達も早まり大きくなる、と考える。そこで、砂糖を水や湯で溶かし、人によって諸説があるが三〇～六〇%位の高濃度の砂糖液をつくる。こうして自分で調整した砂糖液を、浅い小皿などの容器に入れ、巣の入り口付近に置く（図113、図114）。たくさんの群を飼っている人は、大きな容器に一回に一リットル以上も入れ、そうした砂糖液専用の餌場を二～三カ所設ける。砂糖液にアリが来ないように、給餌器を木の枝から吊るしたり、数十センチの高さの台の上に置いて、

図 113　各巣箱の入り口に置かれた砂糖液の給餌皿（岐阜県串原村）

図 114　屋根付き給餌台で砂糖液を給餌する（岐阜県山岡村）

その脚下には粘着剤を塗ったり、水の入った容器を置く時もある。

こうして、砂糖液を与えると、子飼いのクロスズメバチは腹いっぱいにそれを吸い込み、肉団子の時と同じように巣と餌場との間を休みなしに往復する。巣に戻ったハチは肉団子の場合と異なり、下方の巣盤へ行くまでにすぐ巣内のハチがやってきて、大顎を開いてねだる。すると「そ嚢」と呼ばれる腹部の小袋に吸い込んできた糖液を吐き戻し、次々と分け与える。受け取った働きバチは、幼虫の部屋を順に回って、十数匹の幼虫に口移しに与える。オスバチや新女王バチが羽化した後は、働きバチよりも大きなこれらのハチが、すぐに餌集め役のハチに近寄ってきて、口移しに受け取る。一匹の働きバチが一回に運ぶ糖液の量は一五～四〇ミリグラムにすぎない。オスバチや新女王バチなどの成虫は、数日後にやってくる離巣の日に備えて脂肪を体内に蓄えるが、そのためには多量の糖分を必要とする。一〇～一一月になると巣内にはオスバチや新女王バチの成虫だけでも二〇〇〇匹を越える大世帯となるので、糖液の需要が急激に増える。巣によってはハチが吸うままに糖液の給餌を続けると、一つの巣で一日に一升ビン一本分位を軽く飲んでしまう。しかも、砂糖液は放っておくと二～三日で発酵して変質するので、これも肉と同様に絶えず新鮮なものを与えなければならない。だから数群のハチを飼っている人なら、砂糖も小売店で売っている二キロ入りの小袋ではすぐに消費してしまうので、たいていは二〇キロ包装の大袋単位で購入する。砂糖液の需要が多いほど巣は大きくなると信ずれば、砂糖代の負担など意に介さないのが、ハチ飼いの心意気というものであろう。

4　飼い巣の楽しみ

夫飼ひし蜂の仔ぬきの夜なべかな　　伊佐治芳子

野外で苦心して発見した巣が、食用とするにはまだ小さい場合、そのまま山に残して、秋になって大きくなった頃に掘ろうと思っても、それまでに誰かに見つけられ掘られてしまう不安がある。身近なところに巣を移してしまえば、あとはハチの自由な活動に任せておいても、普通は秋には自然界にある巣とそれほど変わらない大きさとなる。所有権が確実となるから、山の中にそのまま置いてきた巣と違って、あれこれ気をやむことがない。身近なところに巣を置いて、折に触れ巣の入り口をながめていれば、飼い主は無心の境地となって時の経つのも忘れるほどである。ハチがひたむきに働く姿に惹きつけられるばかりか、ハチの生態についての知識も増す。

たとえば、働きバチは気温が三〇度Cを越えると出入りはばったりと途絶えるが、朝夕の涼しいときは狂ったように働くこと、さまざまな昆虫やクモを大顎にくわえて運んでくることや、それが時には自分の体よりも大きな獲物であることに驚いたり感心したりすることなど、とにかく見ていて飽きることがない。ハチ採りのベテランとして、それまでに数え切れない程たくさんの巣を掘った経験がある人でも、野外では巣を見つけると何よりもそれを掘り出すことが優先する。じっくりと腰をおろして、巣穴を出入りするハチの行動を見るという機会が少ない。ハチの生態を知るには、身近に巣を置いてそれを眺めるのが一番で、思いがけないハチの生活に触れることもある。

身近にハチを飼い始めると、生き物に愛着を持つ人ならば誰しも思うことは変わらない。無事に育っているのか、逃げ出すことはないか、外敵に侵されないかなどと、たえずその生活ぶりが気になってくる。朝起きれば、何はともあれ巣箱の前へたたずんで、日の出前より活動を始めているハチの様子をうかがい、活発に働いていれば目を細めて暫くその姿を眺め、安堵する。雨天が続いてハチの活動が鈍ると、空腹なのではないかと気をもむ。そこで、ハチ追いの時に用いる魚の切り身や、コオロギを潰して与えたり、砂糖水などをやってみると、すぐに飛びついてきて巣の中へ持ち帰る。試しに与えたつもりの食べ物はあっという間になくなってしまう。そうした様子を見ていると、「これは普段から餌をやっていると、巣も大きくなるのではないか」と気がつく。実はその時から、ハチ追いの時とは違った苦労と楽しみを味わうことになる。それは秋の食用時期の到来まで、毎日のようにハチに餌を与え続ける生活の始まりである。あるいは、他人の飼っているハチを見たり、同好の人達とのハチ談義の中で、給餌の効果を知り、手近に得られる餌を与えてみる。とにかくハチが夢中でそれらを巣に運ぶ姿や、またたくまにそれを消費してしまう様子を見ると、真暗な箱の中で巣が大きくなっているかどうかは確認できなくとも、その効果を疑う余地はなくなる。

こうして、飼い主もまた給餌に夢中となって、ハチが欲するだけの餌を与える。これは家畜の肥育に例えられるが、ニワトリや牛などの家畜とハチとでは餌の採り方が異なる。家畜では、朝夕二回というふうにとにかく決まった時間に餌を与えれば、その間は給餌に気を使う必要がない。また金魚や鯉では、餌を与えすぎるとたちまち消化不良を起こして、死んでしまう。

ところが、スズメバチの場合、日の出直前から日没後のしばらくまで、とにかく明るい間は餌を集め続け、与えた分を次々に巣に運んでいく。それほどに一所懸命に働くのは自分の餌とするわけではなく、巣内で待っているたくさんの幼虫や成虫の餌として運んでいるからである。とくにスズメバチの幼虫は他のハチや昆虫と違って、その食物の摂り方に三つの特異性がある。すなわち⑴歯がほとんどないので、肉団子でも噛まずにそのまま呑み込むこと、⑵幼虫時代は排泄、すなわち大小の糞便は一度もせずに飲食を続けること、さらに⑶幼虫と成虫が相互に栄養交換を行ない、食物を依存しあっていることである。

働きバチは幼虫が肉団子を噛まなくとも消化できるように、十分に噛み砕いてから与えるので、幼虫は食物を呑み込むためだけの歯しかない。また幼虫の消化管の構造は他の昆虫と異なり、中腸と後腸は蛹になる直前までつながっていない。カイコのするような大量の糞というものがまったく排泄されないから、体内に取り入れた食物のうち不消化物は中腸内にどんどん貯まっていく。一方で食べた食物の半分以上は特殊な栄養液として吐き戻し、それは女王バチや働きバチ、さらにオスバチや新女王バチの主食となっている。

こうして幼虫に十分な餌が与えられて、分泌した栄養液がたえず女王バチや働きバチにも供給される状態にあると、働きバチは昼夜の区別なく、新しい六角形の育児室をつくり続ける。女王バチはそこへ次々と産卵していくので、餌をたくさん摂取する巣は発展して大きくなる。ただし、女王バチの産卵力は個体によってかなり異なる。どんなに餌を与えても、その女王バチの産卵能力などが劣っていると、巣に運び込まれる餌の量は限られ、巣の発達は頭打ちとなる。しかし、今のところ女王バチの外観から、どの個体が優秀なのか判断することはできない。

いずれにしても、与えた餌を次々と消費していく群であれば、それに応じて巣は大きくなるわけだから、自分の飼っているハチをできるだけ大きく育てるためには、餌集めの労力や費用を度外視してでもやってみたいというのがハチ飼いの心理であろう。

たとえば「加藤式合掌造り風へボハウス」の考案者である岐阜県山岡町の加藤義雄さんは、二〇〇〇年には一六巣を飼育したが、ハチの活動の最盛期である一〇月には、蛋白源として一日にニワトリの生肝二キロとニジマス七~八匹に加えて、骨付きマグロの巨大なアラを与えている。マグロのアラに残っている赤身は、とくにハチの子の味を良くするという。この他にも、炭水化物源として砂糖一キロを水で溶いて与える。その成果として、この年一〇月末に掘り上げた巣は、六・六八キロを筆頭に六・一八、五・一五キロなど驚異的な大きさに達したものがあり、平均でも三・二五キロであったという(図115、図116)。

ハチを飼っている人達は、自分の巣だけでなく、同好の人の飼っている巣も気になるものである。クロスズメバチなどの巣箱の内部はミツバチと違って、普通は簡単にはのぞけない構造になっている。そこで、巣から出入りする「通いバチ」の数で、巣の発達程度を推測する。巣口の前に腰を下ろして、時計を見ながら、一分間にどれだけのハチが出入りするかを数え、いかに立派な巣に仕上げるか、そのための餌の種類や

図 115　飼育巣を燻煙後，巣盤を取り出す（加藤義雄氏提供）

図 116　クロスズメバチの数個の飼育巣から取り出した巣盤。それぞれが形・大きさだけでなく，幼虫・蛹の数や巣盤上の分布状態が異なる（加藤義雄氏提供）

飼い方など〝ハチ談義〟に皆で話の花を咲かせる。

ハチ飼いの盛んな地方では、最近、ハチを肥育する楽しみに、新しい目標が加わった。ハチの巣の重量や通いバチの数を競うコンテストの開催である。たとえば、愛知県設楽町の「蜂サミット」、同豊田市石野の地蜂グループのコンテスト、岐阜県串原村の「串原ヘボの巣コンテスト」、同武儀町の「日本平成村ヘボの巣コンクール」、同川辺町の「かわべヘボの巣コンテスト」、同東白川村の「タカブの巣コンテスト」、長野県東部町の「信州ハチサミット」などである。これらの地域ではクロスズメバチの愛好会が組織され、それらが中心となり、毎年一〇月〜一一月上旬の巣がもっとも大きくなる秋の一日に、会員の飼っている巣や採集した巣を持ち寄り、その大きさ、重量などを競う。地元や近隣の市町村からも、それぞれ自慢の巣を車の荷台に積んで、集まってくる。コンテストやサミットなどという堅苦しい名前がついているけれども、ハチ愛好家から熱狂的ハチ飼いに至るまで、あるいはハチ食に関心を持つ人達にとって、相互に交流の機会となる祭り気分の漂う楽しい催しである。

コンテスト優勝者の育てた三〜四キロ、時にはそれを遥かに越える見事な巣を見ると、文句なしの感動がこみあげてくる。そして「よし来年は、来年こそは、自分もそうした立派な巣に育ててみたい」と思うのが、ハチを飼う者に共通する心情であろう。しかし、巣が大きく発達する条件は飼う人の技量だけでは済まない。その土地の自然環境、飼育中の気象条件、餌として野外から運び込まれる昆虫やクモなどの発生状態、巣内外でハチを狙うさまざまな天敵の発生量などの外的要因に加えて、飼っている巣の女王バチの生理的または遺伝的資質など、人の手の及ばない重要な要因が関わっている。だから三キロ、四キロに達する立派な巣を育てた人が、翌年も同じような巣を仕上げられるという保障はない。自分の信ずる飼育技術を駆使して、あとは自然の成りゆきに任せつつ、新しい技術も試みて、より大きな巣をつくろうとするのである。

ハチの肥育は自動化された給餌器を備えた工場のような飼育環境のもとで生産されるブロイラーとは、飼い巣の置かれた自然環境との関わりという点で、根本的に異なる。現状では野山から働きバチ羽化後の巣を採ってきて、それを秋まで育てる方法しかない。ウナギやアユの養殖が、現在でも天然の稚魚を集めて飼育するのと同じように、もととなるのは働きバチ羽化後の初期の巣である。自然界にあるその数は限られており、年によっても発生量に著しい変動があるから、ベテランでもわずか数個の巣しか入手できない年もある。

5 巣の増殖は可能か

自然界におけるクロスズメバチの巣の数の変動は、ヒトによる採取だけでなく、降雨や暴風などの気象、ハチクマ・病原生物などの捕食性や寄生性の各種天敵、女王バチの越冬前後の脂肪体の量、生理状態など、さまざまな要因によって影響される。一般に鳥獣、魚介、柴干草など自然界の産物の採集には、多くの場合、地元の人達を中心に狩猟採取の時期や対象地域の設定などにより資源の保護と管理が行なわれ、それを生業や生活の糧としている人々の間の紛争も回避されている。ところが、スズメバチに関しては、採集者の間にそうした共通の認識はまったくないから、もともと誰のものでもない山野につくられた巣は早い者勝ちの分取り合戦が昔から続いてきた。長野や岐阜など食用のため巣を採取する地域では、人目につく限りの巣は見つけしだいにほとんど採取されてきたにもかかわらず、このハチが絶滅に至らない最大の理由は、一つの巣から生産される新女王バチの数が一巣当り二〇〇〇〜三〇〇〇匹と非常に多いことがあげられる。それらは、すべてが翌年に巣をつくるわけではないが、潜在的にその能力は持っているので、人目に触れずに営巣を全うし新女王バチを産出した巣がわずかでもあれば、翌年の自然環境次第ではたくさんの巣がつくられ、ハチの勢力は回復しやすいと考えられる。

最近はクロスズメバチをかつてのように郷土の野山に増やそうという目的で、新女王バチを人工環境下で交尾、越冬させて、翌春に野外へ放飼することが各地で行なわれており、この段階までは技術的にもとくに困難な点はない。しかしながら越冬後の女王バチを人工的環境で最初から巣をつくらせようとする試みは、うまくいっていない。一九六〇〜六一年には長野県が補助事業として、この問題に取り組んだが、新女王バチの確保と越冬が困難なため、不成功に終わっている（北村、一九七四）。岐阜県では、一九九八年より三年間の継続事業として、県立蚕糸研究所でクロスズメバチ類を増殖利用するための飼育方法と生態をテーマに、働きバチの採餌行動や天敵としての利用について調査を行なった。また、最近は長野県や愛知県の公立研究機関でもクロスズメバチの保護増殖への取組みの動きが見られる。スズメバチ食文化の中心をなすこれらの県において、行政機関がこうしたテーマで取り組むようになったのは嬉ばしいことである。しかし、スズメバチ増殖の究極の課題である女王バチによる巣の創設法に関しては、まだまだ道は遠いであろう。人工的に交尾させて越冬した女王バチや、春先に捕えた女王バチに人工的に巣をつくらせようと、現在に至るまで公立の研究機関や民間でもいろいろと試みられているが、まだ満足のゆく成功例はないのが現状である。

今後、そうした人工的に巣をつくらせる技術が開発されたとしたら、ミツバチやカイコのように有用な昆虫資源としてのスズメバチ養殖業が成り立ち、山村における新しい産業として、趣味のハチ飼いから転身する人が出てくるかも知れない。

IX

天敵としての保護と利用

クロスズメバチの仲間は、幼虫に与える餌として、各種の昆虫、クモなどを狩り、ヘビなどの小動物の死骸、干魚なども肉団子にして巣に持ち帰る。これらの狩りの獲物の中には、農作物の害虫も含まれ、人間にとって有益な昆虫としても古くから評価されている。

クロスズメバチの狩りは、巣の付近に見られるさまざまな昆虫が対象となる。餌集めの範囲は、クロスズメバチとシダクロスズメバチでは、巣から直線距離で一〇〇〜四〇〇メートルまでのことが多く、全体の七二%はその範囲内で行なわれ、もっとも遠くても一キロを越えることはほとんどない（松浦・山根、一九八四）。これはキイロスズメバチやオオスズメバチなどの大型スズメバチが、時に三〜五キロも遠くへ狩りに出かけるのに比べると、かなり距離は短い。さらに、クロスズメバチよりやや大きめのミツバチでは通常二〜四キロ、もっとも遠い餌場では一二キロまでも餌集めにいくことを思えば、行動半径はかなり限られている。

天敵としてながめた場合、クロスズメバチのような行動半径の狭いハチは害虫の捕食者としては、むしろ好都合である。それは、巣の周辺の害虫を狩り集めるうえ、一度獲物を発見した場所には、その後何度もやってきて、獲物のある限り何回でも狩りを続ける、という習性である。また、岐阜や長野の愛好家がやっているように、活動中の巣であっても容易に移動できるので、害虫駆除を目的とする圃場の近くへ巣を移すこともできる。

実際、中国では松や棉の害虫を駆除するため、赤松林や棉畑にアシナガバチやクロスズメバチの仲間の巣を移して、害虫退治を試みている（李、一九九三）。

中国科学院のハチ研究者李鉄生さんの指導のもとに、一九八〇〜八五年の間に、河南省および北京市西山では約二一万個のキアシナガバチが人海戦術で集められ、赤松を加害するマツケムシの一種の退治に貢献した。またセイヨウキオビクロスズメバチの場合、李さんによれば一日に五〇〇〜二〇〇〇匹のマエアカアオリンガとヨモギエダシャクの幼虫を狩るという。私は一九九四年に、北京の中国科学院を訪れ、李さんからその当時の様子をうかがった。李さんはその功績により、中国政府から特別表彰されたといって、当時の防除の様子などアルバムを開きながら、熱っぽく語ってくれた。しかし、中国でも現在は、すぐに効果の現れる殺虫剤などの農薬による防除に農民の関心は向いてしまい、こうしたハチ利用による害虫退治を実施するのは難しくなっているということであった。

日本でも、クロスズメバチは農作物の害虫を捕食する天敵として知られている。イネの大害虫であるツマグロヨコバイやセジロウンカなどの各種ウンカを捕食し（信太、一九六三）、野菜類の害虫であるアワヨトウ、ヨトウガ、ハスモンヨトウ、コナガ、タマナキンウワバ、モンシロチョウの幼虫などもこのハチのメニューとなっている。

こうした農業害虫の他に、秋の獲物として大きな割合を占めているのがハエ類で、イエバエ、ヒメイエバエ、キンバエ、ミドリキンバエなどの衛生害虫としてのハエ類は、巣によっては一日に五〇〇〜二〇〇〇匹も狩られており、それらの天敵として重要な位置を占めている（図117）。

日本では、明治末期から大正期の初めにクロスズメバチの缶詰生産が盛んとなった頃、このハチはすでに農業害虫や衛生害虫の天敵としても広く知られており、その評価や資源保護の視点から、缶詰用のハチの子の乱獲を憂慮する声があった。

たとえば一九一五（大正四）年一二月二四日の岐阜県日々新聞は、岐阜県土岐郡農友会の会長山内慥爾が、前々日に次のような建議書を岐阜県知事へ提出したと報じている。

「肉食虫なる蜂類の益虫なること小学児童と雖《いえど》も之を知れり。就中《なかんづく》地蜂（方言ヘボ）は県下到る所の山野に繁殖し、各種の害虫を捕食し、吾人に利益を興ふること鮮少ならず。然るに古来我東濃地方に於ては之を採取し食用に供するの習慣あり。其味美なるが為め近年需要頓《と》みに増加し土岐郡明世村、可児郡兼山町、賀茂郡太田町、武儀郡関町等の各地に之が缶詰製造を為すものあるに至り、其他を含んで県下一ヶ年採取高約千貫匁、此《この》幼虫頭数一億二千万頭を下らず。此の如くにして年々其繁殖を減殺し、間接に害虫の増加を助長するの行為を為す、誠に遺憾のことなり仍て相當之が保護の方法を講ぜられんことを望む云々。」と。

　この建議書の取扱いがその後どのようになされたかは明らかでない。しかし、この当時から農業関係者の間では、クロスズメバチが農作物などの害虫を狩る益虫として認識されていたことがうかがわれる。クロスズメバチの缶詰製造によって、商品性の高まった巣の採取に狂奔したであろう当時の世相を反映している。

　また、長野県伊那地方の巣の採取法や食用習俗について、当時の昆虫専門の月刊誌『昆虫世界』に紹介した長野菊次郎は、「人家にて地蜂を飼養するとしても、今の状態では、少しも種族の保存を保護するわけにはなっておらぬようである。故にこのままにしておくならば、月日の推移と共に、この蜂の消滅は疑う余地がないようである。従って、この蜂の害虫駆除上の具体的調査とその飼養法の改善とは、これを食用に供する地方にとり、大いに研究せねばならぬことと思わるる。」と述べている（長野、一九一六）。

　最近になって、クロスズメバチを地域ぐるみで農業害虫の駆除に利用し、その保護を行なっている地域がある。

　全国一の茶どころ、静岡県の牧ノ原の茶農家のあいだでは、一九八〇年代の初めより地元で「チンチンバチ」と呼ばれているクロスズメバチの保護運動が熱心に進められてきた。これは近隣の長野や岐阜のように食用資源にするためではない。ことのおこりは、同地

図 117　リンドウの花上でハエを捕えたシダクロスズメバチの働きバチ

に住むある茶の栽培農家が、自分の茶畑で、クロスズメバチが茶の葉を食害するシャクトリムシやハマキムシなどの害虫を盛んに狩っているのを観察し、天敵として利用できないか、と考えたことから始まっている。

そこで、榛原町役場の農林課と同町農協の指導課は、静岡県の農業試験場や茶業試験場の害虫担当者の応援を得て、クロスズメバチが実際に茶園でどのような害虫を狩り、天敵として害虫退治に貢献しているかを調べてもらった。その結果、茶園近くにあるクロスズメバチの巣では、一〇～一二月には当時茶園に多発して甚大な被害を与えていたヨモギエダシャク幼虫を中心に、アカイラガ幼虫、チャハマキ卵などを捕食していることが確認された（図118）。とくに巣に運び込まれた獲物のうち、五二％と半分以上はヨモギエダシャクで占められていたという（池田・小泊、一九八二）。このシャクトリムシが秋に茶畑で多発すると、幼虫は群生して緑の葉を食い尽くし、茶の木は畦の一部が数メートルにわたって竹ボウキを立てたように枝だけの丸坊主になってしまう。こうなると品質のもっともよい翌春の一番茶が採れなくなり、農家にとって

図118 ヨモギエダシャクを狩るシダクロスズメバチ

は大打撃となる。それらの調査結果から、クロスズメバチの巣一個で一日当り一〇〇〇〜二〇〇〇匹のヨモギエダシャクが餌となっていたと推定している。これらのヨモギエダシャクは、すべて茶園で発生していたものを狩ってきたとは限らない。しかし、茶園の外で茶以外の植物を食べているこの虫を狩ったとしても、長い目で見れば、自然界全般にこの茶の大害虫の発生数を抑え、それが茶園での発生を少なくすることにもつながる。だから、クロスズメバチがヨモギエダシャクの有力な天敵として活躍していることは間違いないと、当時、この研究にたずさわった県の担当者は結論している。

昔からこの地方で言い伝えられているように、このハチが生息している付近の茶園には、これらの害虫の発生が少ないことが実証されたわけで、クロスズメバチの天敵としての役割が評価されるようになった。そこで、このハチの保護運動を全県下に進めるため、一九八〇年には、静岡県下に当時一六あった各地域の農業協同組合の青年部が中心となって、茶産地全域にわたり、一〇〜一一月のクロスズメバチ採集のシーズンになると、生産農家の組合員が三人くらいでチームを

図 119　クロスズメバチ採集禁止の立札（静岡県袋井市）（池田二三高氏提供）

組んで、パトロールを行なった。そして、茶園やその付近でクロスズメバチを採っている人を見つけると、天敵としての保護の必要性と運動の趣旨を訴え、巣の採取を思い止まってもらったという。また、「クロスズメバチを保護しよう」という大きな立て看板五〇〇個以上を県下各地に設けた(図119)。この運動によって、茶栽培における天敵の重要性やその保護への関心が高まり、各農協が賛同して保護運動に乗り出した。茶農協として県下一斉に心一つになって行動したのは、過去にも珍しいことであるという。地元ではいったんはこのハチの保護条令を制定して、積極的に保護しようという動きもあったが、そこまではしなくともいいだろうということになった。

この運動に対して、他県からやってきたクロスズメバチ採集者の反響は大きかった。このハチの巣採取は他人の所有する土地で行なわれる。ハチ食に関心のない地方といえども、自分たちの茶園の害虫の天敵としてハチの価値が見直されれば、茶栽培者にとってクロスズメバチの巣は共通の財産として認識される。一方、採集者にとっては、ハチの追跡から巣の発掘まで、他人の土地での行動であるから無理を通すこともできない。路上に車を止めても他県ナンバーでは目立ちやすく、地域の人の看視の中では動きづらくなったのである。こうして、その後約一〇年にわたった保護運動の成果で、クロスズメバチの巣の採取者が静岡県下ではめっきり姿を消したという。

X

ハチ食から地域おこしへ

海から遠く離れた山村の人々がハチの子を食べるということは、
食事の基本であるその地域で取れるものを食べるということだろう。
日頃食べ馴れていたものは、年をとってからも懐かしい風土の思い出として蘇る。
それは手づくりによる母親の愛情が郷土の味を通して伝わってくるだけでなく、
ふだん何げなく口にしていた食べ物が、その地方独特の文化に深く根差していることに気づく。
ハチを食べたり、毒針を持ったハチを楽しみで飼うといっても、
他所の人にはなかなか理解してもらえない。
しかしながらハチの子を食べるだけではなく、そのために野外でハチを追って巣を見つけ出したり、
それを身近に置いて飼育し、いそいそと自慢の餌を与え、
いかに巣を大きくするかに毎日精を出すことも、ハチ食文化の繁栄を物語っているのである。
ハチの子食は豊かな自然環境を背景とした食文化として、
その地域の人々の生活の中に溶け込んでいる。
こうしたハチ食文化を通じて地域おこしや地域の活性化につなげようとする活動が、
最近は各地で見られるようになった。ここではそれらのいくつかを紹介する。

1　ヘボ祭りとハチサミット——岐阜県串原村

串原村のヘボコンテストは、同時に開催されるこの村の秋祭りの一環として行なわれ、村役場も全面的にバックアップしている。巣のコンテストは、一九九四年に第一回が開催され、以後は毎年の行事となっている。コンテストはクロスズメバチの巣が最大となる一一月上旬（一九九八年までは第一日曜日、最近は文化の日）に、村の中央部にある「サンホールくしはら」で、地元の串原村はもとより、近隣の加子母村、明智町、坂下町、東白川村、白河町、土岐市、山岡町、愛知県では設楽町、豊田市など、岐阜県東濃地方を中心としたクロスズメバチの食用の盛んな市町村から参加者がある（図120）。県外からも第三回で初めて静岡県川根町の笹間ハイバチ愛好会の会員数名が、四個の巣を持ってはるばる駆けつけた。

コンテストでは、飼い巣と天然の巣に分れて当日の巣の重量を競う。飼い巣の部では、めいめいの工夫をこらした巣箱が、ハチが飛び出さないように出入り口をふさいだ状態で、軽四輪車の荷台などにのせられて会場の広場に運ばれて来る。審査は一個ずつ巣箱の入り口から煙幕花火を突っ込んでハチを麻酔させたうえ（図121）、巣箱を開けて巣をそっくり引き出し、巣盤を覆っている外被を取り除く。眠ったまま巣にしがみついているハチを素手で払い落としてから、ビニール袋に巣を入れて、輪ゴムで口を締め、重量を計る。巣箱を開けるまではなかなか巣の大小の予想はつきにくいが、巣箱が開かれて、巣の一部が露出すると、参加者を初め会場を訪れた見学者の目がいっせいに注がれる。下馬評があちこちでささやかれる。それは計量係の審査員が、秤台に巣をのせたときに、クライマックスに達する（図122）。三キロを越えるような大きな巣からはため息とともに喚声があがる。計量係を担当するのは、「くしはらヘボ愛好会」の会長である三宅尚巳さんと、これまでこの地域のクロスズメバチの保護と生態研究に長らく関わってきた元岐阜県立高校の西尾亮平さんらが中心になって行ない、秤量のたびに二人の目が光る。

これまで飼い巣の部で一位となった巣の重量は、第一回では二・九キロであったが、第二回三・六キロ、第三回四・一キロと年々重くなり、第四回で四・七キロと最大値に達し、その後この記録は破られていない。これは年々参加者が増えているうえに、飼育技術がレベルアップしていることを示すものだが、この時期で四キロの巣というのは、飼育巣としては限界に近いのだろうか。

コンテスト参加者は、原則として一人一巣を出品し、これまでの参加巣数は三五～一〇四個であった。参加した巣は、飼い主が愛情を込め丹精を凝らして育てたものであるが、なかなか思い通りに巣が大きくなってくれないのが飼い巣であろう。たとえば、一九九六年のコンテストでは、一位の巣の重量四・一キロはこの年の出品巣の平均値一・九キロよりもかなり重い（図123）。また、最下位の巣の重量に比べると、一位の巣は約一〇倍なので、ベテランの腕をもってしても、大きさにはずいぶんと差ができてしまう。コンテストは、飼育技術の交流の場でもあり、毎年の優勝者をはじめ上位入賞者は参加者からの質問責めにあったり、皆の前で自分の飼育技術を披露する。参加した人達は皆熱心に聞き入り、来年のコンテストに向けて互いの技術向上を目指す。

一方、天然の巣の部は、飼い巣に比べると参加巣は遙かに少ない。これは、天然巣を自然状態のまま、コンテスト当日やその前日あたりまで野山に置いておくことは、ハチ採り人口の多いこの地方では難しいからである。出品される巣の大きさも、飼い巣に比べると全般に一キロは少ない。しかし、これは天然巣が飼い巣ほど大きくならないということではない。この地方でも野外の大きい巣では三～四キロ、時に七キロにも達するが、そうした巣は見つけしだい、掘り取られるからである。

コンテストでは入賞者の表彰が終わったのち、出品した巣は希望者に時価で、巣盤を単位として販売されるが、なによりも新鮮なうえに飼育にも手がかかっているということで、人気が高い。価格はその年の市場相場を参考にするが、やや高値気味で、一九九六年の場合は、一キロ一万一〇〇〇円の最高値をつけたが、

図 120　ヘボ祭りに集まった人と車とハチの巣（岐阜県串原村）

図 121　巣のコンテストで秤量前に煙幕花火で巣をいぶす（岐阜県串原村）

図 122　巣を秤にかける（岐阜県串原村）

最近は一万円前後である。しかし、出品者の多くは自宅に持ち帰って食用とする人が多いので、買うつもりで期待して出かけた人も、入手できずにあきらめることが多いという。

こうした巣の重量を競うコンテストに加えて、第二回からは「へボ通いコンテスト」も行なっている。これは飼い巣を原則として、巣から一分間にどれくらいの働きバチが出入りするかを、審査員がコンテストの一カ月前にそれぞれの巣に出かけて数える。このコンテストでは、第一回の参加者は七一名で、巣の重量コンテストよりも手軽で人気がある。この時ハチの活動がもっとも多い巣では、一分間に実に三八八匹のハチが出入りを繰り返した。こんな巣では、巣口は出入りするハチで真黒になり、その一点から四方に向かって空中にハチの通路ができる。ただし、通いバチが多いからといって、かならずしもコンテスト時には中味の重さが最大に達しているとは限らない。ハチの出入りが活発なことは、巣内の幼虫や成虫の数が多いことを示すが、巣の重さは蛹（繭）、とくに新女王バチの蛹の多寡に大きく影響される。大型の新女王バチは働きバチやオスバチに比べて三～四倍もの重さがあるからである。

「くしはらへボ愛好会」は、こうしたコンテストの他に、一九九五年と九六年には「へボの村串原体験ツアー」を開催した。これは、へボに関する食文化やその生態ばかりでなく、山村の生活を広く一般の人にも体験してもらい、運動の輪を広げる目的である。最初の年は一〇月二七、二八の両日にわたる一泊二日の日程で募集したところ、一五〇人あまりの申込みがあった。残念ながら宿泊施設の関係から六〇人に絞り、翌年第二回は約一〇〇人とした。参加者は地元の人はもとより、岐阜県内各地や愛知、山梨、埼玉、神奈川、東京などからで、子供の頃から、クロスズメバチの巣を探して山野を走り回った体験のある四〇～六〇代の男性が中心であった。

ツアーの初日は、数班に分れて、おにぎり持参で山に入り、へボの探し方などを会員から伝授されたあと、実際にトリ肉でおびき寄せた働きバチに綿の吹き流しをつけ、それを皆で巣まで追いかけた。うまく巣を探し当てると、いよいよ発掘で、刺されないように煙幕花火でいぶしてから、巣を掘り出し、その戦果を持ち帰ってへボ料理の材料とする。会場となる同村奥

図 123　コンテストに優勝した巣 1 個分の全巣盤を目の前に広げてトロフィーを手にした飼育者（岐阜県串原村）

矢作《やはぎ》湖畔の矢作《やはぎ》勤労青少年センターに戻ると、まず幼虫や蛹を巣から抜き取る「ヘボ抜き」を体験する。そのあとヘボ飯、ヘボ五平餅、佃煮などこの地方ならではの多彩なヘボ料理の夕食準備に皆で取り組み、夜は夕食を兼ねて、会員との交流でヘボ談義に花が咲く。

ヘボ料理を堪能したあとは、同会顧問の西尾亮平さんのヘボの生態について講演があり、夜もスケジュールはいっぱいで、一二時に閉会宣言をしてやっと皆が床に就いたという。翌日も朝からヘボの探し方や飼い方などの勉強会、共同飼育場の「ヘボの家」見学など、ヘボづくしの日程のほか、地元名産の「こんにゃく料理」や「じねんじょ料理」を昼食にしたり、奥矢作湖や串原郷土館の見学、串原の里のフリータイムなど、地元の自然や歴史も広く知ってもらおうという体験交流会である。残念ながらこのツアーは、現在は同村の秋の行事がいろいろ重なるため休止状態であるが、県内外に再開を心待ちしている人が少なくない。

2　ハイバチ保護条令——岐阜県加子母村

岐阜県東濃地方でも長野県と境を接する恵那郡加子母村には、地元でハイバチと呼ぶクロスズメバチの仲間の資源保護を目的に制定された、全国でもここだけというクロスズメバチ保護のための条令がある。

この条令は「加子母村ハイバチ資源確保に関する条令」として一九九〇年三月二二日に、村議会で可決され施行されている。同村内のハイバチ資源保護のため、村内全域にわたり翌年の親バチ（女王バチ）を発生させるのが目的である。これはかねてからハイバチの保護に深い関心を持ち、かつて村議会の議長を長く務めたあと村長に選ばれた粥川眞策さんをはじめ、地元で保護活動に熱心な四〇〜五〇人の男性が中心になって、村ぐるみの保護運動ということで条令化にこぎつけた。村民が村内でハイバチの巣を見つけると「山採り」した巣を飼育用巣箱に移して、自宅などで飼育する。ハチは自由に村内を飛び回って餌を集めてくるが、飼っている人はそれだけでは足らずと砂糖の溶液、川魚や肉類などを与え、家畜やペットのように大切に肥育する。それらの巣は、一二月上旬に親バチと呼ばれる新女王バチが巣立ったのち、飼っていた人の申請にもとづき、村役場やハチに詳しい人の意見も聞いたうえで審査し、巣一つにつき二万円の補助金を出す。申請は、原則として一人一巣で、毎年二〇個を限度とし、それを越えた場合、新女王バチをたくさん出したとみなされる大きな巣を優先する。

冬の訪れの早いこの地方では、一二月上旬にはすでにハイバチは活動を終え、巣は空になっているが、ハチ飼いのベテランは、飼育箱の中に残された主のいない空の巣を見ただけでも、その巣からどれだけの新女王バチが羽化し、越冬のため野外へ飛び立ったかすぐに分かる。だから申請する人も自分の巣が申請に値する巣かどうか評価が気になるところで、上限の二〇巣に満たない場合でも、新女王バチが旅立たないような小さな巣では申請を控えるという。

ハイバチは、この村に生息するクロスズメバチ属の四種、クロスズメバチ、シダクロスズメバチ、キオビクロスズメバチおよびツヤクロスズメバチと定義している。同村でもかつては雑木林などにこれらのハチの巣がたくさん見られたが、最近はスギ、ヒノキなど針葉樹の植林地が多いので、ハチの生息環境も少なくなったことなどから数が減っている。毎年の予算は四〇万円で、初年度の一九九〇年は村民から申請された巣は二三個あったが、一九九五年のようにハチの活動期に降雨が続いて巣が少なく不作だった年は、わずか八個にとどまった。一九九六年は一四巣が、補助対象になっている。

こうして補助対象となった巣から羽化したハイバチの新女王バチは、翌春には生まれ故郷の村内で再び巣づくりをして、子孫を残していく。一巣当り二万円という補助金では、実際はハチの子を商品として巣ごと売った方が収入は多い。しかしながら村の人々にとっては、自分達の郷土にかつてのようにハイバチがたくさん飛び回る自然環境をつくりたいという願いが、損得を抜きにして、ハチの愛護へと駆り立てるのである。

この村では、ハイバチばかりでなく、村内に自生するササユリにも「村の花ササユリ保護条令」を同じ年に制定し、補助金を出してその保護と増殖をはかっている。かつては村内のいたるところで、初夏になるとササユリの芳香が溢れ、群生地も見られた。しかし、現在は乱獲や自生地の環境の変化などにより、この村のありふれた光景もいつのまにか姿を消してしまった。そこで、村内の各集落一〇カ所をササユリ保護地区として指定し、保護増殖のため二〇万円の予算で、各地区で自生地の保護にあたる人に一カ所当り二万円を支払っている。

こうした身近な動植物のための保護条令は、ヒトも自然界の一員である以上は、人間中心にものごとを進めるのではなく、自分達が生まれ育った郷土の自然と共生・共存していこうとする村の哲学があり、その姿勢の証でもあろう。

3 古里おこし――愛知県設楽町

設楽町は愛知県の北東部に位置し、天竜奥三河国定公園、愛知高原国定公園のただなかにある山あいの静かな里である。この町では、二地区において、地元でヘボと呼ばれているクロスズメバチ類を通じて古里おこしに取り組んでいる人達がいる。その一つは、設楽町名倉地区の後藤明光さんを中心としたグループで、他の一つは同町段戸地区の斎藤和彦さんらのグループである。

名倉地区の後藤明光さんらは、この地方で夏にヘボの巣を採集して庭先などに木箱で飼う方法が盛んなことから、「蜂サミット」と称して、それぞれが飼い育てた自慢の巣を持ち寄り、巣の重さ、巣盤数、形などを審査し、その見事さを競うハチの巣コンクールを企画した。これは、ハチ飼いの盛んな隣接の岐阜県東濃地方や長野県南信地方でもそれまで例のない新企画で、日本、いや世界でも初めての珍しいコンクールであり、最近は中部地方の各地で開催されるようになったハチの巣コンテストの元祖といえる（新井、一九九三）。

後藤さんは名古屋大学農学部の山地畜産実験演習施設の技官であるが、ハンターで猟犬訓練士でもあり、奥さんが経営する喫茶店でコーヒーも入れるという。この蜂サミットは一九九〇（平成二）年一一月三日の文化の日に第一回が開催され、以来毎年同じ日に、名倉地区を走る国道二五七号の「喫茶峠」に面した空き地が会場となる。参加者は一人一〇〇〇円の参加費を払い、自分が飼っていた巣箱の入り口を閉じたまま会場へ持ってくる。巣箱は大きさ、形ともさまざまで、設楽町名産のスギの幹をくり抜いたものや、発砲スチロールのものもある。会場の周辺には、この地方の先祖伝来の味としてヘボダレの五平餅や漬物のほか、野菜や陶器の市も立つ。

審査は巣の重量の他、巣盤の数、形なども一つひとつの巣について行なわれる。優勝はもっとも重い巣であるが、問題は中味である。外観は大きくても、大きな終齢の幼虫や蓋のされた繭がたっぷり入っていればよいが、同じ大きさの巣でもそれらが少ないと、軽くなってしまう。この時期には巣盤や育房の数は多くても、新女王バチやオスバチが羽化のピークを過ぎているため空房が多い場合や、逆に、新女王バチ用の巣盤がたくさんあっても卵や若齢幼虫が多くて、これから巣がピークに達するものまで、さまざまな状態の巣がある。それこそ、巣箱の蓋を開けてみなければ中身は飼っていた本人でも分からないことが多い。ハチの出入りが多いからと、自信を持って会場に運んできても、蓋を開けてがっかりということもしばしばである。一九九六年までの七回で、もっとも重かったのは、一九九五年の第六回で優勝した三・四キロの巣で一三枚の巣盤を持っていたが、三キロを超えたのはこの年だけであった。参加者は一九九一〜九六年の七回では二〇〜四八名で、参加巣は三〇（一九九一年）〜七一（一九九四年）となっている。一九九七年は、このサミットも八回を迎え、ハチに因んでということで、これまで持ち回りとしてきた優勝カップはこの年の優勝者に渡して、新しくつくり直した。

巣を分譲してほしい人は出品者と個々に交渉するが、大方の飼い主は家に持ち帰って家族や親戚と分け合ってハチ料理を予定しているので、入手は難しい場合が多い。また、小鳥の餌として、巣を買っていく人もいる。成虫だけを欲しい人もいて話題となったことがある。それは、第一回からサミットに酒二升を持ってきては、秤量時に巣から払い落したハチを交換でもらって持って帰る人があった。後藤さん達でも成虫のハチは役に立たないからと処分してしまう。それをいったい何に使うのか、ある時疑問に思って本人に尋ねたところ、その人は名古屋市内からやってきた料理屋さんで、クロスズメバチの成虫だけをテンプラに仕上げて客に出すと喜ばれるということであった。

設楽町では、クロスズメバチを特産品にしようと取り組んでいるもう一つのグループがある。長野県と県境を接する北設楽郡の段戸国有林の南側入り口に住んでいる斎藤和彦さんとその仲間である。この段戸地区は標高一〇〇〇メートル級の山々の谷筋などに、民家が点在する第一級の過疎地といってよい。しかし、この地区は、かつてはろくろを回して木材を加工する木地師と呼ばれる人々が、明治中頃に開拓したもので、昭和初期までは木地師の里としてにぎわった。今は林業の衰退で過疎に悩んでいるが、一九九五年七月に「木地師が住んでいた頃のにぎわいを」と、住民の有志が呼びかけて、地区を離れた人々とグループをつくり、古里おこしが始まった。

斎藤さんはそのリーダー格で、山の手入れをしながら、豊川の支流、栗島川を利用してニジマス・イワナ類の養殖業を営んでいる。先祖が木地師という斎藤さんは、古里づくりを進める「段戸ふるさと企画」の代表をつとめる。現在、メンバーは約一二〇人で出資金は一口一〇万円。初めは懐かしさで集まっていたが、「昔の活気を再現して地区の人口の三分の一を占める六五歳以上のお年寄りも生き甲斐を」と地域おこしを真剣に考えるようになった。木地師の村のシンボルとして、今は一基も残っていない直径七メートルの大水車をつくる予定だ。水車は木地を引き、製板をする際の動力だったから、それができれば、木地師の工房やソバの加工場もつくる計画だ。ソバは木地師の主食で、水車はソバを引くのに使われた。さらにかつてこの地区に多かったクロスズメバチ類を、スギの幹をくり抜いた巣箱で育て、年々増やしていきたいという。ハチや漬物などの加工場を、木地師にまつわる地区の歴史資料館に併設し、ハチの飼育や野菜の栽培から加工までを、この地区のお年寄りに働いてもらいたいという目的がある。だからメンバーは、休日を利用して木材を切り出し、石材を運び込み、川添いにはヤマザクラの植林を進めている。また、湧水を「木地師の力水」と名付けて整備している。

この地区の入山は一八九六（明治二九）年に始まり、椀や盆の材料となるクリやケヤキなどの原生林を目当てに木地師の家族二五世帯が住み着いたのが始まりという。自分たちで仕事に適した土地を探して切り開くという、だれからも守ってもらおうと思わない木地師の根性が今もその子孫に受け継がれて残っている。過疎対策は行政任せ、他人任せでは展望もひらけない。斎藤さん達の地域おこしに、クロスズメバチが一役買ってくれることを願わずにはおれない。

4　公民館のグループ活動
――愛知県豊田市石野

豊田市は名古屋市の東部にあり、自動車で有名なトヨタの町として有名であるが、市街地を離れた山あいの力石町に、石野公民館がある。この公民館活動の一環として、ジバチグループが一九九〇年夏に発足した。当初は一〇人の会員であったが、現在は三〇余名となり、スズメバチを題材として、地元の自然に親しみながら、仲間づくりや自然環境、生き物への関心を高め、日常生活に役立てようと取り組んでいる。会員の中には、最初は珍味としてスズメバチを食べることに興味を持って入会するが、ベテランの人達と一緒になって、ハチを追いかけたり、巣を飼う楽しみを覚えると、そちらのほうでもやみつきになる人が少なくないという。初心者は巣を見つけるのが難しいので、会長はじめベテラン五〜六人がある程度巣を見つけ、あとの飼育管理を任せる。この辺り一帯は、オオスズメバチが多く、秋になると集団でやってきて、油断すると飼っているクロスズメバチの巣を攻撃し、全滅させてしまう。そこで、やってきたオオスズメバチを逆に追跡してその巣を掘り出し、そのハチの子も食用としている。

ここでは、一九九五年から、近隣の岐阜県串原町や愛知県設楽町名倉のヘボの巣コンテストにならって、一一月中旬に自分達の飼っている巣を公民館に持ち寄り、その大きさを競うことを始めた。第一回の出品は七巣で、飼育箱などもおもいおもいに趣向をこらしたものであったが、この年のクロスズメバチの最大巣は当時会長であった清水令司さんの九〇〇グラムで、最少は一一〇グラムであったという。翌年には参加巣も一二個に増え、岐阜県串原村で利用されている巣箱と同じ規準のものを地元でつくって、統一規格で行なった。ただし、この年は同地区のハチは少なかったので、近隣の足助町の奥の山地へでかけて、クロスズメバチよりも営巣規模が大きく赤巣と呼んでいるシダクロスズメバチを中心に採取した。その結果、最大の巣は二・二五キロ、最少で一・五キロと大幅に記録が伸びた。

この地区では、毎年三月第一日曜日に「ふれあい祭」があって、公民館活動を中心に、地区の人が総出の催しがある。ジバチグループは、前年の秋に冷凍して保存しておいた、クロスズメバチの子やオオクマ（オオスズメバチ）の子を、郷土の味覚として味わってもらうため無償で食材として提供する。一九九〇年は、抜き身のクロスズメバチ三キロを会員から集め、へボ飯七升を炊き上げて二〇〇人分のへボ飯をつくり、無料で地区の人にふるまった。また、オオスズメバチの子も煮付けや空揚げに仕上げている。清水さんも、一九九六年はクロスズメバチの子一キロ、オオスズメバチの子二キロを供出した。もちろん、こうした料理もジバチグループの男性が、腕によりをかけて、調理したものである。実は、公民館活動としてグルメ会というのもあり、地元の矢作川で採れるシラハエを中心とした魚料理もふるまわれた。このグルメ会には、ジバチグループ会員も半分位いるので、料理も魚とハチの子のかけもちで、奥さんの手をわずらわせる

図 124　豊田市石野公民館でハチの子飯を箸を使って食べるスプラドベリー博士（左手前）と西尾亮平さん（右端）

ことはない。

一九九四年一〇月四日、この公民館に思わぬ珍客が訪れた。オーストラリアで、侵入種のセイヨウキオビクロスズメバチの生態と防除の研究をしているスズメバチの権威スプラドベリー博士である（図124）。日本のハチ研究者との学術交流が来日の目的であったが、私はハチ食文化について知ってもらう良い機会と考えた。博士は三十数年前の初来日の折、拙宅に泊まる機会があったが、その時に日本のスズメバチ食について話した時は半信半疑の様子だったからである。そこでハチ食文化を理解してもらうため、当地のハチの子食で歓待することを清水会長さん達と相談したところ、快く引き受けて下さった。当日はクロスズメバチのハチの子飯やオオスズメバチの幼虫のすき焼きなど、会員の心尽くしのハチ料理を私もお相伴してふんだんにご馳走になった。ハチはもとより昆虫食は初めてという博士であったが、遠来の客を心からもてなしたいという会員達の気持ちに打たれ、感動しながら食べたとのちに話していた。

5 蜂供養塔の建立——長野県東部町

長野県の佐久地方は南信地方とともに、県下でもクロスズメバチ食文化の歴史は古い。「信州蜂愛好会」は長野県佐久地方を中心としたジバチ愛好者約四〇名の集まりであるが、一九九五年に第一回信州蜂サミットを名乗って、一〇月中旬に会員の飼っている巣や山採りの巣を持ち寄り、東部町加沢と北御牧村の境界付近の県道諏訪白樺湖沿いにあるスズメバチ供養塔前の広場で重量コンテストを開催した。第一回は佐久地方の一一市町村より三八名四一巣、翌年第二回は九市町村一七名三九巣が参加している。優勝した巣は第一回二・六八キロ、第二回二・六四キロであるが、もっとも小さい巣となると、両回とも一六〇グラム前後で、巣によって同時期でもずいぶんと発達程度に違いがある。

ここの蜂サミットは、歴史は浅いが、他には見られない自慢のものがある。それは信州蜂愛好会が建立した蜂供養塔である（図125）。これは平成八（一九九六）年八月八日と、ハチに因んだこの日を記念して、除幕式が行なわれた。ハチ食文化の犠牲となったクロスズメバチなどのスズメバチを供養して、縦・横五メートルの台座の上に、高さ二・五メートル、幅一・五メートルの地元産の安山岩の大石が供えられ、碑の傍には供養塔建立の由来が次のように述べられている。

「　スズメバチを讃える

ハチ群団小さな体で大きな仕事人間社会の手本なり。

スズメバチの仲間は、世界に六一種、日本には一六種が分布するが、わが信州には一五種が生息している。

その生活史は、春、女王バチの単独による巣作りから始まり、働きバチを育てると巣は急速に発達して、

図 125　信州蜂愛好会の建立した蜂供養塔（長野県東部町）

秋には数千頭の大群となり、さらに多数のオスと新女王を育て上げたのち、巣社会は解散して、交尾した新女王バチのみが生き残って越冬し、次世代を担う。

営巣場所は人家の軒先、木の枝、土中と様々で、木質繊維を集めて作られた木目模様の巨大な造形美の巣は厚い外被に覆われて、冷暖房を完備し、外敵の侵入を防ぎ、まさに蜂の巣城にふさわしい。

食肉性で、幼虫の餌として昆虫・青虫・小動物などを狩り、害虫退治にも貢献し、樹液、甘露なども集める。

ハチは働き者である。朝早くから日没まで、雨が降っても活動し、巣作り・餌集め・子育て・巣の守護など、独自の社会機構を持ち、労働に励んでいる。

海のない信州では、ハチは古くから貴重な蛋白源として利用され、ハチを巣ごと採取してハチの子を食べる習慣があり、栄養価も高く、病弱、病人には最高の自然食として愛用されている。

豊かな信州の自然の中でハチを追い、巣を見つけだして採る楽しみ、また持ち帰って飼育し、日々のハチの生活を眺め、さらにハチの子を賞味する喜びは、他には代え難い貴重な郷土の自然あればこそである。

ハチは勤勉にして名利を求めない。人間社会では、昨今いじめ・凶悪犯罪など、事件の無い日は一日としてない。まさに人間がハチ社会に学ぶことの多い日々となっている。

ここにハチに魅せられた同志が相寄り、蜂愛好会結成を機に、ハチへの想いと感謝の意をこめて、ハチ年にちなんで蜂供養塔を建立し、永くハチ達を讃えるものである。

平成八年八月八日　信州蜂愛好会」

ここには、スズメバチは単なる食文化の対象のみならず、その社会集団は人間社会の手本ともなるべき憧憬に満ちた存在として讃えられている。スズメバチの生活とそれを育んできた郷土の自然を知悉する信州の人達なればこその、ハチに対する想いをありありと思い浮かべる記念碑といえるだろう。

6 全国地蜂サミットと連合会の誕生

こうした中部地方各地のクロスズメバチを中心とした岐阜、長野、愛知、山梨、静岡各県のハチ愛好家団体（総会員数六五四名）は、一九九七年九月二八日に岐阜県串原村において、全国地蜂サミットを旗揚げした。

当日の模様を、中日新聞は翌日の岐阜県版のトップで、次のように報じている。

「全国のへボ愛好仲間、
　串原で、初のサミット

増殖場の見学や講演、地バチで、ブンブン地域おこし。『地バチ』による地域活性化を狙いにした、第一回『全国地蜂（へボ）サミット』（くしはらへボ愛好会主催）が二八日、串原村の『サンホールくしはら』で、県内を初め、愛知、長野、など五県の地蜂愛好グループら約一六〇人が参加して開かれた。同サミットは『全国に誇れる地蜂の生息地として情報交換し、相互の発展に努力する』との共同宣言を採択し、今後、交流していくことになった。地蜂（和名クロスズメバチ）は地域により『へボ』等とも呼ばれ、昔から山間地の貴重なタンパク源として親しまれている。

串原村をはじめ、各地のへボ愛好会は、へボの保護、増殖、へボ料理の研究などに取り組んでいる。サミットは山林開発や、乱獲などで全国的に減少しているへボの保護など、共通の問題を話し合うことを通し、地域の活性化を図る狙いだ。県内をはじめ、愛知、長野、静岡、山梨各県から計一二団体が参加した。午前中地蜂を増殖している『串原へボの家』を見学、サミットでは『スズメバチの生活』などの著書のある、東京都町田市の成瀬台中学校教諭、有賀文章さんが「地蜂の保護、増殖について」と題して講演した。続くフォーラムではへボ研究家西尾亮平さん（瑞浪高校教諭）を司会役に、『串原へボ愛好会』の三宅尚巳会長ら参加団体の代表者らが意見交換。共同宣言を参加者の拍手で採択した。」

このサミットでは、一九九九年九月二六日に長野県東部町と北御牧村を会場にして開催された第三回大会において「蜂の食文化」がテーマとなり、各地のスズメバチ料理の紹介や試食、ハチ食文化に関する講演会などが行なわれている。

一九九九年には、串原村において、これらの愛好家団体が全国地蜂連合会を設立した。全国のクロスズメバチ食文化圏に組織されている一七団体七二〇名の会員を擁するハチ愛好団体である。会の目的は食そのものよりも、ハチとヒトとの共生関係がいつまでも続くことを願って、クロスズメバチの保護、増殖活動を柱としており、地域の活性化へ貢献することも謳われている。この時は長年にわたりクロスズメバチの保護増殖の研究と指導に献身してこられた岐阜県立高校の西尾亮平さんの『ヘボ（地蜂）騒動記』の出版記念会も同時に開催された。

あとがき

スズメバチは本書で取り扱った食用昆虫としての評価よりも、一般の人には刺症害虫としておそれられている。また農林害虫の天敵や漢方薬・民間薬として利用され、強大な巣をつくる習性は今なお地方によっては信仰対象にもなっており、いろいろな面からヒトとの関わりが深い。

私は、これまではスズメバチの生態に主たる興味を持っていたが、最近はこの強大な生き物を食用とするヒトが有力な天敵として登場したため、ハチの方も時には相手を死に至らしめる程の強い毒液成分や激しい攻撃性を発達させてきたのではないかと考えるようになった。そこで、長野や岐阜のクロスズメバチを中心とした食文化を調べているうちに、このハチの缶詰生産業にともなう栃木などのトリコの発生や、近年の外国産のハチの子の輸入など、食文化の変遷の問題にも触れざるを得なくなった。さらに、中国雲南省のスズメバチ食が今も盛んであることを知って現地を訪ね、予想以上の消費量とそれを支える飼育や流通システムに驚き、日本ばかりでなく外国のスズメバチ食の現状についてもとりまとめたいという気になった。

この本の原稿を書き始めたのは一九九〇年ごろであったが、気のおもむくままに書いていたため、締め切りに追われてせかされるということはなかった。現地へでかけて調べたいことや文献を読む必要が次々とできて、書き上がりがいつになるかも考えず、少しずつ書き留めていたので、現地の調査などは内容的には古くなってしまったものもある。ところが、北海道大学図書刊行会の田宮治男さんから期限付きで一冊の本としてまとめるように話があり、急遽、書き上げることとなった。

当初の原稿には、クロスズメバチを中心としたスズメバチ類の野外の行動や生態、巣内での巣づくりや育児活動など、これまで未発表の私自身の観察もたくさん含まれていた。それらの大部分は誌面の都合で今回は割愛せざるを得なかったので、いずれ機会をみてとりまとめたいと思っている。

本書の出版には多くの方々のお世話になったが、とくにお世話になった方々の名前をあげさせていただき、感謝の気持ちを表したい（敬称略）。

池田二三高、梅谷献二、梅林正直、大久保政人、郭木傳、加藤義雄、北沢清、（故）君島豊、高鷹、塩沢義国、下鳥大作、関谷長昭、関谷絢子、程士国、高見沢今朝雄、西尾亮平、野中健一、平林春美、藤原誠太、三橋淳、三宅尚巳、林俊清、渡邊敏遠。

北海道大学図書刊行会からは『スズメバチ類の比較行動学』（一九八四年）以来、本書は私にとってスズメバチ関連で五冊目の出版物となる。いずれも同出版会の田宮治男さんに、編集はもとより企画や出版助成の申請などでたいへんお世話になったことを心から感謝してお礼を申し上げたい。田宮さんは本書を最後の仕事として同出版会を退職されるというが、スズメバチという興味の尽きない生き物について、専門書や一般書として広く紹介することができたのは、田宮さんのご尽力と励ましの賜物であり、著者として理解ある編集者に出会えた幸運と喜びを深く胸奥に嚙みしめている。

また、山田たか子さんには旧著『スズメバチはなぜ刺すか』でも校正を手伝っていただいたが、今回も編集・校正でお世話になった。私の研究室の渡辺奈津子嬢には、原稿のワープロ打ちを手伝っていただいた。これらの方々に心からお礼を申し上げる。

二〇〇一年十月　還暦を迎えて

松浦　誠

索　引

アーオ

カ―コ

サーソ

タート

ナーノ

ハーホ

マ―モ

ヤ―ヨ

ラ―ロ

ワ

文　献

阿部　岳,1995：スズメバチ栄養液の運動への作用,ミツバチ科学,**16**：1-8.
新井真理,1993：山里の蜂サミット,インセクタリゥム,**30**：270-275.
有賀文章,1990：スズメバチの生活,大日本図書,185 pp.
池田二三高・小泊重洋,1982：クロスズメバチの生態,静岡県農業水産部農業技術課,18 pp.
梅谷献二,1992：虫を食べる話,学士会会報,794：134-140.
梅村甚太郎,1943：昆虫本草,正文館,209 pp.
江崎悌三,1942：食虫習俗考,宝塚昆虫館報,**27**：1-8.
太田直喜,1983：蜂の子生産法,養蜂家宝典,日本養蜂新聞社,pp.104-108.
大沢宮代,1914：信州南部の食用蜂に就て,動物学雑誌,313：520-523.
岡本半次郎・村松　武,1922：食用昆虫及薬用昆虫に関する調査,勧業模範場研究報告,**7**：1-151.
奥村多忠,1912：食用とする蜂の子,動物学雑誌,289：645-650.
郭　木傳,1984：黒尾虎頭蜂之生態研究（台湾産胡蜂類之研究Ⅰ),嘉義農専学報,**10**：73-92.
郭　木傳・葉　文和,1985：黒腹天鵝絨虎頭蜂,赤尾虎頭蜂,姫虎頭蜂之生態研究Ⅱ),嘉義農専学報,**11**：95-106.
郭　木傳・葉　文和,1987：台湾産胡蜂類之研究Ⅲ,虎頭蜂属,長脚蜂属,細長脚蜂属,鐘胡蜂属等蜂類之生態研究,嘉義農専学報,**16**：77-104.
加子母村,1972：第4章第1節衣食住,加子母村誌,pp 467-482.
上坏茂徳,1949：ウグイスの飼い方鳴かせ方,日本文芸社,252 pp.
北村泰三,1974：クロスズメバチ,長野県百科辞典,信濃毎日出版社,p 241.
桑原雅彦,1997：虫を食べる風習——タイにおける食虫習俗の現状,遺伝,**51**(1)：67-72.
サンケイ新聞社会部編,1977：甦れ小さな生き物たち（下),北洋社,231 pp.
篠原　徹,1990：自然と民族,心意のなかの動植物,日本エディタースクール出版部,256 pp.
鄒　樹文,1981：中国昆虫学史,科学出版社（北京),242 pp.
周　達生,1988：食文化から見た東アジア,日本放送協会,141 pp.
周　達生,1989：中国の食文化,創元社,242 pp.
周　達生,1995：民族動物学,東京大学出版会,234 pp.
周　　尭,1988：中国昆虫学史,天則出版社（陝西),230 pp.
信太利智,1963：東京近郊におけるクロスズメバチの獲物,昆虫,**29**：198-199.
関谷長昭,1987：訪中余話〈料理〉,北海道日中科学技術交流報告26,三江平原の土壌と草地（II),北海道黒竜江省科学技術交流協会,pp.52-53.

高木五六,1922：地蜂の巣は何になるに答ふ,昆虫世界,26：387-389.
高橋敬一・平井剛夫,1994：ジバチ採りに魅せられて,農薬グラフ,128：13-15.
竹田真木生,2000：中国三千年,虫と人とのつきあい方.そして,これからの昆虫利用の道,インセクタリゥム,**37**：394-401.
田中　誠,1990：食物としての虫――近世と近代の昆虫食をめぐって,虫の日本史,新人物往来社,pp.133-139.
趙　栄台,1989：胡蜂的世界,台湾省立博物館（台北),48 pp.
中尾舜一,1964：タイ国の昆虫に関する習俗,久留米大学論叢,**13**：81-85.
長瀬　白,1902：東濃地方の蜂子飼養法,昆虫世界,**6**：419-420.
長塚進吉,1979：こんな気味悪いのが天下の珍味とは？　今が盛り天竜川のザザムシトリ,アサヒグラフ,2903：49-52.
長塚進吉・宮崎　学,1978：山野にハチを狩る――信州・スガレ追い,アサヒグラフ,2890：60-65.
長野菊次郎,1916：食用蜂類雑記,昆虫世界,**20**：212-214.
中林馮次,1936：小鳥の飼料として販売せらるる昆虫,昆虫世界,**40**：258-260.
名和興一,1996：「蜂の子」の想い出,温故知新――記者の見た渡辺美智雄,渡辺美智雄追悼集刊行会,269 pp,pp.130-133.
西尾亮平,1999：ヘボ（ヂバチ）騒動記――その生態と魅せられた人々,自費出版（岐阜),221 pp
西那須野町史編纂委員会,1963：西那須野町史,西那須野町,575 pp.
野村健一,1946：文化と昆虫,日本出版社,90 pp.
野中健一,1987：昆虫食にみられる自然と人間のかかわり(1),(2),行動と文化,12：68-78,13：106-125.
野中健一,1989：中部地方におけるクロスズメバチ食慣行とその地域差,人文地理,**41**：276-290.
野中健一,1992：「クマ」に挑む人々――オオスズメバチ・ハンティングとその食用慣行,列島の文化史 8,日本エディタースクール出版部,pp.77-104.
野中健一,1999：東南アジア大陸部における農業の変貌,*I. F. Report*（石田財団),26：54-61.
久内清孝,1934：信州名物河虫の佃煮,本草,**20**：282-284.
日比野光敏,1996：岐阜県の食文化――スシにみるその地域的特性,VESTA,**24**：66-74.
松浦　誠,1970：台湾産スズメバチ類の巣採集記,生物研究（福井),**14**：16-20.
松浦　誠・山根正気,1984：スズメバチ類の比較行動学,北海道大学図書刊行会,428 pp.
松浦　誠,1988 a：スズメバチはなぜ刺すか,北海道大学図書刊行会,291 pp.
松浦　誠,1988 b：社会性ハチの不思議な社会,どうぶつ社,261 pp.
松浦　誠,1995：図説社会性カリバチの生態と進化,北海道大学図書刊行会,353 pp.
松浦　誠・大滝倫子・佐々木真爾・横山達也・安藤幸穂・岡田邦彦,1997：蜂刺されの予防と治療,林業木材製造業労働災害防止協会,344 pp.
松浦　誠,1998：インドネシアのジャワ島東部におけるトウヨウミツバチのハチの子料理,ミツバチ科学,**19**：149-154.
松浦　誠,1998：スズメバチ食文化の世界(1).栃木県西那須地方のトリコとその歴史,インセクタリゥム,**35**：282-286.

松浦　誠,1999：日本における昆虫食の歴史と現状——スズメバチを中心として,三重大生物資源学部紀要,**22**：89-135.
松浦　誠・程　士国・高　鷹,1999：中国雲南における食用としてのスズメバチ—その市場と調理法について,三重大生物資源学部紀要,**22**：47-61.
松香光夫・榎本ひとみ,1993：アジア各国の養蜂,アジアの養蜂,国際農林業協力協会,pp.50-113.
水野昭憲・茨木友男,1983：白山ろくのアカバチ,はくさん,**10**(3)：12-15.
三橋　淳,1984：世界の食用昆虫,古今書院,270 pp.
三宅恒方,1919：食用及薬用昆虫に関する調査,農事試験場特別報告,**31**：1-203.
宮崎　学,1984：虫を食べる,アニマ,141：68-72.
宮本至博,1955：蜂つなぎ,新昆虫,8(4)：54.
村田寿太郎,1923：地蜂利用に関する調査（1・2),昆虫世界,27：115-118,154-157.
森　主一,1946：野鳥の囀りと環境,富書店（京都),107 pp.
山根爽一,1996：ハラグロビロウドスズメバチの巨大巣を採る——その特異な攻撃性の素顔,インセクタリゥム,**33**：160-166.
李　鉄生,1993：中国胡蜂資源的開発及利用,科学出版社（北京),170 pp.
渡辺弘之,1985：南の動物誌,内田老鶴圃,183 pp.
Bristowe, W. S. 1932: Insects and other invertebrates for human consumption in Siam. *Trans. ent. soc. Lond.*, **80**: 387-404.
Edwards, R. 1980: *Social wasps*. Rentokil Library, East Grinsted. 398 pp.
Ghosh, C. C. 1924: A few insects used as food in Burma. *Report and Proceedings of the 5th Entomological Meeting, Pusa, 1923*, pp. 403-405. Calcutta.
Meer Mohr, van der J. C. 1941: Insecten, die door de karo-Bataks gegeten worden, *Tropische Natuur*, **30**: 41-47.
Mitsuhashi, J. 1988: Rice with cooked wasps: An Emperor Hirohito's favorite dish. *The food insectes newsletter*, **1**(2): 2.
Spradbery, J. P. 1973: *Wasps*. Sidgwick & Jackson, London and Univ. Washington Press, Seattle. 408 pp.
Thomas, C. R. 1960: The European wasp (*Vespula germanica* Fab.) in New Zealand. *N. Z. Dep. Sci. industr. Res. Inf. Ser.*, **27**: 1-74.

本書に登場するスズメバチ類の和名・学名の対照表

和　名	学　名
ウンナンオオスズメバチ	*Vespa soror*
ウンナンスズメバチ	*Vespa fumida*
オウゴンスズメバチ	*Vespa bicolor*
オオスズメバチ	*Vespa mandarinia*
オオヤミスズメバチ	*Provespa nocturna*
キイロスズメバチ	*Vespa simillima*
キオビクロスズメバチ	*Vespula vulgaris*
キオビホオナガスズメバチ	*Dolichovespula media*
クラヤミスズメバチ	*Vespa binghami*
クロスズメバチ	*Vespula flaviceps*
クロスズメバチ属	*Vespula*
コガタスズメバチ	*Vespa analis*
シダクロスズメバチ	*Vespula shidai*
シロオビホオナガスズメバチ	*Dolichovespula pacifica*
スズメバチ属	*Vespa*
セイヨウキオビクロスズメバチ	*Vespula germanica*
タイワンオオスズメバチ→オオスズメバチ	
チャイロスズメバチ	*Vespa dybowskii*
チョウセンキオビクロスズメバチ	*Vespula koreensis*
ツマアカスズメバチ	*Vespa velutina*
ツマグロスズメバチ	*Vespa affinis*
ツヤクロスズメバチ	*Vespula rufa*
ニッポンホオナガスズメバチ	*Dolichovespula saxonica*
ネッタイヒメスズメバチ	*Vespa tropica*
ヒメスズメバチ	*Vespa ducalis*
ビロウドスズメバチ	*Vespa basalis*
ホオナガスズメバチ属	*Dolichovespula*
ミナミキイロスズメバチ	*Vespa auraria*
モンスズメバチ	*Vespa crabro*
ヤドリスズメバチ	*Vespula austriaca*
ヤドリホオナガスズメバチ	*Dolichovespula adulterina*
ヤミスズメバチ属	*Provespa*

松　浦　　誠（まつうら　まこと）

1941年，札幌市に生まれる。1964年，三重大学農学部卒業。

現在，三重大学生物資源学部教授。理学博士。

スズメバチを主とする社会性ハチの生態と利用を研究。著書に，北海道大学図書刊行会から『スズメバチ類の比較行動学』（共著），『スズメバチはなぜ刺すか』，『図説・社会性カリバチの生態と進化』，『赤道スマトラの社会性ハチ類の自然史』（共著，英文）などがあり，ほかに『日本ハチ類生態図鑑』（共著，講談社），『ハチの観察と飼育』（ニューサイエンス社），『スズメバチ』（平凡社），『ハチ刺されの予防と治療』（共著，林業労働災害防止協会），『住環境の害虫獣対策』（共著，日本環境衛生センター），*Biology of the Vespine Wasps*（共著，Springer-Verlag），*The Social Biology of Wasps*（共著，Cornell Univ. Press）など。

スズメバチを食べる——昆虫食文化を訪ねて

2002年3月10日第1刷発行
2003年9月25日第2刷発行

著　者　松　浦　　誠
発行者　佐　伯　　浩

発行所　北海道大学図書刊行会
札幌市北区北9条西8丁目北海道大学構内（〒060-0809）
Tel.011(747)2308・Fax.011(736)8605
http://www.hup.gr.jp/

興国印刷／石田製本

ISBN 4-8329-7331-2